XINGFA GEZUI GUIFANLUN
FATIAO ANLI YU YUANLI

刑法各罪规范论
—— 法条、案例与原理

佘国满　李茂久　编著

中南大学出版社
www.csupress.com.cn
·长沙·

作者简介

佘国满：男，汉族，湖南省武冈人，湖南科技学院教师，湖南九子龙律师事务所主任，一级律师，第八届湖南省律师协会理事，第七届、第八届湖南省律师协会刑事专业委员会委员，湖南省法学会政府投融资法制研究会第一届理事会理事，第三届、第四届永州市律师协会常务理事，第四届永州市律师协会刑事专业委员会主任，第五届永州市律师协会理事、副会长，先后被评为永州市首届十佳律师、湖南省优秀律师，主要研究刑法学及律师刑事辩护，近年来，先后在《中国律师》等学术刊物发表学术论文近20篇，出版《物权法专论》《刑法罪刑关系规范论——法条、案例与原理》等著作五部。

李茂久：男，汉族，江苏徐州人，中南财经政法大学博士研究生，湖南九子龙律师事务所执业律师，中南财经政法大学东盟刑法研究中心研究员，贵州民族大学法制与民族地区发展研究中心兼职研究员，中国法学会会员、湖南省律师协会会员。曾任湖南科技学院法律系刑事司法教研室主任、人文与社会科学学院副院长，主要研究刑法学、犯罪学及律师刑事辩护。近年来，先后在《刑事法学研究》《经济与社会发展》《求索》等各类学术刊物发表学术论文30余篇，出版《历史与现实：刑罚改革论纲》《实体与程序：刑事司法理性论》《刑法罪刑关系规范论——法条、案例与原理》等著作。

序　言

　　法学教育是高等教育的重要内容之一，在我国社会转型发展的新时期，法学教育要面向社会培养大批治理国家、管理社会、促进社会发展的高层次法律人才。从法学培养目标与方向来看，法律思维和司法技能是法学教育的重心。法律思维是学习法学理论知识体系的方法，是法学教育的基础；司法技能是应用法学知识具体解决社会问题的能力。近年来，湖南科技学院法律专业也在努力发展，确立了以培养司法应用型、法律实践型和服务地方型人才的法学教育培养目标与方向，法学教育的质量逐步提升。我高兴地看到湖南科技学院人文与社会科学学院佘国满老师、李茂久博士编著的《刑法各罪规范论——法条、案例与原理》一书出版。该书的出版是我校法学专业学科建设新的成果，也是两位老师长年在教学一线工作之中，结合律师实务经验，系统总结地方本科院校办学特色和法学专业学生自身特点后完成的具有一定前沿性学术思想的著作。该著作具有以下两个突出的特点：

　　第一，体现了法学专业的实践性与应用性的特点。本书介绍与分析了大量司法实务中的典型案例，不仅体现了案例教学模式，而且体现了法学专业的实践性特点，即司法实务是法学教育的出发点和落脚点。司法实务中的典型案例，可以让学生通过阅读、观察和思考，学会根据法学理论知识分析现实的案例，进而通过案例形成或者阐释一定的法律原理。与传统教学方法相比，案例教学法注重实务与实践性，鼓励学生培养积极思维和创造的能力，着眼于知识的运用，在培养学生分析、解决问题的能力方面有独到之处，有利于职业法官、检察官、律师的司法技能素养的形成。

　　第二，体现了法学专业的职业性特点。法学专业的职业性有特定的门槛，即任何一个法学专业的学生必须通过国家法律职业资格考试以后才能够从事法律职业。本书的撰写很好地结合了国家法律职业资格考试大纲的内容，紧扣国家法律职业资格考试的考点，通过把握国家法律职业资格考试的规律，精确锁定刑法学的知识点，有助于学生顺利通过国家法律职业资格考试，从而跨过法律人所需要的职业门槛。

教育的基本功能在于育人，在于塑造德才兼备的高素质人才。本书在框架和内容安排方面独具特色，充分展示了刑法学的知识体系和逻辑结构。一是通过对知识点的规范释义，深入浅出地阐释刑法学科的内容精要；二是知识框架结构的分析、比较，符合大学生的逻辑思维；三是通过法条引用与案例教学，以一种更为有效的方式使学生容易接受与吸收。

本书的编著，较好地促进了我校法学专业的发展与学科建设，有利于培养学生守法、用法及公平正义的法治理念。

是为序。

湖南科技学院党委书记、校长

曾宝成

2019 年 3 月

前　言

　　法律是一个极为奇特的社会现象，它与哲学思想、伦理道德、宗教信仰、风俗习惯等一起维系道德人心，维持社会秩序。法律也是一个博大精深、义理精微的制度，突出反映了人类在认识自身、协调社会、谋求发展各个重要进程中的思想和行动。法律是社会矛盾的调节器，也是人民权利的保障书，它来源于历史，在历史的发展之中可以发现法律制度的相对合理性。刑法是法律体系之中最重要的部门法之一，是统治阶级用以惩罚犯罪、管理国家的一种强制手段。把刑法放在人类文明的宏大的历史背景之下，可以看出刑法变革一直遵循着一个"铁血规律"。它随着人类的进步而不断地向前发展，尽管有些制度已经消失在历史的视野之中，但其依稀可见的发展脉络凝聚着人类对自我主体地位的反思，突出了刑法在规范与价值之间的技术性进步。

　　刑法是一门职业性、实用性、技术性很强的社会科学，刑法学作为法学的核心课程之一，也是整个法学体系中逻辑体系最强的一门学科。刑法属于阐释什么样的行为，在什么样的条件下，应该受到何种程度处罚的"刑法解释学"的范畴。刑法从国民的生活利益出发，通过刑罚法规探求真正值得处罚的行为来说明可罚评价的基准。同时，刑法还从保护犯罪人权的立场出发，明确处罚的界线，为国民提供行动准则。1979 年 7 月 1 日，第五届全国人民代表大会第二次会议通过了《中华人民共和国刑法》，标志着我国刑事法治建设进入一个崭新的时期。随着我国社会政治、经济的发展，犯罪也出现了许多新情况、新问题，于是在 1997 年 3 月 14 日，第八届全国人民代表大会第五次会议修订了《中华人民共和国刑法》。此后又经过九次刑法修正案的修正，对刑法的部分规定做了修改和补充。由于刑法学是以法律规范、实务经验和学理阐释共同构筑的部门法知识体系，刑法学本科教材的编写应该服务于法学本科教育的一般规律，并突出职业性、应用性和地方性的特点。我们一直侧重刑法学前沿性思想的借鉴与吸收，在编著本书的过程之中，借鉴和吸收了最新的刑法规定、最新的刑事司法解释和最前沿性的学术思想。

　　本书具有以下几个特点：第一，通过知识结构分析，从宏观上理清了刑法学的主要知识点，使读者能够系统性地从宏观层面掌握所学的知识结构。第二，进一步强化法律条文与规范释义的联系，通过结合刑法条文进行规范释义，建立了刑法条文与刑法规范解释的联系路径，从而有利于刑法条文的规范理解，避免曲解刑法条文的立法原意，使读者能够更好地运用刑法条文进行案件的规范定位。第三，通过典型案例分析，建立了规范与事实的联系，从而使读者学以致用。第四，通过规范释义，能够系统详细地让学生理解刑法学的学科知识点。第五，对于每一个重点和难点，都有列举的案例和难点释义，从而能够对刑法学中的抽象问题进行具体化、案例化，使读者能够更好地掌握与理解刑法知识点。

任何成文法都无法摆脱不断变化的生活，因为它原本就是为这个生活设计的，冰冷冷的文字蕴涵着活生生的正义，希望通过阅读本书能够使读者心中充满正义，眼睛能够准确地游离于事实和规范之间。书中不足及疏漏之处，在所难免，恳请各位读者批评指正。

编　者

2019 年 6 月

目 录

刑法分则知识体系结构图

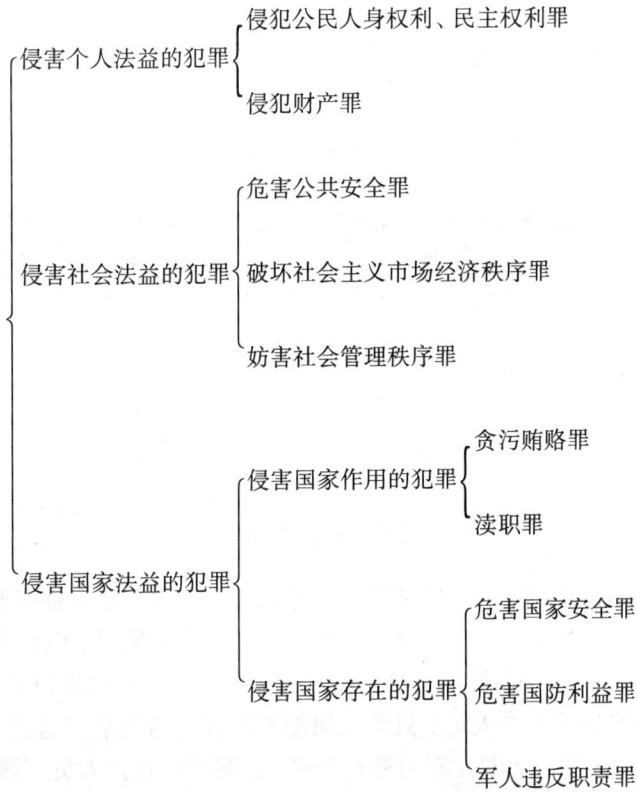

侵害个人法益的犯罪
- 侵犯公民人身权利、民主权利罪
- 侵犯财产罪

侵害社会法益的犯罪
- 危害公共安全罪
- 破坏社会主义市场经济秩序罪
- 妨害社会管理秩序罪

侵害国家法益的犯罪
- 侵害国家作用的犯罪
  - 贪污贿赂罪
  - 渎职罪
- 侵害国家存在的犯罪
  - 危害国家安全罪
  - 危害国防利益罪
  - 军人违反职责罪

第一章　刑法各论概述

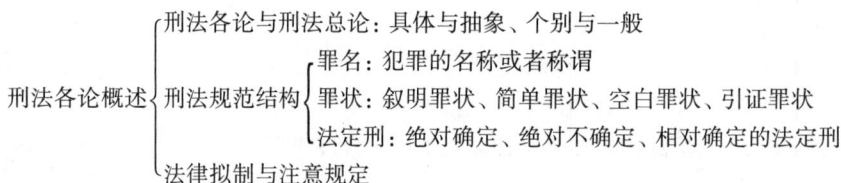

刑法各论概述
　　刑法各论与刑法总论：具体与抽象、个别与一般
　　刑法规范结构
　　　　罪名：犯罪的名称或者称谓
　　　　罪状：叙明罪状、简单罪状、空白罪状、引证罪状
　　　　法定刑：绝对确定、绝对不确定、相对确定的法定刑
　　法律拟制与注意规定

典型案例

【基本案情】

丘某招摇撞骗案①

犯罪嫌疑人丘某，男，46 岁。丘某深知在押人员家属盼望亲人能早日出狱的心情，就在在押人员家属身上打起了歪主意，他有意搜集案情、家庭情况、电话号码等信息。2015年 8 月 18 日，他迫不及待地实施了自己的骗钱计划，为了使在押人员家属能够相信自己，丘某自称是某县公安局的工作人员，只要家属能够出钱买通关系或退清全部赃款，就能够打通关节，减少在押人员的刑期。利用种种手段，丘某骗取在押人员家属 1200 元现金和香烟等物。9 月 7 日晚 8 时许，丘某在某处"工作"时，被某县公安局民警当场抓获。

根据《中华人民共和国刑法》（简称刑法）第 266 条及第 279 条的规定，丘某冒充国家机关工作人员进行诈骗的行为，就形成了招摇撞骗罪与诈骗罪的交叉竞合。

【法律问题】如何理解本案涉及的法条竞合问题？

【案例解析】法条竞合是指由于法律对犯罪的综合规定，一个犯罪行为同时触犯数个相互存在着整体或者部分包容关系的刑法分则条文，只能适用其中一个条文而排斥其他条文适用的情形。一般法条竞合适用的原则是特殊法优于一般法，特殊情况适用重法优于轻法的原则。本案属于一行为同时符合不同的法律条文，就法条的适用而言，诈骗罪的法条是一般法条，招摇撞骗罪的法条是特殊法条。丘某冒充国家机关工作人员进行诈骗的行

---

① 韩玉胜.刑法学原理与案例教程［M］.北京：中国人民大学出版社，2014：283.

为，就形成了招摇撞骗罪与诈骗罪的交叉竞合，根据法条竞合一般处理原则即特殊法优于一般法，本案丘某冒充国家机关工作人员进行诈骗的行为，依法认定为招摇撞骗罪。

规范释义

第一节　刑法分则体系概述

刑法由总则和分则两部分组成。刑法总则主要规定刑法的任务、基本原则、适用范围，以及犯罪成立的一般法律条件、刑罚裁量和执行的一般原则和方法。刑法分则主要规定具体犯罪的不法内涵、责任要素和处罚效果。刑法总则和刑法分则共同构成刑法的规范体系，唇齿相依，缺一不可。

一、刑法分则体系

（一）刑法分则体系概念

刑法分则体系是指分则对犯罪的分类及排列顺序。分则规定具体犯罪及其法定刑，而具体犯罪的种类繁多，这就需要以一定标准将具体犯罪分为若干类（类罪），再以一定标准对类罪进行合理排列，同时对各类罪中的具体犯罪进行排列，从而形成分则体系。我国刑法以客体（法益）为标准对犯罪分则进行分类。我国刑法分论具体分为十章①，即十类犯罪，分别为第一章危害国家安全罪，第二章危害公共安全罪，第三章破坏社会主义市场经济秩序罪，第四章侵犯公民人身权利、民主权利罪，第五章侵犯财产犯罪，第六章妨害社会管理秩序罪，第七章危害国防利益罪，第八章贪污贿赂罪，第九章渎职罪，第十章军人违反职责罪。

> **释义1.**
>
> 德、日等大陆法系国家刑法理论，一般以犯罪侵犯的法益为标准，采取二分法或者三分法。二分法将犯罪分为对公法益犯罪和对私法益的犯罪；三分法将犯罪分为对国家法益的犯罪、对社会法益的犯罪和对个人法益的犯罪。

（二）刑法分则体系特点

刑法分则体系原则上以侵犯同类客体为标准将犯罪分为刑法分则十章。各类犯罪大体

---

① 在1979年的《中华人民共和国刑法》（简称79刑法）中，刑法分论分为八章：第一章为反革命罪，第二章为危害公共安全罪，第三章为破坏社会主义经济秩序罪，第四章为侵犯公民人身权利、民主权利罪，第五章为侵犯财产罪，第六章为妨害社会管理秩序罪，第七章为妨害婚姻、家庭罪，第八章为渎职罪。1997年3月14日颁布的《中华人民共和国刑法》一般简称为97刑法。

按照各类犯罪的社会危害性的程度由重到轻的顺序形成刑法分则体系。例如，危害国家安全罪关系国家人民的根本利益，是危害最严重的犯罪，故排在首位。危害公共安全犯罪是危害不特定的多数人的生命、健康和重大公私财产安全的犯罪，具有很大的社会危害性，故排第二位。但也不能绝对化，如最后三章职务犯罪的危害性并不小于前面的罪，把职务犯罪集中排列，只是便于适用。在每一类犯罪中，具体罪名的排列，原则上也是按照各罪的社会危害性的程度以及各罪之间的关系由重到轻排列。例如，侵犯公民人身权利、民主权利罪一章，居首位的是侵犯生命权利的犯罪，依次是侵犯人身健康权利的犯罪、侵犯人身自由权利的犯罪、侵犯名誉权的犯罪等。

二、刑法分则规范结构（条文结构）：罪名、罪状与法定刑

一般的刑法分则条文首先是对罪名的描述，由罪状和法定刑组成。例如，《刑法》第236条第1款规定"以暴力、胁迫或者其他手段强奸妇女的，处三年以上十年以下有期徒刑"。它首先表述的是一个罪名——强奸罪，该法条中"的"之前的内容为罪状（假定条件）；"处"之后的内容是法定刑（法律后果）。

（一）罪名

罪名是犯罪的名称或者称谓，是依据罪状对犯罪特征的描述来确定的，是对犯罪的本质特征或者主要特征的高度概括。罪名具有概括功能、个别化功能、评价功能、积极的一般预防功能。①

> **释义2.**
>
> 和德、日刑法不同的是，中国刑法在刑法分则体系中没有确定罪名。我们的罪名是司法解释的结果。实际在真正的刑法研究中，罪名的使用纯属方便谈论问题和起诉，关键在运用。

根据不同的标准，罪名可以分为以下不同的类型：

1. 类罪名和具体罪名

类罪名是某一类犯罪的总名称，以犯罪的同类保护客体为标准进行概括。例如危害公共安全罪、破坏社会主义市场经济秩序罪等。在司法实践中不能根据类罪名定罪。具体罪名是具体犯罪的名称。例如，非法经营罪、故意杀人罪等。

2. 单一罪名与选择罪名、概括罪名

单一罪名是指所包含的犯罪构成的具体内容单一，只能反映一个犯罪行为，不能分解拆分使用的罪名，如强奸罪、抢劫罪。选择罪名是指所包含的犯罪构成的具体内容复杂，反映多种行为类型，既可以概括使用，也可以分解拆开使用的罪名。

选择罪名可以分为：第一，行为对象的选择。例如，《刑法》第240条规定的拐卖妇女、儿童罪；《刑法》第328条规定的盗掘古文化遗址、古墓葬群罪。第二，行为方式的选择。

---

① 周光权.刑法各论[M].北京：中国人民大学出版社，2016（3）：1.

例如,《刑法》第 347 条规定的走私、制造、贩卖、运输毒品罪;《刑法》第 359 条规定的引诱、容留、介绍卖淫罪。第三,既有行为对象也有行为方式的选择。例如,《刑法》第 127 条规定的盗窃、抢夺枪支、弹药、爆炸物罪;《刑法》第 282 条规定的伪造、变造、买卖国家公文、印章罪。

概括罪名是指所包含的犯罪构成的具体内容复杂,反映多种行为类型,但只能概括使用,不能分解拆开使用的罪名。例如信用卡盗窃罪,包括很多种行为类型。

释义 3.

选择罪名的适用原则:不存在数罪问题,而是单一的一罪。例如走私、贩卖、运输、制造毒品罪,有 4 个行为,只走私毒品的定走私毒品罪,既走私又贩卖毒品的定走私、贩卖毒品罪。这样可以有效避免想象竞合和罪数问题。

(二) 罪状

罪状是指罪刑规范对犯罪具体状况的描述,指明适用该罪刑规范的条件,行为只有符合罪状,才能适用该规范。

1. 罪状的标识

刑法分则各条中的"……的"所标示的就是罪状。例如,《刑法》第 236 条第 1 款规定:以暴力、胁迫或者其他手段强奸妇女的,处三年以上十年以下有期徒刑。其中"的"之前的内容为罪状,也叫假定条件;处之后的内容为法定刑,也叫法律后果。

2. 罪状的分类

罪状一般可以分为以下四种类型:

(1)简单罪状。简单罪状是指条文只简单地规定罪名或者简单描述具体犯罪的基本构成特征。例如,《刑法》第 234 条规定:故意伤害他人身体的,处三年以下有期徒刑、拘役或者管制。犯前款罪,致人重伤的,处三年以上十年以下有期徒刑;致人死亡或者以特别残忍手段致人重伤造成严重残疾的,处十年以上有期徒刑、无期徒刑或者死刑。本法另有规定,依照规定。再如《刑法》第 232 条规定的故意杀人罪等。在我国刑法中,简单罪状占有一定的比例。刑法之所以采取简单罪状的方式,是因为这些犯罪的特征易于被人理解和把握,因而无须在法律上作具体的描述。简单罪状虽然缺乏对犯罪构成特征的具体描述,但条文简练概括,不烦琐。

(2)叙明罪状。叙明罪状是指条文对具体犯罪的基本构成特征作了详细描述。例如《刑法》第 305 条:在刑事诉讼中,证人、鉴定人、记录人、翻译人对与案件有重要关系的情节,故意作虚假证明、鉴定、记录、翻译,意图陷害他人或者隐匿罪证的,处三年以下有期徒刑或者拘役;情节严重的,处三年以上七年以下有期徒刑。本法条把时间、主体、行为、目的说得很清楚。

(3)引证罪状。引证罪状是指引用刑法中的其他条款来说明和确定某一犯罪的构成特征。例如,《刑法》第 124 条第 1 款规定了破坏广播电视、公用电信设施罪的罪状和法定刑,其第二款规定:过失犯前款罪的,处三年以上七年以下有期徒刑;情节较轻的,处三年以下有期徒刑或者拘役。该第二款即引用第一款的罪状来说明和确定过失破坏广播电视、公用电信设施罪的罪状。再如，《刑法》第 260 条第一款规定了虐待罪的罪状和法定刑，其第 2 款规定：犯前款罪，致使被害人重伤、死亡的，处二年以上七年以下有期徒刑。其采用引证罪状是为了避免条款间文字上的重复。

（4）空白罪状。空白罪状指条文没有直接地规定某一犯罪构成的特征，而是指明确定该罪构成需要参照的法律、法规的规定。例如，《刑法》第 325 条第一款规定：违反文物保护法规，将收藏的国家禁止出口的珍贵文物私自出售或者私自赠送给外国人的，处五年以下有期徒刑或者拘役，可以并处罚金。该条款仅指明在确定非法向外国人出售、赠送珍贵文物罪的构成特征时应当参照文物保护法规的规定，而没有直接、具体地描述该罪的特征，因此属于空白罪状。再如，《刑法》第 133 条交通肇事罪规定："违反交通运输管理法规，因而发生重大事故的，致人重伤、死亡或者使公私财产遭受重大损失的……"空白罪状必须与其他相关法律、法规相结合，才能够正确地认定该种犯罪的特征。

（三）法定刑

刑法分则条文对各种具体犯罪规定了具体的刑种与刑度。法定刑是指包含罪刑关系的条文所规定的适用于具体犯罪的刑罚种类和刑罚幅度。刑法总则规定了五种主刑和四种附加刑。分则根据总则的规定和具体罪行的严重程度确定了具体的法定刑的刑种和刑度。

法定刑可以分为四种类型：

（1）绝对确定的法定刑。绝对确定的法定刑是指在条文中仅规定单一的刑种与固定的刑度。我国刑法分则中仍有个别条文针对某种犯罪的特定情节，规定了绝对确定的单一的死刑。例如，《刑法》第 121 条"……致人重伤、死亡或使航空器遭受严重破坏的，处死刑。"这种方式过于机械，司法机关没有自由裁量的余地。

（2）相对确定的法定刑。相对确定的法定刑是指在刑法分则条文中明确规定对该种犯罪适用的刑种和刑度，并对最高刑和最低刑做出限制性的规定。相对确定的法定刑有较大的裁量幅度，便于审判机关根据犯罪人的不同情况适用不同的刑罚，是我国刑法分则条文中普遍采用的形式。第一，规定最高限度的法定刑。例如，《刑法》第 258 条规定：有配偶而重婚的，或者明知他人有配偶而与之结婚的，处二年以下有期徒刑或者拘役。第二，规定最低限度的法定刑。例如，《刑法》第 133 条：违反交通运输管理法规，因而发生重大事故，致人重伤、死亡或者使公私财产遭受重大损失的，处三年以下有期徒刑或者拘役；交通运输肇事后逃逸或者有其他特别恶劣情节的，处三年以上七年以下有期徒刑；因逃逸致人死亡的，处七年以上有期徒刑。第三，规定最低限度与最高限度的法定性。例如，《刑法》第 263 条：以暴力、胁迫或者其他方法抢劫公私财物的，处三年以上十年以下有期徒刑，并处罚金；有下列情形之一的，处十年以上有期徒刑、无期徒刑或者死刑，并处罚金或者没收财产。

（3）绝对不确定的法定刑。即刑法条文对犯罪不规定具体的刑种和刑度，只规定处以刑罚，如何处罚完全由司法机关掌握。这种方式过于灵活，不利于法制统一，而且容易造成司法擅断。

（4）浮动法定刑。浮动法定刑又称机动刑，指法定刑的具体期限或者具体数量并非确定，而是根据一定的标准升降，处于相对不确定的状态。浮动法定刑只见于罚金刑，主要适用于经济犯罪、财产犯罪，对其他犯罪难以甚至不可能确定浮动法定刑。例如，《刑法》第 202 条规定：以暴力、威胁方法拒不缴纳税款的，处三年以下有期徒刑或者拘役，并处拒缴税款一倍以上五倍以下罚金；情节严重的，处三年以上七年以下有期徒刑，并处拒缴税款一倍以上五倍以下罚金。再如《刑法》第 227 条规定：倒卖车票、船票，情节严重的，处三年以下有期徒刑、拘役或者管制，并处或者单处票证价额一倍以上五倍以下罚金。

> **释义 4.**
>
> 　　法定刑、宣告刑与执行刑的区别：宣告刑是人民法院对具体犯罪判决宣告的应当执行的刑罚。法定刑是立法上的规定，是立法机关在制定刑法时确定的。执行刑是犯罪人实际执行的刑罚。

三、法条竞合

（一）法条竞合的概念

法条竞合是指由于法律对犯罪的综合规定，一个犯罪行为同时触犯数个相互存在着整体或者部分包容关系的刑法分则条文，只能适用其中一个条文而排斥其他条文适用的情形。例如，盗窃枪支弹药罪和盗窃罪；合同诈骗罪和诈骗罪。

（二）一般适用原则与特殊适用原则

法条竞合一般适用原则是特殊法优于一般法。例如，规定诈骗罪的《刑法》第 266 条相对于规定合同诈骗罪的第 224 条、招摇撞骗罪的第 279 条而言就是一般法条。《刑法》第 224 条和《刑法》第 279 条则是特殊法条。

法条竞合特殊适用原则是适用"重法优于轻法"的原则。这种适用原则必须是法律明文规定的情形。例如，构成《刑法》第 141 条至第 148 条犯罪，同时又构成第 140 条规定之罪的，择一重处，即生产、销售伪劣商品罪，同时构成侵犯知识产权、非法经营等其他犯罪的，择一重处。构成《刑法》第 399 条规定的徇私枉法罪、枉法裁判罪、执行中滥用职权罪的同时又构成受贿罪的，择一重处。

第二节　刑法分则的注意规定与法律拟制

一、注意规定与法律拟制

（一）注意规定

注意规定是在刑法已作基本规定的前提下，提示司法工作人员注意、以免忽略的规定。

注意规定的特征主要有：第一，注意规定的设置，并不改变基本规定的内容，只是对相关规定内容的重申；即使不设置注意规定，也存在相应的法律适用根据（按基本规定处理）。第二，注意规定只具有提示性，其表述的内容与基本规定的内容完全相同，因而不会导致将原本不符合相关基本规定的行为也按基本规定论处。①

(二)法律拟制

法律拟制是将原本不同的行为按照相同的行为处理，或者说将原本不符合某种规定的行为也按照该规定处理，即"有意将明知为不同者，等同视之"。法律拟制的特别之处在于：即使某种行为原本不符合刑法的相关规定，但在刑法明文规定的特殊条件下，也必须按相关规定论处。

刑法之所以设置法律拟制，主要是基于两个方面的理由：(1)形式上的(外在的)理由是基于法律经济性的考虑，避免重复。(2)实质上的(内在的)理由是基于两种行为对法益侵害的相同性或相似性。拟制，是在 B 实际上不同于 A，但基于某种重要的构成要件的相似性，而将 B 视为 A。

二、刑法分则中常见的注意规定与拟制规定

(一)常见的注意规定

1. 私自开拆、隐匿、毁弃邮件、电报罪──→盗窃罪

《刑法》第 253 条第二款规定：邮政工作人员私自开拆、隐匿、毁弃邮件、电报并从中窃取财物的，按盗窃罪论处。该款属于注意规定。

2. 挪用特定款物罪──→挪用公款罪

《刑法》第 273 条规定的是挪用特定款物罪，《刑法》第 384 条规定的是挪用公款罪。两个罪名可以转变，根据《刑法》第 384 条第二款规定：挪用用于救灾、抢险、防汛、优抚、扶贫、移民、救济款物，归个人使用的，按照挪用公款罪论处，并从重处罚。该款属于注意规定。即使没有该款规定，由于将这些特定款物归个人使用，本身就应定挪用公款罪。

3. 非法侵入计算机信息系统罪──→金融诈骗、盗窃等其他犯罪

《刑法》第 285 条规定的是非法侵入计算机信息系统罪。第 287 条规定：利用计算机实施金融诈骗、盗窃、贪污、挪用公款、窃取国家秘密或者其他犯罪的，依照本法的有关规定定罪处罚。此条属于注意规定。即使没有该条规定，这类行为也应定具体实施的犯罪，而不能定非法侵入计算机信息系统罪。

4. 挪用公款罪──→贪污罪

《最高人民法院关于审理挪用公款案件具体应用法律若干问题的解释》第 6 条规定：携带挪用的公款潜逃的，按照贪污罪论处。该规定属于注意规定。

5. 非法提供麻醉药品、精神药品罪──→走私、贩卖毒品罪

《刑法》第 355 条第二款规定：依法从事生产、运输、管理、使用国家管制的麻醉药品、精神药品的人员，有下列两种行为的，以走私、贩卖毒品罪论处：一是向走私、贩卖毒品的犯罪分子提供国家管制的能够使人形成瘾癖的麻醉药品、精神药品的；二是以牟利为目的向吸食、注射毒品的人提供国家管制的能够使人形成瘾癖的麻醉药品、精神药品的。该款属于注意规定。即使没有该款规定，上述行为也应以走私、贩卖毒品罪论处。

6. 抗税罪──→故意伤害罪、故意杀人罪

《最高人民法院关于审理偷税抗税刑事案件具体应用法律若干问题的解释》第 6 条规

---

① 张明楷.刑法学[M].北京：法律出版社，2016：674－675.

定：实施抗税行为，致人重伤、死亡，构成故意伤害罪、故意杀人罪的，按照故意伤害罪、故意杀人罪论处。这里的致人重伤、死亡是指故意致人重伤、死亡。该规定是注意规定，因为故意致人重伤、死亡本来就应定故意伤害罪、故意杀人罪。

（二）常见的法律拟制规定

1. 非法拘禁罪──→故意伤害罪、故意杀人罪

《刑法》第238条第三款规定：非法拘禁过程中，使用暴力致人伤残、死亡的，按照故意伤害罪、故意杀人罪论处。这里致人伤残、死亡是指过失所为。因为将过失行为认定为故意伤害罪、故意杀人罪，所以该款是法律拟制。注意，如果使用暴力故意伤害被害人、故意杀害被害人，应定非法拘禁罪和故意伤害罪、故意杀人罪，数罪并罚。

2. 刑讯逼供罪、暴力取证罪──→故意伤害罪、故意杀人罪

《刑法》第247条规定：刑讯逼供、暴力取证，致人伤残、死亡的，依照故意伤害罪、故意杀人罪论处。这里的致人伤残、死亡是指过失所为。因为将过失行为认定为故意伤害罪、故意杀人罪，所以该款是法律拟制。注意，如果司法工作人员先实施刑讯逼供构成犯罪，后又故意杀人的，构成故意杀人罪，数罪并罚。

3. 虐待被监管人罪──→故意伤害罪、故意杀人罪

《刑法》第248条规定：虐待被监管人，致人伤残、死亡的，依照故意伤害罪、故意杀人罪论处。这里的致人伤残、死亡是指过失所为。因为将过失行为认定为故意伤害罪、故意杀人罪，所以该款是法律拟制。注意，行为人在虐待过程中，故意杀害被监管人，构成故意杀人罪，数罪并罚。

4. 聚众斗殴罪──→故意伤害罪、故意杀人罪

《刑法》第292条第二款规定：聚众斗殴，致人重伤、死亡的，依照故意伤害罪、故意杀人罪论处。这里的致人重伤、死亡是指过失所为。因为将过失行为认定为故意伤害罪、故意杀人罪，所以该款是法律拟制。

5. 非法组织卖血罪、强迫卖血罪──→故意伤害罪

《刑法》第333条第二款规定：非法组织卖血、强迫卖血，对他人造成伤害的，依照故意伤害罪论处。这里的造成伤害既包括故意所为也包括过失所为。如果是故意所为，定故意伤害罪，此时该款就属于注意规定。如果是过失所为，此时该款就是法律拟制。注意一：这里的伤害限于重伤。如果是轻伤，就仍构成非法组织卖血罪、强迫卖血罪。注意二：如果过失致人死亡，不定故意杀人罪，因为条文中没有如此规定，所以应定为故意伤害罪致人死亡。注意三：如果在非法组织卖血、强迫卖血过程中故意杀人，数罪并罚。

6. 聚众"打砸抢"──→故意伤害罪、故意杀人罪、抢劫罪

《刑法》第289条规定：聚众"打砸抢"，致人伤残、死亡的，依照故意伤害罪、故意杀人罪论处；毁坏或者抢走公私财物的，除判令退赔外，对首要分子，依照抢劫罪论处。首先，其中致人伤残、死亡既包括故意所为，也包括过失所为。就故意所为而言，该条就是注意规定；就过失所为而言，该条就是法律拟制。因此该条既包含注意规定的情形，也包含法律拟制的情形。其次，将毁坏财物按照抢劫罪论处，属于法律拟制；将抢走财物定抢劫罪，属于注意规定。所以该条既包含注意规定的情形，也包含法律拟制的情形。

7. 抢夺罪──→抢劫罪

《刑法》第267条第二款规定：携带凶器抢夺的，依照抢劫罪论处。这属于法律拟制，

将一种特殊的抢夺行为拟制为抢劫罪。

8. 盗窃、诈骗、抢夺罪——→抢劫罪

《刑法》第269条规定：犯盗窃、诈骗、抢夺罪，为窝藏赃物、抗拒抓捕或者毁灭罪证而当场使用暴力或者以暴力相威胁的，依照本法第263条（抢劫罪）的规定定罪处罚。该条属于法律拟制。

9. 信用卡诈骗罪——→盗窃罪

《刑法》第196条第三款规定：盗窃信用卡并使用的，依照盗窃罪论处。因为盗窃信用卡如果不使用，就做无罪处理，所以处罚的重点是使用行为。如果在机器上使用，构成盗窃罪，此时该条就属于注意规定，因为在机器上使用信用卡本身就是盗窃；如果对自然人使用（如对银行服务员使用），就构成信用卡诈骗罪，此时该条就属于法律拟制，因为将信用卡诈骗罪拟制成盗窃罪。

10. 为卖淫、嫖娼通风报信——→窝藏、包庇罪

《刑法》第362条规定：旅馆业、饮食服务业、文化娱乐业、出租汽车业等单位的人员，在公安机关查处卖淫、嫖娼活动时，为违法犯罪分子通风报信，情节严重的，依照第310条（窝藏、包庇罪）规定定罪处罚。如果行为人通风报信的是卖淫、嫖娼等违法行为，则该条是法律拟制。因为卖淫、嫖娼者是违法分子，不是犯罪分子，而窝藏、包庇罪要求的行为对象是犯罪分子。如果行为人通风报信的是强迫卖淫、嫖宿幼女等犯罪行为，则该条是注意规定。因此该条既包含法律拟制的情形，也包含注意规定的情形。

能力应用

案例一：2015年9月15日，B市的家庭主妇在家中利用计算机ADSL拨号上网，以E话通的方式，使用视频与多人共同进行"裸聊"被公安机关查获。对于本案，B市S区检察院以聚众淫乱罪向S区法院提起公诉，后撤回起诉。

案例二：从2016年11月到2017年10月，Z省L县无业女子方某在网上从事有偿"裸聊"，对象遍及全国22个省市，在电脑上查获聊天记录就有300多人，网上银行汇款记录1000余次，获利2.4万元。对于本案，Z省L县检察院以传播淫秽物品牟利罪起诉，L县法院以传播淫秽物品牟利罪判处方某有期徒刑6个月，缓刑1年，并处罚金5000元。

问题：根据刑法知识，评述上述两个网上"裸聊"案的处理结果。

【参考答案】

所谓裸聊，是指除去脸部外其他身体部位全部裸露在摄像头下，通过网络视频传给聊天对象，以大胆的文字和动作进行交流。关于"裸聊"的定性问题主要存在以下观点：（1）裸聊可能构成传播淫秽物品牟利罪和传播淫秽物品罪。2004年的《最高人民法院、最高人民检察院关于办理利用互联网、移动通讯终端、声讯台制作、复制、出版、贩卖、传播淫秽电子信息刑事案件具体应用法律若干问题的解释》（下称《解释》）将利用互联网、移动通讯终端、聊天室、论坛、即时通信软件、电子邮件等方式传播淫秽电子信息的犯罪行为规定为数额犯：以牟利为目的，若在文件个数、点击率、会员人数、违法所得上达到法定数额的要求，以传播淫秽物品牟利罪定罪处罚；对于不以牟利为目的，则要达到更高的数额要求，才能定传播淫秽物品罪。而网络视频聊天在技术上的特性决定了对于网络视频信息的存在形式除了《解释》中所规定的文件形式外，还包括了视频流程形式。这导致目前对一些"裸聊"行为还无法以这两个罪名定罪。因此本书认为传播淫秽物品牟利罪、传播淫秽物品罪还应进一步完善对"裸聊"的立法。（2）组织淫秽表演罪。由于《解释》中没有规定对某些视频色情犯罪的定罪标准，所以对于利用聊天室裸聊进行色情表演的犯罪行为，一般情况下是根据组织淫秽表演罪来进行处罚。但是组织淫秽表演罪是指在一个场所以表演的形式传给观众。而网络视频淫秽色情表演和实际的色情表演又有本质的不同，因此在定罪上也存在争议。（3）聚众淫乱罪。有的人认为，虽然"裸聊"的参与者来自各地，不具有地理概念上的空间同一性，但是由于聊天室的 IP 地址是固定的，即他们所聚集的网络虚拟空间的地点是固定的，因此他们在参与聚众淫乱活动时在虚拟空间中是具有空间上的同一性的，符合聚众淫乱罪的客观要件。本书认为第三种看法不妥。网络"裸聊"再低俗、再露骨，这些刺激也来自视觉与幻想，属于精神层面，并没有实质的身体接触，这与我们现实生活中所说的淫乱还是有本质区别的。也有人主张将"裸聊"行为单独入罪。本书认为，没有必要再对"裸聊"单独立法，而是应该尽可能完善现有法律规范。

第二章　危害国家安全罪

知识结构

危害国家安全罪 ⎰犯罪客体：国家安全
⎰客观方面：实施危害国家安全行为，造成危害国家安全的抽象危险或具体危险
⎰犯罪主体：一般主体、特殊主体
⎰主观方面：故意

典型案例

【基本案情】

王某某间谍案

被告人王某某系台湾人，1998 年 5 月到大陆经商。1999 年 10 月结识间谍许某，许某介绍王某某加入其所在间谍组织并许以重金。此后，王某某经常利用经商身份作掩护，搜集大陆军事演习及军事科技情报等交与许某。为了邀功请赏，王某某还策反了我海军某部军官杨某。

【法律问题】本案王某某构成何罪？

【案例解析】本案王某某的行为构成间谍罪无疑，问题在于王某某后来搜集情报与策反军官杨某的行为，是单独成罪，还是应当为间谍罪所吸收？笔者的观点是，王某某搜集情报的行为应视情况而定，如果是受许某或其所在的间谍组织指派，应认定为间谍罪；否则，构成他罪。而策反军官杨某的行为，则完全是王某某为邀功请赏而为，非出于完成任务所为，应当予以独立认定。本案中，王某某属于教唆他人实施犯罪，按所教唆之罪即间谍罪予以认定。综上，本案王某某应该按间谍罪从重处罚。

规范释义

第一节　危害国家安全罪概述

一、危害国家安全罪的概念

危害国家安全罪是指故意危害中华人民共和国的主权、领土完整和安全，分裂国家、颠覆国家政权，推翻社会主义制度的行为。

释义1.

"79刑法"中该罪名为"反革命罪"，"97刑法"修改为"危害国家安全罪"，修改的原因：（1）反革命是一个政治概念，不宜作为法律概念使用；（2）反革命罪需要具有反革命目的，而反革命目的在实践中不易认定；（3）反革命罪作为一个罪名与"一国两制"不相符合；（4）反革命罪这一名称不利于国际间的刑事司法协助，也不利于对犯罪分子进行惩处；（5）反革命罪与刑法分则体系不协调。

二、危害国家安全罪犯罪构成

（一）危害国家安全罪的法益①

危害国家安全罪保护的法益是国家安全，即中华人民共和国主权、领土完整与安全，人民民主专政政权和社会主义制度。根据《中华人民共和国国家安全法》第2条规定，国家安全是指国家政权、主权、统一和领土完整、人民福祉、经济社会可持续发展和国家其他重大利益相对处于没有危险和不受内外威胁的状态，以及保障持续安全状态的能力。国家安全可以分为内部安全和外部安全、国土安全和国民安全、传统安全和非传统安全、自身安全和共同安全。在所有的国家法益之中，国家安全最重要，如果国家安全受到侵犯，国家的统治机能就会被严重削弱甚至丧失，统治者的合法性基础将会被动摇。

释义2.

何为国家安全？国家安全一般指两种安全，一是国家领土安全；二是国家主权安全。侵犯这两种安全的不能称为政治犯。政治犯是指因反抗现政权或侵犯其政治秩序而被缉捕的人。除前面两种安全外，刑法保护的国家安全还包含政府安全、社会主义制度安全。

---

① 法益是法律所保护的利益，法益概念来源于大陆法系刑法，类似于我国刑法中的犯罪客体。

（二）危害国家安全罪的客观违法性

危害国家安全罪的客观方面主要表现为实施危害国家安全行为，造成危害国家安全的抽象危险或者具体危险。危害国家安全行为主要包括颠覆合法政府，窃取国土，非法变更宪法秩序，与外国或国外敌对势力相勾结，甚至通敌卖国，帮助敌方以战争手段入侵我国，泄露国家秘密或者重要情报等①。

（三）危害国家安全罪的主观有责性

危害国家安全罪的犯罪主体多数是一般主体，无论是中国人、外国人还是无国籍的人，都可以构成本罪。但有些罪名要求是特殊主体，比如叛逃罪的主体仅限于国家机关工作人员或掌握国家秘密的国家工作人员等。危害国家安全罪主观方面是故意，即明知自己危害国家安全的行为会发生危害中华人民共和国国家安全的结果，并且希望和放任这种结果的发生。故意可以是直接故意，也可以是间接故意。过失不构成本罪。

第二节　危害国家安全罪具体罪名

一、背叛国家罪

（一）法条规范②

第 102 条　勾结外国，危害中华人民共和国的主权、领土完整和安全的，处无期徒刑或者十年以上有期徒刑。

与境外机构、组织、个人相勾结，犯前款罪的，依照前款的规定处罚。

（二）犯罪构成

背叛国家罪是指勾结外国或者与境外机构、组织、个人相勾结，危害中华人民共和国的主权、领土完整和安全的行为。客观行为中的勾结外国，包括勾结境外的机构、组织或个人实施背叛国家的行为。境外除指"外国"之外，还包括港、澳、台地区。勾结的方式法律未作限制，既包括秘密接触、信电往来，也包括以其他方式进行通谋、商议、策划等。

（三）司法认定

（1）背叛国家罪既遂与未遂的界限。本罪是行为犯，行为人只要着手实施勾结外国，危害中华人民共和国的主权、领土完整和安全的行为就成立本罪的既遂，而不论是暗中策划、秘密接触的预谋行为，还是将计划予以实施的实行行为。

（2）背叛国家罪一罪与数罪的界限。行为人在勾结外国，危害中华人民共和国的主权、领土完整和安全的过程中，又实施了其他犯罪的，如投敌叛变、颠覆国家政权等，应按照处理牵连犯原则择一重罪论处。

---

① 周光权.刑法各论[M].北京：中国人民大学出版社，2016：528.
② 本书中法条规范是指 1997 年 3 月 14 日颁布的《中华人民共和国刑法》中的法条以及刑法修正案。

二、分裂国家罪、煽动分裂国家罪

(一) 法条规范

第 103 条　组织、策划、实施分裂国家、破坏国家统一的，对首要分子或者罪行重大的，处无期徒刑或者十年以上有期徒刑；对积极参加的，处三年以上十年以下有期徒刑；对其他参加的，处三年以下有期徒刑、拘役、管制或者剥夺政治权利。

煽动分裂国家、破坏国家统一的，处五年以下有期徒刑、拘役、管制或者剥夺政治权利；首要分子或者罪行重大的，处五年以上有期徒刑。

(二) 犯罪构成

分裂国家罪是指组织、策划、实施分裂国家、破坏国家统一的行为。本罪是必要共同犯罪。犯罪主体包括首要分子、罪行重大者、积极参加者和其他参加者。

煽动分裂国家罪，是指煽动分裂国家、破坏国家统一的行为。煽动是指以鼓动性、刺激性言词或文字，蛊惑人心，怂恿、引诱、激励他人实施分裂国家、破坏国家统一的行为。

> **释义 3.**
>
> 我国刑法中的煽动型罪名一般具有以下特征：第一，内容的非法性。行为人必须通过煽动行为，使不特定或多数人产生实施非法行为的意思或者刺激、助长他人实施非法行为。第二，形式多样性。包括造谣、诽谤或者其他方式。第三，紧迫危险性。第四，行为的公开性。即煽动行为必须针对不特定或者多数人实施。

三、武装叛乱、暴乱罪

(一) 法条规范

第 104 条　组织、策划、实施武装叛乱或者武装暴乱的，对首要分子或者罪行重大的，处无期徒刑或者十年以上有期徒刑；对积极参加的，处三年以上十年以下有期徒刑；对其他参加的，处三年以下有期徒刑、拘役、管制或者剥夺政治权利。

策动、胁迫、勾引、收买国家机关工作人员、武装部队人员、人民警察、民兵进行武装叛乱或者武装暴乱的，依照前款的规定从重处罚。

(二) 犯罪构成

武装叛乱、暴乱罪是组织、策划、实施武装叛乱或者武装暴乱的行为。武装是指使用一切足以杀伤人身或毁坏财物的工具。叛乱是指为叛而乱，即为背叛国家、投奔敌人而勾结国外、境外势力袭击国家机关或公众，制造混乱、骚乱的行为。暴乱是指集合多人，用暴力方式实施的破坏社会秩序但最终指向国家安全的行为。[1]

---

[1]　周光权.刑法各论 [M].北京：中国人民大学出版社，2016：531.

释义4.

　　叛乱和暴乱的大致标准：叛乱是与国外、境外的敌对势力相勾结，借助于外部势力。暴乱只是境内暴乱分子集结在一起实施烧杀抢夺等行为。

四、颠覆国家政权罪、煽动颠覆国家政权罪

（一）法条规范

　　第105条　组织、策划、实施颠覆国家政权、推翻社会主义制度的，对首要分子或者罪行重大的，处无期徒刑或者十年以上有期徒刑；对积极参加的，处三年以上十年以下有期徒刑；对其他参加的，处三年以下有期徒刑、拘役、管制或者剥夺政治权利。

　　以造谣、诽谤或者其他方式煽动颠覆国家政权、推翻社会主义制度的，处五年以下有期徒刑、拘役、管制或者剥夺政治权利；首要分子或者罪行重大的，处五年以上有期徒刑。

　　第106条　与境外机构、组织、个人相勾结，实施本章第103条、第104条、第105条规定之罪的，依照各该条的规定从重处罚。

（二）犯罪构成

　　颠覆国家政权罪是指组织、策划、实施颠覆国家政权、推翻社会主义制度的行为。本罪客观行为试图通过不法手段改变基本统治结构、统治组织形态，使合法政权被篡夺、替代的行为。

　　煽动颠覆国家政权罪是指以造谣、诽谤或者其他方式煽动颠覆国家政权、推翻社会主义制度的行为。

五、资助危害国家安全犯罪活动罪

（一）法条规范

　　第107条①　境内外机构、组织或者个人资助实施本章第102条、第103条、第104条、第105条规定之罪，对直接责任人员，处五年以下有期徒刑、拘役、管制或者剥夺政治权利；情节严重的，处五年以上有期徒刑。

（二）犯罪构成

　　资助危害国家安全犯罪活动罪指境内外机构、组织或者个人资助境内组织或者个人实施危害国家安全犯罪活动的行为。资助，是指从物质方面予以帮助，使相关组织或者个人危害国家安全的行为能够实施或者得到维持，包括提供活动经费或者物质帮助。

　　从资助的对象来看，无论接受资助者是境内组织、个人还是境外组织、个人，资助者都可以构成本罪。从资助范围来看，受资助者必须是正在实施背叛国家、分裂国家罪、煽动分裂国家罪、武装叛乱、暴乱罪、颠覆国家政权罪、煽动颠覆国家政权罪等特定犯罪行为的人。

（三）司法认定

　　该罪本质上属危害国家安全犯罪的帮助犯，但立法对资助行为并不以共同犯罪以及帮

---

①　本条经2011年2月25日《中华人民共和国刑法修正案（八）》第20条修改。

助犯论处，而单独定性为资助危害国家安全犯罪活动罪，即"帮助行为正犯化"。

本罪的行为方式是境内外机构、组织或者个人资助境内组织或者个人，其他的资助行为，如向境外的组织、个人提供资助的不构成本罪，但可以作为共犯论处。

六、投敌叛变罪

(一)法条规范

第 108 条　投敌叛变的，处三年以上十年以下有期徒刑；情节严重或者带领武装部队人员、人民警察、民兵投敌叛变的，处十年以上有期徒刑或者无期徒刑。

(二)犯罪构成

投敌叛变罪，是指中国公民投靠敌方营垒，进行危害国家安全的活动，或者在被捕、被俘后投降敌人，进行危害国家安全的行为。投敌叛变罪行为包括投敌和叛变两个环节。投敌的形式多种多样，既可以主动投敌，为敌人效力，也可以是被捕、被俘后投降敌人，还可以身在革命营垒中，暗地里加入敌方。

(三)司法认定

投敌叛变后又向敌人提供情报或参加间谍组织，实施危害国家安全活动的，属于投敌后实施具体叛变行为，只成立本罪，而不应与间谍罪并罚。

七、叛逃罪

(一)法条规范

第 109 条①　国家机关工作人员在履行公务期间，擅离岗位，叛逃境外或者在境外叛逃的，处五年以下有期徒刑、拘役、管制或者剥夺政治权利；情节严重的，处五年以上十年以下有期徒刑。

掌握国家秘密的国家工作人员叛逃境外或者在境外叛逃的，依照前款的规定从重处罚。

(二)犯罪构成

叛逃罪，是指国家机关工作人员在履行公务期间，擅离岗位，叛逃境外或者在境外叛逃的行为。

本罪的客观行为表现为：履行公务期间，擅离岗位，叛逃境外或者在境外叛逃。但如果犯罪主体是掌握国家秘密的国家工作人员，其行为内容只有叛逃境外或者在境外叛逃。原来刑法规定需要危害中华人民共和国安全，单纯逃亡境外或者不回到境内，但没危害国家安全的，不成立本罪，如贪官逃亡境外一般不成立本罪。但《中华人民共和国刑法修正案(八)》将"危害中华人民共和国国家安全"删除，从字面上看，意味着上述逃跑行为可能成立本罪。但基于叛逃罪属于危害国家安全犯罪，叛逃行为应该对国家安全法益有侵犯才入罪，所以可以将本罪原来的具体危险犯理解为现在的抽象危险犯。

本罪的行为主体，是特殊主体，即国家机关工作人员以及掌握国家秘密的国家工作人员。

---

① 本条经 2011 年 2 月 25 日《中华人民共和国刑法修正案(八)》第 21 条修改。

八、间谍罪

(一)法条规范

第 110 条　有下列间谍行为之一，危害国家安全的，处十年以上有期徒刑或者无期徒刑；情节较轻的，处三年以上十年以下有期徒刑：

(1)参加间谍组织或者接受间谍组织及其代理人的任务的；

(2)为敌人指示轰击目标的。

(二)犯罪构成

间谍罪是指参加间谍组织或者接受间谍组织及其代理人的任务或者为敌人指示轰击目标的行为。

间谍罪的客观方面表现为三种行为：一是参加间谍组织充当间谍；二是接受间谍组织及其代理人的任务；三是为敌人指示轰击目标。间谍罪是行为犯，只要有间谍的行为，即使不出现任何结果，都可以成立此罪的既遂，但是行为本身要具有危险性。

间谍罪的主观方面是故意。因被诱骗而将间谍组织误认为是一般的文化交流机构，参加该组织后并未实际从事危害国家安全活动的，或者在间谍组织中从事一般勤杂事务，但并不明知该组织性质的，都不具有本罪的故意。[1]

> 案例[2].张三是一个知名厨师，明知自己服务的是间谍组织，但仍死心塌地地为间谍组织做饭，希望该间谍组织能够蓬勃发展，危害中华人民共和国的国家安全。问：张三是否构成间谍罪？
>
> 答：张三不构成间谍罪。因为不论张三主观上多么邪恶，他做饭的行为是不可能具有危害国家安全的性质的。行为本身不具有危害性。

(三)司法认定

行为人虽没有实施间谍性质犯罪活动，但明知他人有间谍罪犯罪行为，而国家安全机关向其调查有关案情时却拒绝提供，也可以构成犯罪，即拒绝提供间谍犯罪证据罪。

九、为境外窃取、刺探、收买、非法提供国家秘密、情报罪

(一)法条规范

第 111 条　为境外的机构、组织、人员窃取、刺探、收买、非法提供国家秘密或者情报的，处五年以上十年以下有期徒刑；情节特别严重的，处十年以上有期徒刑或者无期徒刑；情节较轻的，处五年以下有期徒刑、拘役、管制或者剥夺政治权利。

(二)犯罪构成

为境外窃取、刺探、收买、非法提供国家秘密、情报罪是指，为境外的机构、组织、人员窃取、刺探、收买、非法提供国家秘密或者情报的行为。

① 周光权.刑法各论[M].北京：中国人民大学出版社，2016：535.

② 韩友谊.2013 国家司法考试万国授课精华：刑法[M].北京：中国法制出版社，2013：167.

窃取是指用盗窃手段获取国家秘密文件、资料的行为，包括直接窃取国家秘密文件，用计算机或者照相等方式窃取国家秘密或情报。刺探是指采取探听、侦查等方式获取国家秘密情报。收买，是指利用色情引诱、金钱腐蚀向有关个人渗透等方式获取国家秘密或情报。非法提供是指掌握或因职务行为知晓国家秘密、情报者违反法律规定，未经有关部门批准，擅自向境外的机构、组织、个人提供国家秘密、情报。

本罪的行为对象包括国家秘密和国家情报，国家秘密包括绝密、机密和秘密三级；国家情报中的情报指必须和国家安全有关，尚未公开或依照有关规定不应公开的事项。本罪对于境外的认定：境外包括国外，与我国是否为敌，并不影响本罪的成立；境外还包括港澳台地区。

（三）司法认定

本罪与间谍罪的界限问题，如果行为人明知对方是间谍性质的组织，而为其窃取、刺探、收买、非法提供国家秘密、情报，构成间谍罪。

十、资敌罪

（一）法条规范

第112条　战时供给敌人武器装备、军用物资资敌的，处十年以上有期徒刑或者无期徒刑；情节较轻的，处三年以上十年以下有期徒刑。

（二）犯罪构成

资敌罪是指战时供给敌人武器装备、军用物资资敌的行为。本罪在时间上是战时，何谓战时，参照《刑法》第451条的规定：本章所称战时，是指国家宣布进入战争状态、部队受领作战任务或者遭敌突然袭击时。部队执行戒严任务或者处置突发性暴力事件时，以战时论。

本罪在行为方式上是供给敌人武器装备、军用物资。

（三）司法认定

本罪资敌行为实际上是帮助行为，但本罪直接把帮助行为独立规定为一个罪名，故不存在成立共同犯罪的问题。

能力应用

（单选题）甲系海关工作人员，被派往某国考察。甲担心自己放纵走私被查处，拒不归国。为获得庇护，甲向某国难民署提供我国从未对外公布且影响我国经济安全的海关数据。关于本案，下列哪一选项是错误的？（　　　）

A.甲构成叛逃罪

B.甲构成为境外非法提供国家秘密、情报罪

C.对甲不应数罪并罚

D.即使刑法分则对叛逃罪未规定剥夺政治权利，也应对甲附加剥夺1年以上5年以下政治权利

【参考答案】

C

第三章　危害公共安全罪

知识结构

危害公共安全罪 {
犯罪客体：公共安全
客观方面：实施了危害不特定或多数人的生命、健康或者公共生活平安与安宁的行为，并造成相应的危险或侵害结果。
犯罪主体：一般主体
主观方面：故意、过失
}

第一节　以危险方法危害公共安全的犯罪

典型案例

【基本案情】

朱某某投放危险物质案①

2018 年 7 月 25 日晚，被告人朱某某因与邻居姜某发生口角，欲行报复。当晚，朱某某携带装有半针筒甲胺磷农药的注射器跑到姜某家户外敞开式丝瓜棚内，将农药注入多条丝瓜中。次日晚，姜某及其外孙女黄某食用了注入农药的丝瓜后，均出现上吐下泻等中毒症状。二被害人被送进医院后，抢救无效死亡。

【法律问题】本案被告人朱某某构成何罪？

【案例解析】本案中，朱某某的行为是构成故意杀人罪还是投放危险物质罪，是问题的争议所在。两罪的界限在于朱某某的行为事先是否能够确定侵害对象以及是否能够预料和控制可能造成的危害后果。虽然朱某某的犯罪动机在于泄私愤、侵害姜某及其家人，但是事实上，朱某某完全无法预料其行为所侵害的对象，对行为的危害后果也根本无法预料和

---

① 华律网.危害公共安全方面的案例［EB/OL］.［2019-1-3］http：//www.66law.cn/topic2010/whgjaqzal/8072.shtml.

控制。基于此，朱某某的行为应当认定为投放危险物质罪。

规范释义

放火、爆炸、投放危险物质、决水和以危险方法危害公共安全这五种犯罪行为不论故意还是过失都可构成犯罪，当然构成犯罪的条件要求不同，罪名表述也不同。

一、放火罪

（一）法条规范

第 114 条[①]　放火、决水、爆炸以及投放毒害性、放射性、传染病病原体等物质或者以其他危险方法危害公共安全，尚未造成严重后果的，处三年以上十年以下有期徒刑。

第 115 条第一款　放火、决水、爆炸以及投放毒害性、放射性、传染病病原体等物质或者以其他危险方法致人重伤、死亡或者使公私财产遭受重大损失的，处十年以上有期徒刑、无期徒刑或者死刑。

（二）犯罪构成

放火罪，是指故意引起火灾，危害公共安全的行为，危害公共安全罪是指故意或者过失的实施危害不特定多数人的生命、健康或者重大公私财产安全的行为，在国外被称为公共危险犯。公共安全之中的"公共"含义在刑法理论上有不同的观点。一般而言，公共是指不特定或者多数人。"不特定"是指犯罪行为可能侵犯的对象和可能造成的结果事先无法确定，行为人对此无法预料，也难以控制；"多数人"指难以用具体数字表达。

放火罪的客观方面是具有放火的行为，放火是指故意使对象物燃烧、引起火灾的行为。放火的方法没有限制，既可以由作为也可以由不作为方式构成。以作为方式实施放火，比如故意纵火方式；以不作为方式实施放火，比如负有防火义务的油区保安，发现油区有着火的危险，能够防止而不防止，结果发生火灾。燃烧财物时，不管财物是他人所有还是自己所有，只要足以危害公共安全，就属于放火。燃烧他人财物不足以危害公共安全的，只能构成故意毁坏财物罪。燃烧自己财物不足以危害公共安全的，不构成犯罪。

放火罪的主观方面是故意，即明知自己的放火行为会发生危害公共安全的结果，并且希望或者放任这种结果的发生。

（三）司法认定

1. 放火罪的既遂标准

放火罪是危险犯不是行为犯，其既遂标准采取的中对象物独立燃烧说（独立燃烧是指火离开作为媒介物的燃烧转移到目的物上面可以独立地发挥燃烧作用的状态），即只要发生了危害公共安全的具体危险就构成放火罪，不要求造成具体侵害结果。

[①] 《刑法》第 114 条与第 115 条，分别经过 2001 年《中华人民共和国刑法修正案（三）》第 1 条、第 2 条修改。

案例1.甲在货场盗窃后，为毁灭罪证而临时起意放火毁坏现场，刚点燃货柜上的货物，发现有人巡逻到此处，于是扔掉引火物就跑，结果火被巡逻人员及时发现并扑灭，甲的放火行为是既遂还是未遂？

答：根据独立燃烧说，本案构成放火罪的既遂。

2. 此罪与彼罪的区别

（1）放火罪与失火罪的区别。两者关键不在于点火的行为是不是故意，而在于行为人对引起火灾的危险或者后果持什么样的态度。

案例2.甲、乙是油漆工，一天甲对乙说油漆这个玩意能不能燃烧？乙说不知道，于是甲说我试验一下吧，结果一点油漆，就把整个厂房点燃了。问：甲何罪？

答：构成失火罪。甲点火的行为尽管是故意的，但其对火灾的态度是过失。

（2）放火罪与爆炸罪的竞合问题。如果行为人故意采取爆炸方式引起火灾，因为火灾危害公共安全，所以认定为放火罪；但如果爆炸行为本身也足以危害公共安全，是放火罪与爆炸罪的想象竞合犯，从一重处罚。由于法定刑相同，所以，要考察各自情节轻重确定罪名。

案例3①.张三给一个加油站点了一把火，果然火灾出现了，最终导致加油站爆炸。问：对行为人应以何罪论处？

答：最后的结果如果是爆炸形态造成的，就按爆炸罪处理。如果是燃烧形态造成的，就按照放火罪处理。以爆炸方式决水也是一样，看最后的危害结果是爆炸造成的，还是水灾造成的。危害形态主要是以哪种方式造成的，就按照哪种方式来最后定性。放火致人重伤、死亡的，无论这个结果是故意还是过失导致的，都属于放火罪的结果加重犯。

3. 罪数问题：放火犯罪过程之中一罪与数罪问题

实践中，犯罪分子在犯罪后，如故意杀人、盗窃后用放火的方法毁灭罪证，对此，如果该放火行为足以危害公共安全，则要数罪并罚。如果放火行为不危害公共安全，直接定故意杀人罪，例如野外焚烧尸体。

---

① 韩友谊.2013国家司法考试万国授课精华：刑法［M］.北京：中国法制出版社，2013：168.

二、投放危险物质罪

（一）法条规范

第114条　放火、决水、爆炸以及投放毒害性、放射性、传染病病原体等物质或者以其他危险方法危害公共安全，尚未造成严重后果的，处三年以上十年以下有期徒刑。

第115条第一款　放火、决水、爆炸以及投放毒害性、放射性、传染病病原体等物质或者以其他危险方法致人重伤、死亡或者使公私财产遭受重大损失的，处十年以上有期徒刑、无期徒刑或者死刑。

（二）犯罪构成

投放危险物质罪，是指故意投放毒害性、放射性、传染病病原体等物质，危害公共安全的行为。投放危险物质罪侵犯的客体是国家对投放毒害性、放射性、传染病病原体等物质的禁止性管理秩序及社会公众的人身安全及公私财产安全。本罪的客观方面为实施投放毒害性、放射性、传染病病原体等物质，危害公共安全的行为。本罪的主观方面为故意。

（三）司法认定

（1）本罪与投放虚假危险物质罪的区别。如果明知是虚假的危险物质而投放、制造恐慌的，以《刑法》第291条规定的投放虚假危险物质罪定罪。

（2）本罪与生产销售有毒、有害食品罪的区别。生产销售有毒、有害食品罪也会危害公共安全，但该罪是在有关食品生产销售过程中发生的，目的是营利，不是追求毒害他人结果，侵犯的客体也是社会经济秩序，并非侵害公共安全。

> 案例4①.行为人拿了一根针管，针管里面装着都是艾滋病病毒，见一人扎一人。问：对行为人的行为如何定性？
>
> 答：按照故意杀人罪的连续犯来处理，而不是投放危险物质罪。什么时候评价为故意杀人罪，什么情况下评价为危害公共安全罪，关键看行为人的一个独立的行为是否具有使危害结果随时向多处扩展的可能性，如果不具有的话，以故意杀人罪论处。通过性行为来传播艾滋病病毒的，也按照故意杀人罪处理。

三、以危险方法危害公共安全罪

（一）法条规范

第114条　放火、决水、爆炸以及投放毒害性、放射性、传染病病原体等物质或者以其他危险方法危害公共安全，尚未造成严重后果的，处三年以上十年以下有期徒刑。

第115条第一款　放火、决水、爆炸以及投放毒害性、放射性、传染病病原体等物质或者以其他危险方法致人重伤、死亡或者使公私财产遭受重大损失的，处十年以上有期徒刑、无期徒刑或者死刑。

---

① 韩友谊.2013国家司法考试万国授课精华：刑法[M].北京：中国法制出版社，2013：169.

（二）犯罪构成

以危险方法危害公共安全罪，是指故意使用放火、决水、爆炸、投放危险物质以外的危险方法危害公共安全的行为。

（三）司法认定

（1）危险方法的认定。此罪仅仅是《刑法》第114条、第115条的"兜底"，即它是一个补充条款。

（2）从文字的角度而言，此罪囊括刑法分则没有明文规定的、具有危害公共安全性质的全部行为。很显然这与罪刑法定原则对犯罪构成明确性要求是相违背的。因此，从坚持罪刑法定原则的角度而言，对此罪应采取限制解释态度。首先，"其他方法"必须是与放火、决水、爆炸、投放危险物质相当的方法，而不是泛指任何具有危害公共安全性质的方法。① 其次，该危险行为不能归纳为放火、决水、爆炸、投放危险物质等方法，如在户外非法私设电网、向人群开枪扫射等。最后，如果能够用其他罪名解决问题，尽量不用此罪名。如劫持火车的，可以认定破坏交通工具罪，盗窃公路井盖的，可以定破坏交通设施罪（当然盗窃生活小区井盖的，还是成立以危险方法危害公共安全罪）。

释义1.

大多数学者将"公共安全"和"人身权""财产权"人为割裂，认为某行为一旦符合危害公共安全的犯罪，就不能再成立侵犯人身权的犯罪或者侵犯财产权的犯罪。其实公共安全没有自己独立的内容，就是具体个人法益的集合而已。由于利益的集合体重于个别的利益，因此在没有出现结果的危险状态下，也按照既遂模式承担刑事责任。②

四、其他罪名

第115条第二款 **【失火罪、过失决水罪、过失爆炸罪、过失投放危险物质罪、过失以危险方法危害公共安全罪】**过失犯前款罪的，处三年以上七年以下有期徒刑；情节较轻的，处三年以下有期徒刑或者拘役。

---

① 张明楷.刑法学［M］.北京：法律出版社，2014：610.
② 韩友谊.2013国家司法考试万国授课精华：刑法［M］.北京：中国法制出版社，2013：170.

第二节 破坏公共设备、设施危害公共安全的犯罪

典型案例

【基本案情】

卢某某、吕某某破坏交通工具案①

被告人卢某某，男，42岁，某公司职工。被告人吕某某，男，40岁，某厂工人。卢某某与本公司汽车驾驶员苟某素有矛盾，为报复苟某，卢某某伺机破坏苟某驾驶的汽车。2009年10月16日，卢某某得知苟某"明天出车"；当晚8时许，卢某某约吕某某携带白砂糖到其家，然后将自己的"破坏计划"告诉吕某某，并希望吕与其"合作"。吕某某表示同意。当夜10时许，二被告人来到卢某某所在的公司，由卢某某将停放在公司院内的"长江"牌厢式货车(苟某驾驶)的发动机盖打开，吕某某随后把白砂糖倒入发动机气门弹簧内。二被告人又各扳断一根雨刷器，接着卢某某弯腰找刹车油管，并向吕某某索取钢丝钳，吕从车中工具箱内取出钢丝钳递给卢，卢某某剪断刹车油管后二被告人逃离现场。次日，苟某在出车前检查时发现汽车已遭破坏，幸免遇险。后经技术鉴定，该车制动系统完全失效。

【案例解析】对本案性质的认定，存在两种不同意见：一种意见认为，卢、吕二人明知苟某第二天要出车，故意破坏其驾驶的汽车，是蓄意加害，但被苟某及时发现，二被告人的行为构成故意杀人罪(未遂)。另一种意见认为，卢、吕二人破坏使用中的汽车，已危及公共安全，二被告人的行为构成破坏交通工具罪。

在对本案进行认定，应注意以下问题：(1)从犯罪对象看，卢、吕二被告人破坏的"长江"牌厢式货车用于货物运输，属现代化大型交通工具，而且该车在运营间歇期间，属于"正在使用中"，一旦因遭破坏发生倾覆、毁损，就可能危害到不特定多人的生命、健康或重大公私财产安全。(2)从破坏程度来看，卢、吕二被告人向汽车发动机内倒白砂糖、剪断货车刹车油管的行为，已经使该车制动系统失效，这种破坏已经达到了足以使该车发生倾覆或毁坏危险的程度，即足以危及交通运输安全的程度。(3)从主观上看，卢、吕二被告人明知破坏该汽车的发动机或刹车油管，可能使该车在次日的运输中发生交通事故，但为了达到报复苟某的目的，其主观上采取放任的态度，属间接故意；这种间接故意针对的是危害交通运输安全的后果而言的，二被告人报复苟某的意图仅是犯罪动机，不能因此认定其犯罪的故意仅限于追求苟某的伤亡，更不能以此认定其行为构成故意杀人罪。(4)苟某在出车前的检修只是一般的检查，如果未经技术鉴定，汽车制动系统失灵根本不可能被发现。另外，应当看到的是，虽然苟某及时发现汽车被破坏，没有实际发生严重后果，但破坏交通工具属"危险犯"，因而不影响二

---

① 华律网.危害公共安全方面的案例[EB/OL]. http：//www.66law.cn/topic2010/whgjaqzal/8072.shtml.访问日期：2019 - 1 - 3.

被告人犯罪的成立；二被告人的行为已经使汽车面临发生倾覆、毁坏的现实危险，犯罪已达既遂状态。综上，卢某某、吕某某的行为构成《刑法》第116条规定的破坏交通工具罪。

规范释义

本节中有五种故意破坏公用设施类犯罪，包括破坏交通工具罪，破坏交通设施罪，破坏电力设备罪，破坏易燃易爆设备罪，破坏广播电视设施、公用电信设施罪。过失也可以构成犯罪，只是罪名不同。

释义2.

除了生命、健康或者重大公私财产安全外，公共安全还应该包括什么内容？《刑法》第124条规定的破坏广播电视设施、公用电信设施罪以及对应的过失犯罪，是扰乱了公共生活的平稳与安宁。

一、破坏交通工具罪

（一）法条规范

第116条　破坏火车、汽车、电车、船只、航空器，足以使火车、汽车、电车、船只、航空器发生倾覆、毁坏危险，尚未造成严重后果的，处三年以上十年以下有期徒刑。

第119条　破坏交通工具、交通设施、电力设备、燃气设备、易燃易爆设备，造成严重后果的，处十年以上有期徒刑、无期徒刑或者死刑。

（二）犯罪构成

破坏交通工具罪，是指故意破坏火车、汽车、电车、船只、航空器，足以使其发生倾覆、毁坏危险的行为。破坏交通工具罪的犯罪客体是公共安全、交通运输安全；其犯罪对象是火车、汽车、电车、船只和航空器五种大型交通运输工具。这些交通工具同公共安全具有密切联系。犯罪对象必须是正在使用中，标准是"交付使用"，包括正在使用和交付待用、备用的交通工具、交通设施等。破坏交通工具罪的客观方面是破坏交通工具足以使其发生颠覆、毁坏危险。本罪的主观方面是故意。

释义3.

这里汽车做扩大解释，包括大型拖拉机在内。如果破坏马车、自行车、畜力车等不构成犯罪。

（三）司法认定

本罪的既遂与未遂。本罪是危险犯，没有发生严重危害结果的，适用《刑法》第116条既遂规定；造成严重后果，是本罪的加重犯，适用《刑法》第119条的规定。没有发生具体危险或者不能犯，成立本罪的未遂。

　　案例5.甲系汽车检修厂职工，发现自己要检修的一辆公交车为仇人乙驾驶，便在检测的时候破坏了刹车装置，然后交付使用，乙在开车的时候因为刹车失灵而发生车祸，导致三死五伤。甲行为应该如何处理？

　　答：成立破坏交通工具罪。

二、其他罪名

　　第117条　【破坏交通设施罪】破坏轨道、桥梁、隧道、公路、机场、航道、灯塔、标志或者进行其他破坏活动，足以使火车、汽车、电车、船只、航空器发生倾覆、毁坏危险，尚未造成严重后果的，处三年以上十年以下有期徒刑。

　　第118条　【破坏电力设备罪、破坏易燃易爆设备罪】破坏电力、燃气或者其他易燃易爆设备，危害公共安全，尚未造成严重后果的，处三年以上十年以下有期徒刑。

　　第119条　【破坏交通工具罪、破坏交通设施罪、破坏电力设备罪、破坏易燃易爆设备罪】破坏交通工具、交通设施、电力设备、燃气设备、易燃易爆设备，造成严重后果的，处十年以上有期徒刑、无期徒刑或者死刑。

　　【过失损坏交通工具罪、过失损坏交通设施罪、过失损坏电力设备罪、过失损坏易燃易爆设备罪】过失犯前款罪的，处三年以上七年以下有期徒刑；情节较轻的，处三年以下有期徒刑或者拘役。

　　第124条　【破坏广播电视设施、公用电信设施罪】破坏广播电视设施、公用电信设施，危害公共安全的，处三年以上七年以下有期徒刑；造成严重后果的，处七年以上有期徒刑。

　　【过失损坏广播电视设施、公用电信设施罪】过失犯前款罪的，处三年以上七年以下有期徒刑；情节较轻的，处三年以下有期徒刑或者拘役。

第三节　实施恐怖、危险活动危害公共安全的犯罪

典型案例

【基本案情】

王某危及飞行安全事故罪

　　2018年10月25日，被告人王某乘坐西北航空公司民航CX2217航班，由广州飞往西安。登机时因为行李摆放问题与同机乘客刘某发生争执，后被机组人员贺某劝开。飞机起飞后，王某越想越生气，就趁刘某上厕所之机故意挑衅，贺某再次劝阻，王某认为刘、贺二

人合伙欺负自己，便对二人大打出手，引起一片混乱。由于飞机厕所处靠近驾驶舱，混乱场面对驾驶员的正常工作造成干扰，机长出来查看时，也险些被王某打。后经机组人员的奋力制止，事态得以平息。

【法律问题】如何评价本案王某的行为？

【案例解析】本案在对王某的行为性质进行认定时存在争议。第一种观点认为，王某的行为并未造成后果，因而应当作为普通的民事纠纷进行认定。第二种观点认为，王某在飞机上使用暴力，已经危及飞行安全，其行为构成了暴力危及飞行安全罪。本书支持第二种观点。理由在于，暴力危及飞行安全罪属于危险犯，只要行为人的行为足以引起某种危害公共安全的危险，就构成既遂，而不需要实际危害结果的发生。另外，暴力危及飞行安全罪的客观方面的一个很重要的特征，在于行为人要使用暴力。而在本案中，被告人王某对刘某与贺某大打出手，甚至险些对出来查看的机长殴打的行为，已无可置疑地具备了这一要件。本案构成暴力危及飞行安全罪。

规范释义

一、组织、领导、参加恐怖组织罪

(一) 法条规范

第 120 条① 　组织、领导恐怖活动组织的，处十年以上有期徒刑或者无期徒刑，并处没收财产；积极参加的，处三年以上十年以下有期徒刑，并处罚金；其他参加的，处三年以下有期徒刑、拘役、管制或者剥夺政治权利，可以并处罚金。

犯前款罪并实施杀人、爆炸、绑架等犯罪的，依照数罪并罚的规定处罚。

(二) 犯罪构成

组织、领导、参加恐怖组织罪是指组织、领导恐怖活动组织的行为。所谓恐怖组织，是指为了达到一定目的，特别是政治目的，而对不特定他人的生命、身体、自由和财产使用暴力、胁迫等手段，以造成社会恐惧的犯罪组织，具有的特点有：第一，高度的组织性；第二，犯罪手段的暴力性；第三，行为后果具有引起社会恐惧的特性，即犯罪后果的恐怖性；第四，成立组织具有特定目的性(主要是政治目的和社会目的)。

> **释义4.**
>
> 德国刑法规定，恐怖团体是指其目的或者活动旨在实施谋杀、故意杀人或者谋杀民众，绑架勒索、扣押人质以及刑法典中规定的其他一些严重危害公共安全的犯罪团体。俄罗斯刑法规定，恐怖组织是指以实施恐怖活动为目的或者行动中可能使用恐怖手段的组织。

---

① 本条经过 2001 年《中华人民共和国刑法修正案(三)》第 3 条、2015 年《中华人民共和国刑法修正案(九)》第 5 条两次修改，增加财产刑。

组织、领导、参加恐怖组织罪侵犯的客体是公共安全，即公众的人身财产安全以及公共生活的安宁。客观犯罪行为是组织、领导、积极参加或者参加恐怖组织。组织，指组建恐怖组织；领导，指策划、指挥恐怖组织的具体活动；参加，指加入恐怖组织，成为其一员。本罪的主观方面是故意，对于本罪的目的，我国刑法未作要求①。

（三）司法认定

恐怖活动犯罪的罪数问题：犯本罪并且又实施杀人、绑架、强奸等犯罪的，应数罪并罚。对于资助恐怖活动组织或实施恐怖犯罪活动的个人的行为，不作为组织、领导参加恐怖组织罪的共同犯罪论处，而作为单独的犯罪，即构成资助恐怖活动罪。

释义5.

从世界范围来看，一些国家或地区关于惩治恐怖活动大致有三种立法例：（1）最保守立场，刑法没有专门针对恐怖活动的规定，对于实施恐怖活动的，根据行为性质分别适用刑法中关于杀人、爆炸等规定，如日本、瑞士。（2）中间立场，刑法中仅规定建立恐怖组织的犯罪，对于具体的恐怖活动行为按照刑法相关规定处理，如德国。（3）积极立场。刑法针对恐怖活动的犯罪规定比较具体，如法国。我国《中华人民共和国刑法修正案（九）》则由中间立场转向积极立场②。

二、帮助恐怖活动罪

（一）法条规范

第120条之一③　资助恐怖活动组织、实施恐怖活动的个人的，或者资助恐怖活动培训的，处五年以下有期徒刑、拘役、管制或者剥夺政治权利，并处罚金；情节严重的，处五年以上有期徒刑，并处罚金或者没收财产。

为恐怖活动组织、实施恐怖活动或者恐怖活动培训招募、运送人员的，依照前款的规定处罚。

单位犯前两款罪的，对单位判处罚金，并对其直接负责的主管人员和其他直接责任人员，依照第一款的规定处罚。

（二）犯罪构成

帮助恐怖活动罪，是指为恐怖活动提供帮助的行为，包括资助恐怖活动组织、实施恐怖活动的个人的，或者资助恐怖活动培训，以及为恐怖活动组织、实施恐怖活动或者恐怖活动培训招募、运送人员的行为。

---

① 有些国家刑法对本罪的目的做了要求，如法国刑法要求以严重扰乱公共秩序为目的；英国刑法规定，行为人出于政治、宗教、意识形态目的；俄罗斯刑法要求有恐怖性目的。

② 周光权.刑法各论［M］.北京：中国人民大学出版社，2016：172.

③ 本条经过2001年《中华人民共和国刑法修正案（三）》第4条增加、经过2015年《中华人民共和国刑法修正案（九）》第6条修改。本罪名由"资助恐怖活动罪"变更为"帮助恐怖活动罪"。

三、准备实施恐怖活动罪

(一)法条规范

第120条之二①　有下列情形之一的,处五年以下有期徒刑、拘役、管制或者剥夺政治权利,并处罚金;情节严重的,处五年以上有期徒刑,并处罚金或者没收财产:

(1)为实施恐怖活动准备凶器、危险物品或者其他工具的;

(2)组织恐怖活动培训或者积极参加恐怖活动培训的;

(3)为实施恐怖活动与境外恐怖活动组织或者人员联络的;

(4)为实施恐怖活动进行策划或者其他准备的。

有前款行为,同时构成其他犯罪的,依照处罚较重的规定定罪处罚。

(二)司法认定

本罪和帮助恐怖活动罪的界限在于:后罪是为实施恐怖活动的其他个人或者组织提供帮助,或者资助他人组织的恐怖活动培训,以及为恐怖活动组织、实施恐怖活动或者恐怖活动培训招募、运送人员的行为。本罪属于预备行为正犯化(拟制正犯)的情形,既然立法上已经将预备行为类型化地规定为正犯,其仍然具有成立预备、未遂、中止的余地。

四、劫持航空器罪

(一)法条规范

第121条　以暴力、胁迫或者其他方法劫持航空器的,处十年以上有期徒刑或者无期徒刑;致人重伤、死亡或使航空器遭受严重破坏的,处死刑。

(二)犯罪构成

劫持航空器罪,是指以暴力、胁迫或者其他方法劫持航空器的行为。本罪保护的法益是公共安全。本罪的犯罪对象是正在使用中的航空器。所谓"使用中"的航空器,是指地面人员或机组为某一特定飞行而对航空器进行飞行前的准备时起,直到降落后24小时为止。航空器可以是民用航空器(适用普遍管辖),也可以是国家航空器(用于军事、海关、警察部门的航空器,不适用普遍管辖)。虽然国家航空器内一般人员较少,但是劫持行为不仅危及航空器内的人员安全,也会危及地面的公共安全。

本罪的客观行为表现为劫持,即通过暴力、胁迫或者其他方式控制航空器。劫持包括两种情况:一是劫夺航空器;二是控制航空器的航行。至于航空器是否实际上被劫持或被行为人控制,不影响本罪的成立。②此处的暴力、胁迫和其他方式,应达到足以抑制机组人员或其他人员反抗的程度。暴力针对的对象可以是机组人员,也可以是一般乘客。

本罪的主观责任要件是故意。不论行为人处于何种动机或目的劫持航空器,都不影响本罪的成立。

(三)司法认定

(1)本罪的既遂的认定,应该坚持控制说,即着手实施劫持行为后,已经实际控制该航空器为既遂。

---

① 本条为2015年《中华人民共和国刑法修正案(九)》所增设。

② 周光权.刑法各论[M].北京:中国人民大学出版社,2016:177.

（2）劫持航空器罪刑方面的绝对法定刑主义：劫持航空器致人重伤、死亡或者致使航空器遭到严重破坏的，处死刑。

（3）关于本罪管辖问题。航空器分为民用和军用，对前者劫持是国际犯罪，对后者劫持是国内犯罪。因此，外国人在外国劫持外国的军用航空器，我国无管辖权，劫持民用航空器有管辖权。

五、其他罪名

第120条之三① 【宣扬恐怖主义、极端主义、煽动实施恐怖活动罪】以制作、散发宣扬恐怖主义、极端主义的图书、音频视频资料或者其他物品，或者通过讲授、发布信息等方式宣扬恐怖主义、极端主义的，或者煽动实施恐怖活动的，处五年以下有期徒刑、拘役、管制或者剥夺政治权利，并处罚金；情节严重的，处五年以上有期徒刑，并处罚金或者没收财产。

第120条之四 【利用极端主义破坏法律实施罪】用极端主义煽动、胁迫群众破坏国家法律确立的婚姻、司法、教育、社会管理等制度实施的，处三年以下有期徒刑、拘役或者管制，并处罚金；情节严重的，处三年以上七年以下有期徒刑，并处罚金；情节特别严重的，处七年以上有期徒刑，并处罚金或者没收财产。

第120条之五 【强制穿戴宣扬恐怖主义、极端主义服饰、标志罪】以暴力、胁迫等方式强制他人在公共场所穿着、佩戴宣扬恐怖主义、极端主义服饰、标志的，处三年以下有期徒刑、拘役或者管制，并处罚金。

第120条之六 【非法持有宣扬恐怖主义、极端主义物品罪】明知是宣扬恐怖主义、极端主义的图书、音频视频资料或者其他物品而非法持有，情节严重的，处三年以下有期徒刑、拘役或者管制，并处或者单处罚金。

第122条 【劫持船只、汽车罪】以暴力、胁迫或者其他方法劫持船只、汽车的，处五年以上十年以下有期徒刑；造成严重后果的，处十年以上有期徒刑或者无期徒刑。

第123条 【暴力危及飞行安全罪】对飞行中的航空器上的人员使用暴力，危及飞行安全，尚未造成严重后果的，处五年以下有期徒刑或者拘役；造成严重后果的，处五年以上有期徒刑。

第四节　违反枪支、弹药管理规定危害公共安全的犯罪

典型案例

【基本案情】

赵某非法出借枪支案②

被告人赵某系公安人员。2018年5月至7月，赵某带领大学生徐某等人在某公安局

---

① 《刑法》第120条之三至第120条之六，均为《中华人民共和国刑法修正案（九）》第7条所增设。
② 韩玉胜.刑法各论案例分析［M］.北京：中国人民大学出版社，2004.

实习，并任指导老师。徐某多次要求借赵某佩带的枪支"玩一玩"，赵碍于情面，在卸下了子弹夹后将枪支借给了徐某。但是，赵某忘记该枪曾经上膛，枪膛内仍有一发子弹没有取出并处于待发状态。徐某得到枪后非常得意并带回宿舍向同学炫耀。徐某亦认为枪内没有子弹，用枪对准自己的右太阳穴模仿自杀，并扣动扳机。随着一声枪响，徐某当场死亡。

【法律问题】对于本案，被告人赵某该当何罪？

【案例解析】对于本案罪名的认定，存在两种意见：一种意见认为子弹夹已卸，赵某与徐某均未意识到枪内有子弹，结果发生徐某死亡的后果，属意外事件。另一种意见认为，赵某违反规定，非法出借公务配备用枪，其行为已经构成非法出借枪支罪。本书的观点是，赵某系公安人员，理应知道相关的法律规定与内部纪律，将所配备的公务用枪借给他人使用，已经违反了规定，无论是否造成严重后果，都已符合非法出借枪支罪的犯罪构成。应当注意的是，依法配备公务用枪的人员，只要有出借枪支的行为，就构成犯罪，而无论是否造成严重后果；而依法配置了枪支的人员，只有在出借枪支并造成了严重后果的情况下，才构成犯罪。而在本案中，赵某的行为已经造成了严重后果，应从重处罚。

规范释义

一、非法制造、买卖、运输、邮寄、储存枪支、弹药、爆炸物罪

（一）法条规范

第125条第一款 非法制造、买卖、运输、邮寄、储存枪支、弹药、爆炸物的，处三年以上十年以下有期徒刑；情节严重的，处十年以上有期徒刑、无期徒刑或者死刑。

第三款 单位犯前两款罪的，对单位判处罚金，并对其直接负责的主管人员和其他直接责任人员，依照第一款的规定处罚。

（二）犯罪构成

本罪客观方面表现为非法制造、买卖、运输、邮寄、储存枪支、弹药、爆炸物的行为。本罪的行为对象是枪支、弹药、爆炸物。由于法律并没有明确枪支、弹药、爆炸物的范围和种类，也无具体的立法和司法解释，因为对于枪支、弹药、爆炸物的理解不一致。对于枪支的理解关键看两点：第一，能否发射金属弹丸；第二，是否具有杀伤力。枪支包括军用枪支也包括民用枪支。对于爆炸物的范围，法律无明文规定，一般包括军用和民用爆炸物，但不包括烟花、爆竹。危险物质一般是指毒害性、放射性、传染病病原体等物质。

（三）司法认定

本罪名是选择性罪名，一般在适用方面不存在数罪并罚的问题。本罪是抽象危险犯，其成立不要求具有具体危险和实际危害后果的发生。

二、盗窃、抢夺枪支、弹药、爆炸物、危险物质罪

（一）法条规范

第 127 条第一款① 盗窃、抢夺枪支、弹药、爆炸物的，或者盗窃、抢夺毒害性、放射性、传染病病原体等物质，危害公共安全的，处三年以上十年以下有期徒刑；情节严重的，处十年以上有期徒刑、无期徒刑或者死刑。

（二）犯罪构成

盗窃、抢夺枪支、弹药、爆炸物、危险物质罪的客观行为表现为盗窃、抢夺枪支、弹药、爆炸物、危险物质的行为。盗窃指违反占有者的意思，将上述物质转移为自己或者第三者占有的行为。抢夺指当场直接夺取他人紧密占有的上述物质的行为。至于他人的占有是否合法，不影响本罪的成立，即在"黑吃黑"的情况下，也可以构成此罪。此罪属于抽象危险犯，只要行为人完成了盗窃、抢夺行为，上述物质发生占有的转移，此罪便既遂。本罪主观方面为故意，行为人在实施窃取、抢夺行为时，对犯罪对象有明确的认识。如果行为人误以为是一般物品实施盗窃，实际上窃取了枪支、弹药的，属于事实认识错误的情况，在坚持刑法主客观一致评价原则下，只能成立盗窃罪，而不能成立盗窃枪支、弹药罪。盗窃后非法持有的，另成立非法持有枪支、弹药罪。本罪主观方面为故意。

三、抢劫枪支、弹药、爆炸物、危险物质罪

（一）法条规范

第 127 条第二款 抢劫枪支、弹药、爆炸物的，或者抢劫毒害性、放射性、传染病病原体等物质，危害公共安全的，或者盗窃、抢夺国家机关、军警人员、民兵的枪支、弹药、爆炸物的，处十年以上有期徒刑、无期徒刑或者死刑。

（二）犯罪构成

抢劫枪支、弹药、爆炸物、危险物质罪是以暴力、胁迫或者其他方法，强行劫取的行为。本罪客观方面是通过暴力、胁迫或者其他方法使所有人、占有人、使用人不能反抗、不敢反抗、不知反抗。本罪主观方面为故意。

四、非法持有、私藏枪支罪

（一）法条规范

第 128 条第一款 违反枪支管理规定，非法持有、私藏枪支、弹药的，处三年以下有期徒刑、拘役或者管制；情节严重的，处三年以上七年以下有期徒刑。

（二）犯罪构成

本罪非法持有，是指没有合法根据（持枪资格）地持有枪支、弹药，包括非法为他人保管枪支、弹药的行为。私藏，是指依法配备枪支、弹药的人员，在配备枪支、弹药的条件消除后，违法法律规定，私自藏匿枪支、弹药拒不交出的行为。例如，一个警察本来可以持枪，但后来退休或辞职，仍偷偷将枪放在家里不交公，就是私藏枪支。非法储存，指明知是他人非法制造、买卖、运输、邮寄的枪支、弹药而为其存放的行为，或者非法存放爆炸物

---

① 本条为《中华人民共和国刑法修正案（三）》第 5 条所修改。

的行为。

五、非法出租、出借枪支罪

(一) 法条规范

第128 条第二款 依法配备公务用枪的人员，非法出租、出借枪支的，依照前款的规定处罚。

第三款 依法配置枪支的人员，非法出租、出借枪支，造成严重后果的，依照第一款的规定处罚。

第四款 单位犯第二款、第三款罪的，对单位判处罚金，并对其直接负责的主管人员和其他直接责任人员，依照第一款的规定处罚。

(二) 犯罪构成

非法出租、出借枪支罪，是指依法配备、配置枪支人员，违反枪支管理规定，非法出租、出借枪支的行为。本罪侵犯的客体是公共安全和国家对枪支的管理制度。本罪的客观要件是违反枪支管理规定，非法出租、出借枪支的行为。枪支包括公务用枪和民用枪支。在客观方面因主体的不同分为两种情况：一是依法配备公务用枪人员或单位非法出租、出借枪支的(行为犯)。二是依法配置民用枪支的人员或单位，非法出租、出借枪支，造成严重后果的(结果犯)。本罪犯罪主体为特殊主体，即依法配备、配置枪支的单位和个人；本罪在主观方面表现为故意，即明知禁止出租、出借枪支、弹药，而故意出租、出借给他人。

(三) 司法认定

明知他人从事其他的故意犯罪，还出租、出借枪支的行为，不定此罪，而与他人构成他罪的共同犯罪。

六、丢失枪支不报罪

(一) 法条规范

第129 条 依法配备公务用枪的人员，丢失枪支不及时报告，造成严重后果的，处三年以下有期徒刑或者拘役。

(二) 犯罪构成

丢失枪支不报罪，是指依法配备公务用枪的人员违反枪支管理规定，丢失枪支不及时报告造成严重后果的行为。本罪的犯罪主体特定，只能是依法配备公务用枪的人员，不包括其他配置人员。本罪成罪一般有三步：首先丢失枪支；其次，不及时报告；最后，造成严重后果。

七、其他罪名

第125 条第二款① 【非法制造、买卖、运输、储存危险物质罪】非法制造、买卖、运输、储存毒害性、放射性、传染病病原体等物质，危害公共安全的，依照前款的规定处罚。

第126 条 【违规制造、销售枪支罪】依法被指定、确定的枪支制造企业、销售企业，违反枪支管理规定，有下列行为之一的，对单位判处罚金，并对其直接负责的主管人员和其他直接责任人员，处五年以下有期徒刑；情节严重的，处五年以上十年以下有期徒刑；

---

① 本款为《中华人民共和国刑法修正案(三)》第5 条所修改。

情节特别严重的，处十年以上有期徒刑或者无期徒刑：

　　（1）以非法销售为目的，超过限额或者不按照规定的品种制造、配售枪支的；

　　（2）以非法销售为目的，制造无号、重号、假号的枪支的；

　　（3）非法销售枪支或者在境内销售为出口制造的枪支的。

　　第130条　【非法携带枪支、弹药、管制刀具、危险物品危及公共安全罪】非法携带枪支、弹药、管制刀具或者爆炸性、易燃性、放射性、毒害性、腐蚀性物品，进入公共场所或者公共交通工具，危及公共安全，情节严重的，处三年以下有期徒刑、拘役或者管制。

第五节　违反安全管理规定危害公共安全的犯罪

典型案例

【基本案情】

梁应某交通肇事案①

　　被告人梁应某原系格山建筑公司经理及法定代表人，他以公司名义经批准建造短途客船"榕建"号，公司为该船的所有人。梁应某聘请只有四等二副资格的周守某驾驶，安排其子梁如某、儿媳石某及周良某任船员。该船试航时，就因违章行为被港监部门责令停止试航，坚持试航后受到港监部门通报处理。营运期间，梁应某为多载客，对船进行改装，且未向检验机构申请附加检验。2013年6月22日晨，该船载客218名，属严重超载。后河面起大雾，能见度不良，周守某仍冒雾继续航行，终因雾过大而迷失方向，周守某叫被告人梁如某到驾驶室操舵，自己到船头观察水势。梁如某操作不当，错开"鸳鸯"车（双螺旋桨左进右退），致使客船倾翻于江中，船上人员全部落水，造成130人溺水死亡，公私财物遭受重大损失。

　　四川省合江县法院认为：梁应某身为"榕建"号客船所有人的法定代表人，对客船有管理职责。但梁应某不吸取违章试航被处罚的教训，擅自对船进行改造，未经检验就投入营运，违反了《中华人民共和国船舶检验规则》，并为该船顶棚甲板非法载客创造了条件；梁应某不为客船配足船员，所聘驾驶员只具有四等二副资格（应具备四等大副资格），使之长期违章作业；梁应某不履行安全管理职责，使该船长期超载运输，均违反了《中华人民共和国内河交通安全管理条例》第10条和第16条的规定。梁应某违反交通运输管理法规的行为与"榕建"号客船翻沉的严重后果有直接的因果关系。被告人周守某不具备四等大副资格而受聘驾驶"榕建"号客船，事故中冒雾超载航行，迷失方向后指挥操作失误，是造成翻船的主要原因。被告人梁如某盲目追求经济利益，使该船严重超载，操舵时错误使用左进右退"鸳鸯车"，造成客船翻沉。被告人石某不履行轮机职责而售票，未限制人数，造成严

————————

① 最高人民法院.刑事审判参考[M].北京：法律出版社，2001.

重超载。上述被告人的行为均严重违反了《中华人民共和国内河交通安全管理条例》等交通运输法规。被告人梁应某、周守某、梁如某、石某违反交通运输管理法规，造成水上交通事故，致 130 人死亡，后果严重、情节特别恶劣，已构成交通肇事罪，应予依法从重处罚。一审判决梁应某、周守某、梁如某、石某犯交通肇事罪，判处有期徒刑 7 年至 5 年不等。一审宣判后，各被告人均未提起上诉，检察机关亦未提起抗诉，判决已经发生法律效力。

【法律问题】梁应某是否构成交通肇事罪？

【案例解析】梁应某是否构成交通肇事罪，本书认为并不是一个主体问题，而是一个是否存在监督过失的问题。在本案的裁判理由中，虽然论及被告人梁应某对船舶长期超载运输不予管理，表示其具有监督过失与管理过失，但并没有对此加以深入分析，尤其是未能引入监督过失理论，这是十分遗憾的。从监督过失理论出发，对于被告人梁应某是否构成交通肇事罪，应从以下三个方面加以考虑：

（1）实行行为。在监督过失犯罪中，实行行为是什么，这是首先应当加以确认的，从刑法理论上来看，过失犯罪的实行行为是指违反客观注意义务。因此，在分析过失实行行为的时候，首先应当确认注意义务的存在，然后再讨论这种客观注意义务是否违反。在本案中，被告人梁应某作为肇事船舶的单位主管人员，具有保证船舶营运安全的义务，对此，裁判理由引用有关法规做了说明。现在的问题是：被告人梁应某是如何违反这一客观注意义务的？这里存在一个作为还是不作为的问题。对于监督过失来说，少数是由于监督者制订不适当的计划方案造成监管失当这一作为而导致发生结果。但是，大多数还是由于没有实施有效监督或者疏于管理的不作为而导致发生结果。从判决书的表述来看，被告人梁应某不履行安全管理职责使该船长期超载运输，这显然是一种不作为。但裁判理由却认为，被告人梁应某将不具备适航条件的"榕建"号投入运营，实质上是指使周守某等人违章驾驶。从这一论述来看，被告人梁应某的行为似乎又是作为而非不作为，之所以要将被告人梁应某的行为解释为是实质上的指使，是为参照适用《最高人民法院关于审理交通肇事刑事案件具体应用法律若干问题的解释》第 7 条关于"单位主管人员、机动车辆所有人或者机动车辆承包人指使、强令他人违章驾驶造成重大交通事故"以交通肇事罪论处的规定，也就是说，只有在具备指使、强令行为的情况下，相关人员才能构成交通肇事罪。这种指使、强令都是故意行为，并且是作为，在具备这一规定的情况下，是否排除了监督过失存在的余地，这是一个值得研究的问题。对此，我国学者周光权教授指出：对于交造肇事中监督过失责任的范围，司法解释作了限制性解释，因此，在实践中不能过于扩大，那么，单位主管人员等人员，如果不是"指使""强令"驾驶人员违章驾驶，而是因为疏于监督管理，驾驶员独立驾车外出导事故的，管理、监督者不构成交通肇事罪。例如，公交公司经理明知其手下的汽车司机在春运期间经常为多挣钱而严重超载，仍放任、纵容司机违章驾驶，因而发生重大交通事故的，监督者对于事故发生可能只有抽象的、模糊的危险感觉，谈不上有具体的预见，不宜认定为其有监督过失；根据同法解释的精神，这种行为也不成立交通肇事罪，因为该解释只明确了上述人员"指使"、"强令"他人违章驾驶造成重大交通事故的情形，才能按照本罪定罪处罚。

（2）因果关系。在监督过失的情况下，监督者与被监督者具有过失竞合，并且对于结果来说，被监督者的过失是直接过失，而监督者的过失的一种间接过失。这种情况下，监督过失的因果关系也往往变现为一种间接因果关系。在监督过失中实际上存在两个因果关系的链条：第一个链条是监督者过失行为与被监督者过失行为之间的因果关系。第二条链条是被监督者的过失行为与其危害结果之间的因果关系。这两个因果关系以被监督者的过失行为为中介而紧密联系在一起。被监督者的过失行为是第一个因果链的"结果"，同时，又是第二个因果链的"原因"。可见，被监督者的过失行为也是特定因果关系中的"结果"。监督者主要不是直接对被监督者的过失行为引起的危害结果承担刑事责任——这主要归责于被监督者，而主要是对自己监督过失行为引发的直接结果——被监督者的过失行为承担刑事责任。

（3）预见可能性。在监督过失中，预见可能性判断较为困难，问题在于：监督者对于结果预见可能性是一种具体的预见可能性还是抽象的预见可能性，甚至只要具有恐惧感就可以认定这种预见可能性的存在？对此，我国学者认为，不管是管理过失还是监督过失，在疏忽大意过失场合，都以行为人对结果具有预见可能性为前提，不能以抽象的、一般的畏惧感为根据认定过失责任；对于过于自信过失的场合，都以具体结果的回避可能性为前提。在梁应某案中，对于船舶倾覆的具体结果无法预见，但被告人梁应某对于可能发生事故这一点具有预见性。因此，监督过失的预见可能性具有不同于普通过失的特殊性。

规范释义

一、交通肇事罪

（一）法条规范

第133条 违反交通运输管理法规，因而发生重大事故，致人重伤、死亡或者使公私财产遭受重大损失的，处三年以下有期徒刑或者拘役；交通运输肇事后逃逸或者有其他特别恶劣情节的，处三年以上七年以下有期徒刑；因逃逸致人死亡的，处七年以上有期徒刑。

（二）犯罪构成

交通肇事罪，是指违反交通运输管理法规，因而发生重大交通事故，致人重伤、死亡或者使公司财产遭受重大损失的行为。

本罪的客观方面：驾驶行为要求违反交通法规。虽然有重大事故发生，但没有违反交通法规的，不构成本罪。本罪要求具备时空条件：本罪的空间范围是道路，即一般指水路和公路。道路是指公路、城市道路和虽在单位管辖范围内但允许社会机动车通行的地方，包括广场、公共停车场等用于公众通行的场所，即该罪原则上只能发生在公共交通运输管理范围之内。在内河或者海上违规驾驶、操作轮船，发生严重碰撞事故，也构成本罪。但在航空和铁路领域不存在该罪，分别构成重大飞行安全事故罪和铁路运营安全事故罪。本罪的机动车，根据《中华人民共和国道路交通安全法》第119条的规定，是指以动力装置驱动或者牵引，上道路行驶的供人员乘用或者用于运送物品以及进行工程专业作业的轮式车辆。本罪时间条件：要求在交通运输活动之中。本罪的结果条件：必须发生重大的交通事故，致人重伤、死亡或使公私财产遭受重大损失。

> **释义 6.**
>
> 利用非机动交通工具，从事交通运输违章造成重大事故的，能否以交通肇事罪论处？对此，理论上存在肯定说与否定说。如果这种行为发生在公共交通管理的范围内，具有危害公共安全的性质，就应以本罪论处，否则只能认定为其他犯罪。

本罪犯罪主体是参与公共交通运输的人员，包括机动车的驾驶者、乘客、行人，单位主管人员、机动车辆所有人或者承包人指使、强令他人违章驾驶造成重大交通事故的，也可以成立本罪。

本罪的主观方面是过失，行为人违反交通规则可能是故意的，但是因此造成的危害后果是由于疏忽大意或者过于自信。

> **案例 6.** 张三买了一辆汽车，雇佣李四跑运输，但张三买的这台车是辆报废车，张三指示司机李四开车，结果发生重大车祸，造成 3 人死亡。问：如何处理本案？
>
> 答：两个人都构成交通肇事罪，但不成立共犯，因为是过失犯罪。

（三）司法认定

1. 本罪的成罪条件与责任体系（表 3–1）

表 3–1　交通事故罪的成罪条件与责任体系

责任体系（违章及程度）	构成犯罪的后果条件	特殊情形下构成犯罪的条件
完全责任与主要责任	死亡 1 人以上或重伤 3 人以上或者造成公私财产直接损失 30 万以上并无力赔偿的	重伤一人以上并有以下情形之一：①酒后、吸毒后驾车；②无驾驶资格；③明知车况不良；④明知无牌证、报废车辆；⑤严重超载；⑥逃逸的。
同等责任	死亡 3 人以上	
次要责任或者无责任	不存在交通肇事罪问题，但在次要责任的前提下存在民事责任	

2. 关于本罪"逃逸"的性质认定

（1）交通肇事重伤 1 人 + 主要责任 + 逃逸 = 交通肇事罪——3 年以下有期徒刑或拘役。（定罪情节）

（2）交通肇事罪 + 逃逸——3 ~ 7 年有期徒刑。（量刑情节）

（3）交通肇事罪 + 逃逸 + 导致被害人得不到及时救助而死亡——7 年以上有期徒刑。（量刑情节）

3. 酒后驾车造成重大伤亡的处理(表3-2)

表3-2 酒后驾车造成重大伤亡的处理

行为	结果	结果的主观方面	定性处理
醉酒驾驶	无	无	危险驾驶罪
酒后(醉酒)驾驶	致人重伤、死亡	过失	交通肇事罪
酒后(醉酒)驾驶	致人重伤、死亡	故意	以危险方法危害公共安全罪

4. 交通肇事罪中的"共犯"问题

交通肇事后,单位主管人员、机动车辆所有人、承包人或者乘车人指使肇事人逃逸,致使被害人因得不到救助而死亡的,以交通肇事罪的共犯论处。解释者认为"逃逸"是故意指引下的行为,肇事者与指使者就"逃逸"形成共同故意,则指使者是"逃逸"的教唆犯,肇事者是"逃逸"的实行犯,就"逃逸"形成共同犯罪。这种情形是过失犯以共同犯罪的特例。

5. 本罪的罪数问题

行为人在交通肇事之后为逃避法律追究,将被害人带离事故现场后隐匿或者遗弃、致使被害人无法得到救助而死亡或者严重伤残的,以故意杀人罪或者故意伤害罪定罪处罚。这种情形遵循禁止重复评价原则,不能数罪并罚。

二、危险驾驶罪

(一)法条规范

第133条之一[①] 在道路上驾驶机动车,有下列情形之一的,处拘役,并处罚金:

(1)追逐竞驶,情节恶劣的;

(2)醉酒驾驶机动车的;

(3)从事校车业务或者旅客运输,严重超过额定乘员载客,或者严重超过规定时速行驶的;

(4)违反危险化学品安全管理规定运输危险化学品,危及公共安全的。

机动车所有人、管理人对前款第三项、第四项行为负有直接责任的,依照前款的规定处罚。

有前两款行为,同时构成其他犯罪的,依照处罚较重的规定定罪处罚。

(二)犯罪构成

危险驾驶罪,是指以危险方法在道路上驾驶机动车,尚未造成交通事故的行为。本罪保护法益是道路上不特定多数人的生命、身体及重要财产安全。本罪的客观方面主要表现为:(1)追逐竞驶。它是指行为人在道路上高速行驶,随意追逐、超越其他车辆,频繁、突然并线,近距离驶入其他车辆之前的危险驾驶行为。其即可以是单方行为,也可以是双方恶意开"斗气车"或进行"友谊赛",俗称"飙车"。"飙车"是指以行驶速度和驾驶技术标识"胆识"和技术的另类体现自己能力的危险行为,是以(自身和他人)生命安全为代价的危

---

① 本条为《中华人民共和国刑法修正案(八)》第22条所增设,为《中华人民共和国刑法修正案(九)》第8条所修改。

险行为。追逐竞驶属于危害公共安全的危险犯，但刑法没有将本罪规定为具体的公共危险犯，而是以情节恶劣限制处罚范围。只要追逐竞驶行为具有类型化的抽象危险，并且情节恶劣，就构成犯罪。① (2)醉酒驾驶。它是指醉酒状态下在道路上驾驶机动车的行为。根据国家质量监督检验检疫总局2004年5月31日发布的《车辆驾驶人员血液、呼气酒精含量阈值与检验》国家标准(GB 19522—2004)的规定，车辆驾驶人员每100毫升血液中的酒精含量，大于或等于20毫克且小于80毫克的驾驶行为，为饮酒后驾驶；血液酒精含量每100毫升血液中的酒精含量大于或等于80毫克的属于醉驾。本罪是抽象危险犯，不需要司法人员具体判断醉酒行为是否具有公共危险。(3)超员、超速行驶。它是指从事校车业务或者旅客运输，严重超过额定乘员载客，或者严重超过规定时速行驶的行为。本类型危险驾驶罪属于抽象危险犯。(4)违规运输危险化学品。它是指违反危险化学品安全管理规定运输危险化学品，危及公共安全的行为。本类型的危险驾驶属于具体危险犯。

本罪的犯罪主体是机动车的驾驶者。非机动车的操作者及行人无论醉酒行路还是相互追逐，不成立本罪。本罪的主观方面是故意，行为人对自身行为是危险驾驶有认识，对自己的行为可能对公共安全产生危险持希望或放任态度。

> 案例7. 甲醉酒赶着马车在闹市狂奔，行人纷纷躲闪，未造成伤及他人和财产的后果。问：对甲如何评价？
>
> 答：甲驾驶的不是机动车，所以不能成立危险驾驶罪。

(三)司法认定

(1)危险驾驶行为同时构成其他犯罪的，依照处罚较重的规定定罪处罚。例如，追逐竞驶或者醉驾，过失造成他人伤亡或者重大财产损失结果，构成交通肇事罪。但是如果致人伤亡的交通事故不是追逐竞驶或者醉驾行为引起的，而是其他违反交通运输管理法规的行为(如闯红灯)所引起的，则应对危险驾驶罪和交通肇事罪实行数罪并罚。

(2)实施危险驾驶行为，以暴力、威胁方法阻碍公安机关依法检查，又构成妨碍公务罪等其他犯罪的，依照数罪并罚的规定处罚。

三、重大责任事故罪

(一)法条规范

第134条第一款② 在生产、作业中违反有关安全管理的规定，因而发生重大伤亡事故或者造成其他严重后果的，处三年以下有期徒刑或者拘役；情节特别恶劣的，处三年以上七年以下有期徒刑。

(二)犯罪构成

本罪的客观方面，在生产、作业中违反有关安全管理的规定，因而发生重大伤亡事故或者造成其他严重后果的行为。同时，成立本罪的核心是违反安全管理规定，如果遵守了

---

① 张明楷. 刑法学[M]. 北京：法律出版社，2016：725.
② 本款为《中华人民共和国刑法修正案(六)》第1条所修改。

安全管理规定，仍然发生事故的，在刑法上属于技术事故而非责任事故。违反有关安全管理规定的行为，必须引起重大伤亡事故或者造成其他严重后果，才能构成本罪。本罪的行为主体是特殊主体，是自然人，包括厂矿企业的负责人、管理人，以及直接从事生产、作业的人员。即使企业本身非法，也不影响本罪的成立，如非法开采煤矿的从业人员也可以成为本罪主体。

（三）司法认定

（1）本罪与失火罪、过失爆炸罪等具有相似之处，其主要区别是：前者是在生产、作业活动中违反规章制度造成严重后果，后者是在日常生活中违反生活规则造成严重后果；前者是特殊主体，后者是一般主体；前者是业务过失，后者是普通过失。

（2）本罪与交通肇事罪一般容易区别，但对厂（矿）区内机动车作业期间发生的伤亡事故案件有时难以认定。对此应根据不同情况区别对待：在公共交通管理范围内，因违反交通运输管理法规，造成重大事故的，应认定为交通肇事罪；因违反安全生产规章制度发生重大伤亡事故，造成严重后果的，应认定为重大责任事故罪；在公共交通管理范围外发生重大事故的，应认定为重大责任事故罪。

（3）本罪与重大劳动安全事故罪的区别：重大劳动安全事故罪是安全设施不合格的犯罪，如果行为人胡乱操作，违反安全管理规定，应成立重大责任事故罪，如果是因为安全设施如安全帽或机器不合格，则要认定为重大劳动安全事故罪。

（4）与危险物品肇事罪的区别：一般法条和特殊法条的关系，优先适用危险物品肇事罪的规定。

四、其他罪名

第 131 条　**【重大飞行事故罪】**航空人员违反规章制度，致使发生重大飞行事故，造成严重后果的，处三年以下有期徒刑或者拘役；造成飞机坠毁或者人员死亡的，处三年以上七年以下有期徒刑。

第 132 条　**【铁路运营安全事故罪】**铁路职工违反规章制度，致使发生铁路运营安全事故，造成严重后果的，处三年以下有期徒刑或者拘役；造成特别严重后果的，处三年以上七年以下有期徒刑。

第 134 条第二款①　**【强令违章冒险作业罪】**强令他人违章冒险作业，因而发生重大伤亡事故或者造成其他严重后果的，处五年以下有期徒刑或者拘役；情节特别恶劣的，处五年以上有期徒刑。"

第 135 条②　**【重大劳动安全事故】**安全生产设施或者安全生产条件不符合国家规定，因而发生重大伤亡事故或者造成其他严重后果的，对直接负责的主管人员和其他直接责任人员，处三年以下有期徒刑或者拘役；情节特别恶劣的，处三年以上七年以下有期徒刑。

第 135 条之一③　**【大型群众性活动重大安全事故罪】**举办大型群众性活动违反安全

---

① 本款为《中华人民共和国刑法修正案（六）》第 1 条所修改。
② 本款为《中华人民共和国刑法修正案（六）》第 2 条所修改。
③ 本款为《中华人民共和国刑法修正案（六）》第 3 条所增设。

管理规定，因而发生重大伤亡事故或者造成其他严重后果的，对直接负责的主管人员和其他直接责任人员，处三年以下有期徒刑或者拘役；情节特别恶劣的，处三年以上七年以下有期徒刑。

第136条 【危险物品肇事罪】违反爆炸性、易燃性、放射性、毒害性、腐蚀性物品的管理规定，在生产、储存、运输、使用中发生重大事故，造成严重后果的，处三年以下有期徒刑或者拘役；后果特别严重的，处三年以上七年以下有期徒刑。

第137条 【工程重大安全事故罪】建设单位、设计单位、施工单位、工程监理单位违反国家规定，降低工程质量标准，造成重大安全事故的，对直接责任人员，处五年以下有期徒刑或者拘役，并处罚金；后果特别严重的，处五年以上十年以下有期徒刑，并处罚金。

第138条 【教育设施重大安全事故罪】明知校舍或者教育教学设施有危险，而不采取措施或者不及时报告，致使发生重大伤亡事故的，对直接责任人员，处三年以下有期徒刑或者拘役；后果特别严重的，处三年以上七年以下有期徒刑。

第139条 【消防责任事故罪】违反消防管理法规，经消防监督机构通知采取改正措施而拒绝执行，造成严重后果的，对直接责任人员，处三年以下有期徒刑或者拘役；后果特别严重的，处三年以上七年以下有期徒刑。

第139条之一① 【不报、谎报安全事故罪】在安全事故发生后，负有报告职责的人员不报或者谎报事故情况，贻误事故抢救，情节严重的，处三年以下有期徒刑或者拘役；情节特别严重的，处三年以上七年以下有期徒刑。

能力测试

1. 下列哪一行为成立以危险方法危害公共安全罪？（　　）

A. 甲驾车在公路转弯处高速行驶，撞翻相向行驶车辆，致2人死亡

B. 乙驾驶越野车在道路上横冲直撞，撞翻数辆他人所驾汽车，致2人死亡

C. 丙醉酒后驾车，刚开出10米就撞死2人

D. 丁在繁华路段飙车，2名老妇受到惊吓致心脏病发作死亡

2. 甲发现自己所在村庄上正在安装电力线路，想盗窃一些去卖钱。于是，甲趁着夜深人静之时带着工具偷剪电缆，并销账得款数千元，导致安装工程进度严重受阻。对甲应定（　　）

A. 破坏电力设备罪　　B. 过失破坏电力设备罪　　C. 盗窃罪　　D. 故意毁损财物罪

3. 根据刑法规定与相关司法解释，下列哪一选项符合交通肇事罪中的"因逃逸致人死亡"？（　　）

A. 交通肇事后因害怕被现场群众殴打，逃往公安机关自首，被害人因得不到救助而死亡

B. 交通肇事致使被害人当场死亡，但肇事者误以为被害人没有死亡，为逃避法律责任逃逸

C. 交通肇事致人重伤后误以为被害人已经死亡，为逃避法律责任而逃逸，导致被害人

---

① 本款为《中华人民共和国刑法修正案（六）》第4条所增设。

得不到及时救助而死亡

D. 交通肇事后，将被害人转移至隐蔽处，导致其得不到救助而死亡

4. 甲利用到外国旅游的机会，为了自用，从不法分子手中购买了手枪 1 支、子弹 60 发，然后经过伪装将其邮寄回国内。后来甲得知乙欲抢银行，想得到一支枪，就与乙协商，以 5000 元将其手枪出租给乙使用。乙使用该手枪抢劫某银行，随后被抓获。对甲的行为应如何处理？（ ）

A. 以买卖、邮寄枪支、弹药罪与抢劫罪并罚

B. 以买卖、邮寄枪支、弹药罪与非法出租枪支罪并罚

C. 以走私武器、弹药罪与抢劫罪并罚

D. 以走私武器、弹药罪、非法出租枪支罪、抢劫罪并罚

【参考答案】

1. B

2. C

3. C。逃逸目的是为了逃避法律责任，A 错误；肇事之际被害人并没有当即死亡，要求逃逸和死亡有因果关系，B 错误；行为人肇事后对被害人的死亡而言是不作为，否则就是积极逃逸问题，D 错误。

4. C。甲在境外实施邮寄行为，因逃避海关监管，故属于走私行为，购买行为与走私行为存在吸收关系，直接定走私武器、弹药罪。其次，甲在境内明知预谋抢劫而出租他人，属于抢劫罪帮助行为，应以抢劫罪论处。前后两个行为没有主客观联系，所以并罚。不成立出租、出借枪支罪，因为该主体属于特殊主体。

第四章　破坏社会主义市场经济秩序罪

知识结构

破坏社会主义市场经济秩序罪 {
犯罪客体：市场经济秩序——国家、社会、市场主体经济利益
客观方面：违反经济管理规定，破坏市场经济秩序
犯罪主体：自然人和单位
主观方面：故意，有些犯罪要求有特定目的

第一节　生产、销售伪劣商品罪

典型案例

【基本案情】

赖某、宣某生产、销售伪劣产品案①

2018 年 11 月份，赖某、宣某经商量决定用化工原料二氧化硒掺假后当作纯二氧化硒（含量 95% 以上，市场价为每公斤 630 元）出售。由赖某以假名"张某"在网上与湖南某实业公司业务员彭某取得联系后，赖某、宣某向彭某提供了纯二氧化硒（含量在 95% 以上）样品。当彭某确信检测样品符合要求后，便决定从赖某、宣某处购买 500 公斤的纯二氧化硒。赖某、宣某找到袁某（另案处理），由袁出资，从贵溪市某稀有金属加工厂吴某处购得纯二氧化硒 120 公斤和 20 个包装铁桶，后从浙江义乌购得过硫酸铵 350 公斤，并以平均约 7 公斤二氧化硒与约 18 公斤过硫酸铵（两者均为白色粉末）的比例掺和，共掺假二氧化硒 17 桶（每桶 25 公斤），共计 425 公斤。2005 年 11 月 21 日，赖某、宣某和袁某将经掺假后的 425 公斤二氧化硒（经鉴定二氧化硒含量为 28.1%）当作纯二氧化硒以每公斤 430 元的价格出

① 深圳罗湖区法院. 以案释法：生产、销售伪劣产品罪与诈骗罪的界分［EB/OL］.［2018 - 12 - 29］. https://www. sohu.com/a/2050.

售给彭某，得款 18 万元。除去购买原材料所花去的费用 8.2 万元，赖某、宣某各分得赃款 3.6 万元，袁某分得 2.6 万元。

【法律问题】本案赖某、宣某该当何罪？

【案例解析】第一种意见认为，赖某、宣某的行为构成诈骗罪。赖某、宣某以非法占有为目的，伙同他人采取隐瞒真相的手段，制造假象，将掺假的二氧化硒冒充纯的二氧化硒销售，诈骗他人财物。赖、宣二人销售掺假的二氧化硒只是其为了获取他人钱财的手段，其行为的基本特征是诈骗，符合诈骗罪构成要件的特征，因此应定诈骗罪。第二种意见认为，赖某、宣某的行为构成生产、销售伪劣产品罪。赖、宣二人符合该罪的主体，主观上具有故意，且具有追求非法利润的目的，客观上实施了以假充真，销售伪劣产品的行为。在双方约定的二氧化硒的交易过程中，产品质量与样品不相符合，且销售金额在 5 万元以上，完全符合生产、销售伪劣产品罪的构成要件。

本书赞同第二种观点。

规范释义

一、生产、销售伪劣产品罪

（一）法条规范

第 140 条　生产者、销售者在产品中掺杂、掺假，以假充真，以次充好或者以不合格产品冒充合格产品，销售金额五万元以上不满二十万元的，处二年以下有期徒刑或者拘役，并处或者单处销售金额百分之五十以上二倍以下罚金；销售金额二十万元以上不满五十万元的，处二年以上七年以下有期徒刑，并处销售金额百分之五十以上二倍以下罚金；销售金额五十万元以上不满二百万元的，处七年以上有期徒刑，并处销售金额百分之五十以上二倍以下罚金；销售金额二百万元以上的，处十五年有期徒刑或者无期徒刑，并处销售金额百分之五十以上二倍以下罚金或者没收财产。

（二）犯罪构成

生产、销售伪劣产品罪，是指生产者、销售者在产品中掺杂、掺假，以假充真，以次充好或者以不合格产品冒充合格产品，销售金额较大的行为。本罪的行为主体包括自然人和单位[①]。一般的自然人和单位均可以成为生产者与销售者。本罪的生产的对象是伪劣产品。伪劣产品指"以假充真""以次充好""以不合格冒充合格"的产品，包括工业、农业、生活产品和生产资料。本罪的客观行为表现为四种情况：在产品中掺杂、掺假；以假充真；以次充好；以不合格产品冒充合格产品。本罪的主观责任是故意，行为人明知自己在生产、销售的产品中掺杂、掺假，以假充真，以次充好或者以不合格产品冒充合格产品的行为会发生破坏市场经济秩序、侵害消费者合法权益的结果，并且希望或放任这种结果的发生。

（三）司法认定

（1）本罪既遂标准：本罪是数额犯，要求销售金额（不是非法获利金额）达到 5 万元以

---

① 法条表述为"生产者、销售者"，并不意味着本罪为身份犯。

上。生产、销售伪劣产品罪中作为其构成要件的销售金额应当包括因签订合同而即将获得的销售金额(或销售合同上规定的货款)。根据《关于办理生产、销售伪劣商品刑事案件具体应用法律若干问题的解释》:伪劣产品尚未销售,货值金额达到刑法第 140 条规定的销售金额三倍以上的,按照此罪未遂处理。

(2)本罪罪数问题:在生产、销售伪劣产品,同时构成侵犯知识产权、诈骗、合同诈骗、非法经营等犯罪的属于想象竞合,依照处罚较重的规定定罪处罚。犯本罪,又以暴力、威胁方法抗拒查处,构成妨害公务罪的,应依照数罪并罚的规定处罚。[①]

二、生产、销售假药罪

(一)法条规范

第 141 条[②]　生产、销售假药的,处三年以下有期徒刑或者拘役,并处罚金;对人体健康造成严重危害或者有其他严重情节的,处三年以上十年以下有期徒刑,并处罚金;致人死亡或者有其他特别严重情节的,处十年以上有期徒刑、无期徒刑或者死刑,并处罚金或者没收财产。

本条所称假药,是指依照《中华人民共和国药品管理法》的规定属于假药和按假药处理的药品、非药品。

(二)犯罪构成

生产、销售假药罪,是指自然人或者单位故意生产、销售假药的行为。《中华人民共和国刑法修正案(八)》将其由以前的具体危险犯修改为抽象危险犯,只要有生产、销售假药的行为,能够对人身健康造成抽象的危险就构成本罪。本罪生产、销售的必须是假药。刑法明确规定,本罪中的假药,是指依照《中华人民共和国药品管理法》的规定属于假药和按假药处理的药品、非药品。本罪在客观方面具有生产、销售假药的行为。本罪的主观方面为故意,行为人必须明知自己生产、销售的是假药,但不要求以营利或牟利为目的,即使赔本出售,也不影响本罪成立。本罪的犯罪主体为自然人或单位。

(三)司法认定

(1)《中华人民共和国刑法修正案(八)》将以往结果加重犯增补为情节加重犯。刑法以前只有"对人体健康造成严重危害"这种加重情节,此次修改增加"其他严重情节"这种加重情节。

(2)明星等公众人物知道或者应当知道他人生产、销售假药、劣药,而进行明星代言等广告宣言的,依法以生产、销售假药罪或者生产、销售劣药罪的共犯论处。

(3)若行为人没有取得药品销售许可证资格,而非法大批量地购进某类假药,进行批发零售,经鉴定,该批假药足以严重危害人体健康。对于此类行为,应当以生产、销售假药罪与非法经营罪择一重罪论处。

① 张明楷. 刑法学[M]. 北京:法律出版社,2016:739.
② 本条第一款为《中华人民共和国刑法修正案(八)》第 23 条所修改。

三、生产、销售有毒、有害食品罪

(一)法条规范

第 144 条①　在生产、销售的食品中掺入有毒、有害的非食品原料的，或者销售明知掺有有毒、有害的非食品原料的食品的，处五年以下有期徒刑，并处罚金；对人体健康造成严重危害或者有其他严重情节的，处五年以上十年以下有期徒刑，并处罚金；致人死亡或者有其他特别严重情节的，依照本法第 141 条的规定处罚。

(二)犯罪构成

生产、销售有毒、有害食品罪是在生产、销售的食品中掺入有毒、有害的非食品原料，或者销售明知掺有有毒、有害的非食品原料的食品的行为。本罪的客观行为表现为三种类型：一是在生产的食品中掺入有毒、有害的非食品原料；二是在销售的食品中掺入有毒、有害的非食品原料；三是明知掺入有毒、有害的非食品原料的食品而销售。本罪的主观方面是故意。本罪属于行为犯。只要生产、销售有毒、有害食品的行为，就构成本罪。《中华人民共和国刑法修正案(八)》扩大了本罪情节加重犯的范围，除以往"对人体健康造成严重危害"结果情节外，又增加了"其他严重情节"，作为兜底。

(三)司法认定

生产、销售有毒、有害食品罪与投放危险物质罪的区别。第一，两罪在客观方面的区别：生产、销售有毒、有害食品罪表现为生产、销售掺入有毒、有害的非食品原料的食品；而投放危险物质罪则表现为在食堂、河流、水井等公共场所投放有毒、有害的物质。第二，两罪目的不同。前者是增加销售额、降低成本，具有牟利的目的；后者往往出于报复、陷害等目的。第三，两罪处罚根据不同。生产、销售有毒、有害食品罪是行为犯；投放危险物质罪是(具体)危险犯。

四、其他罪名

第 142 条　【生产、销售劣药罪】生产、销售劣药，对人体健康造成严重危害的，处三年以上十年以下有期徒刑，并处销售金额百分之五十以上二倍以下罚金；后果特别严重的，处十年以上有期徒刑或者无期徒刑，并处销售金额百分之五十以上二倍以下罚金或者没收财产。

本条所称劣药，是指依照《中华人民共和国药品管理法》的规定属于劣药的药品。

第 143 条②　【生产、销售不符合安全标准的食品罪】生产、销售不符合食品安全标准的食品，足以造成严重食物中毒事故或者其他严重食源性疾病的，处三年以下有期徒刑或者拘役，并处罚金；对人体健康造成严重危害或者有其他严重情节的，处三年以上七年以下有期徒刑，并处罚金；后果特别严重的，处七年以上有期徒刑或者无期徒刑，并处罚金或者没收财产。

---

① 本款为《中华人民共和国刑法修正案(八)》第 25 条所修改。
② 本条为《中华人民共和国刑法修正案(八)》第 24 条所修改。

第 145 条① 【生产、销售不符合标准的医用器材罪】生产不符合保障人体健康的国家标准、行业标准的医疗器械、医用卫生材料，或者销售明知是不符合保障人体健康的国家标准、行业标准的医疗器械、医用卫生材料，足以严重危害人体健康的，处三年以下有期徒刑或者拘役，并处销售金额百分之五十以上二倍以下罚金；对人体健康造成严重危害的，处三年以上十年以下有期徒刑，并处销售金额百分之五十以上二倍以下罚金；后果特别严重的，处十年以上有期徒刑或者无期徒刑，并处销售金额百分之五十以上二倍以下罚金或者没收财产。

第 146 条 【生产、销售不符合安全标准的产品罪】生产不符合保障人身、财产安全的国家标准、行业标准的电器、压力容器、易燃易爆产品或者其他不符合保障人身、财产安全的国家标准、行业标准的产品，或者销售明知是以上不符合保障人身、财产安全的国家标准、行业标准的产品，造成严重后果的，处五年以下有期徒刑，并处销售金额百分之五十以上二倍以下罚金；后果特别严重的，处五年以上有期徒刑，并处销售金额百分之五十以上二倍以下罚金。

第 147 条 【生产、销售伪劣农药、兽药、化肥、种子罪】生产假农药、假兽药、假化肥，销售明知是假的或者失去使用效能的农药、兽药、化肥、种子，或者生产者、销售者以不合格的农药、兽药、化肥、种子冒充合格的农药、兽药、化肥、种子，使生产遭受较大损失的，处三年以下有期徒刑或者拘役，并处或者单处销售金额百分之五十以上二倍以下罚金；使生产遭受重大损失的，处三年以上七年以下有期徒刑，并处销售金额百分之五十以上二倍以下罚金；使生产遭受特别重大损失的，处七年以上有期徒刑或者无期徒刑，并处销售金额百分之五十以上二倍以下罚金或者没收财产。

第 148 条 【生产、销售不符合卫生标准的化妆品罪】生产不符合卫生标准的化妆品，或者销售明知是不符合卫生标准的化妆品，造成严重后果的，处三年以下有期徒刑或者拘役，并处或者单处销售金额百分之五十以上二倍以下罚金。

五、本节总结

(1)生产、销售伪劣产品罪与其他八个罪之间是法条竞合关系。这种法条竞合关系处理原则不是按照"特别条款优于一般条款"的原则；而是依法采取"重法条优于轻法条"的处理原则。

(2)实施本节犯罪，同时又以暴力、胁迫方法抗拒查处的，按本节罪和妨害公务罪数罪并罚。

(3)关于共犯问题。知道或者应当知道他人实施生产、销售伪劣商品犯罪，而为其提供贷款、资金、账户、发票、证明、许可证，或者提供生产、经营场所或运输、仓储、保管、邮寄等便利条件，或者提供制假生产技术的，以相应犯罪的共犯论处。

---

① 本条为《中华人民共和国刑法修正案(四)》第 1 条所修改。

第二节　走私罪

典型案例

【基本案情】

林某走私文物案

2018 年 7 月 16 日，广东拱北海关缉私警察对一件准备托运到澳门的物品进行检查。经查澳门籍男子林某所托运的物品为一个不规则的灰褐色的石头板块，由若干板块拼成，形成一个动物图案。经有关专家鉴定，该物属于珍稀无脊椎古生物化石。因林某无法提供合法证明，拱北海关缉私局对该案立案侦查，并刑拘林某。案发后，林某交代是沈阳一朱姓女子委托其将古生物化石带到澳门后再转运到香港。一月后在辽宁将朱某抓获。

【法律问题】（1）古生物化石是否属于刑法中的"文物"？（2）朱某、林某构成何罪？

【案例解析】根据立法解释，具有科学价值的古脊椎动物化石、古人类化石属于文物，走私上述物质的可以构成走私文物罪。此案，化石系无脊椎古生物化石，故不构成走私文物罪。同时，该化石无计税金额，也不构成走私普通货物罪，故按照《中华人民共和国刑法修正案（七）》规定的兜底罪名"走私国家禁止进出口的货物、物品罪"定罪量刑。

规范释义

一、走私罪的概述

走私罪侵犯的同类客体是海关监管制度，实质是侵犯了国家正常的经济秩序和经济安全。走私罪根据走私对象不同所触犯的罪名也不一样，总计十个罪名。本节十个走私罪中有七个走私罪打击的是双向行为；有三个走私罪是例外。其中，走私文物罪和走私贵重金属罪这两个罪名是只打击出口不打击进口；走私废物罪则只打击进境不打击出境。其余的罪名则即打击进口，也打击出口行为。但是，如果走私文物、走私贵重金属入境，偷逃税额数额较大，虽然不构成走私文物罪、走私贵重金属罪，但可以构成走私普通货物、物品罪。

走私罪就走私行为方式而言，分为一般走私方式与特别走私方式。

一般走私方式包括：（1）瞒关，即虽然经过设立海关地点进出国（边）境，但采取隐匿、伪装、假报等欺骗手段，逃避海关的监管、检查，非法盗运、偷带或者非法邮寄国家禁止或限制进出口的货物、物品或者依法应当缴纳关税的货物、物品的。（2）绕关，即未经批准，不经过设立海关的地点，非法运输、携带国家禁止或者限制进出口的货物、物品或者依法应当缴纳关税的货物、物品进出国（边）境的。

特殊走私方式包括：（1）闯关，武装掩护走私，依照《刑法》第151条规定从重处罚。（2）变相走私方式，这种走私方式不是发生在出入境的过程中。第一种方式是，未经海关批准许可并且未补缴应缴税额，擅自将批准进口的来料加工等保税货物非法在境内销售牟利的。保税货物是指不交税的货物。第二种方式是，未经海关许可并且未补缴应缴税额，擅自将特定减税、免税进口的货物、物品在境内销售牟利的。这种走私方式有以下两个例外：第一，捐赠的物品；第二，回国留学人员自身携带的物品。（3）间接走私，这是法律拟制。根据《刑法》第155条规定，下列行为，以走私罪论处，依照本节的有关规定处罚：第一种方式是，直接向走私人非法收购国家禁止进口物品或者是直接向走私人非法收购走私进口的其他货物、物品，数额较大的。直接就是第一手购买；第二手购买不构成走私罪，按照掩饰、隐瞒犯罪所得、犯罪所得收益罪定罪。第二种方式是，在内海、领海、界河、界湖运输、收购、贩卖国家禁止进出口的物品或者国家限制进出口的货物、物品，数额较大，没有合法证明的。

二、走私武器、弹药罪

（一）法条规范

第151条第一款① 走私武器、弹药、核材料或者伪造的货币的，处七年以上有期徒刑，并处罚金或者没收财产；情节特别严重的，处无期徒刑，并处没收财产；情节较轻的，处三年以上七年以下有期徒刑，并处罚金。

（二）犯罪构成

走私武器、弹药罪是指违反海关法规，走私武器、弹药的行为。本罪侵犯的客体是国家外贸管制中关于武器、弹药的监管制度；犯罪的对象是武器、弹药。武器、弹药包括弹头和弹壳；本罪对象不包括仿真武器、管制刀具。本罪的客观行为是走私行为，走私的行为方式包括一般走私与特殊走私方式。本罪的主观责任形式是故意，行为人必须明知是或可能是国家禁止进出口的武器弹药而走私。

（三）司法认定

（1）最高法、最高检、海关总署在2002年7月8日颁布的《关于办理走私刑事案件适用法律若干问题的意见》第6条中指出：走私犯罪嫌疑人主观上具有走私犯罪故意，但对其走私的具体对象不明确的，不影响走私犯罪构成，应该根据实际的走私对象定罪处罚。但是，确有证据证明行为人因受蒙骗而对走私对象发生认识错误的，可以从轻处罚。②

（2）走私武器、弹药罪与非法买卖、运输、邮寄、储存枪支、弹药罪的区别：走私行为包含合法的运输、邮寄、储存行为，所以凡是符合走私武器、弹药构成要件，不再认定非法买卖、运输、邮寄、储存枪支、弹药罪，但是如果行为人走私后又非法买卖、运输、邮寄、储存枪支、弹药的，应数罪并罚。

---

① 本条为《中华人民共和国刑法修正案（九）》第9条所修改。
② 这个规定违反责任主义原则。本书认为只能在故意内容与客观事实重合的限度内认定为轻罪的既遂犯。

三、走私假币罪

(一)法条规范

第 151 条第一款①走私武器、弹药、核材料或者伪造的货币的,处七年以上有期徒刑,并处罚金或者没收财产;情节特别严重的,处无期徒刑,并处没收财产;情节较轻的,处三年以上七年以下有期徒刑,并处罚金。

(二)犯罪构成

走私假币罪,是指违反海关法规,逃避海关监管,非法运输、携带、邮寄伪造货币的行为。本罪的行为对象是伪造的货币。伪造货币是指仿照真货币的图案、形状、颜色所制造出来的假货币,包括伪造的可在国内市场流通或兑换的人民币、境外货币。本罪的主观方面是明知伪造货币而走私,如果不明知是假币而走私的不构成本罪。

四、走私普通货物、物品罪

(一)法条规范

第 153 条　走私本法第 151 条、第 152 条、第 347 条规定以外的货物、物品的,根据情节轻重,分别依照下列规定处罚:

(1)走私货物、物品偷逃应缴税额较大或者一年内曾因走私被给予二次行政处罚后又走私的,处三年以下有期徒刑或者拘役,并处偷逃应缴税额一倍以上五倍以下罚金。

(2)走私货物、物品偷逃应缴税额巨大或者有其他严重情节的,处三年以上十年以下有期徒刑,并处偷逃应缴税额一倍以上五倍以下罚金。

(3)走私货物、物品偷逃应缴税额特别巨大或者有其他特别严重情节的,处十年以上有期徒刑或者无期徒刑,并处偷逃应缴税额一倍以上五倍以下罚金或者没收财产。

单位犯前款罪的,对单位判处罚金,并对其直接负责的主管人员和其他直接责任人员,处三年以下有期徒刑或者拘役;情节严重的,处三年以上十年以下有期徒刑;情节特别严重的,处十年以上有期徒刑。

对多次走私未经处理的,按照累计走私货物、物品的偷逃应缴税额处罚。

第 154 条　下列走私行为,根据本节规定构成犯罪的,依照本法第 153 条的规定定罪处罚:

(1)未经海关许可并且未补缴应缴税额,擅自将批准进口的来料加工、来件装配、补偿贸易的原材料、零件、制成品、设备等保税货物,在境内销售牟利的;

(2)未经海关许可并且未补缴应缴税额,擅自将特定减税、免税进口的货物、物品,在境内销售牟利的。

(二)犯罪构成

走私普通货物、物品罪,是指违反海关法规,走私《刑法》第 151 条、第 152 条、第 347 条规定以外的货物、物品,偷逃应缴税额较大,或者一年内曾因走私被给予二次行政处罚后又走私的行为。走私方式包括一般走私方式和特殊走私方式。

---

① 本条为《中华人民共和国刑法修正案(九)》第 9 条所修改。

(三)司法认定

(1)本罪成罪标准。本罪根据《中华人民共和国刑法修正案(八)》修改取消了具体数额的规定并增加新的罪状；一是走私货物、物品偷逃税款数额犯较大，具体标准有待司法解释；二是一年内曾因走私被给予2次行政处罚后又走私的，俗称"蚂蚁搬家"式走私。

(2)经许可进口国家限制进口的可用作原料的废物时，偷逃应缴税额，构成犯罪的，以走私普通货物、物品罪定罪处罚；既未经许可，又偷逃关税的，同时构成走私废物罪和走私普通货物、物品罪。

五、其他罪名

第151条 【走私核材料罪】走私武器、弹药、核材料或者伪造的货币的，处七年以上有期徒刑，并处罚金或者没收财产；情节特别严重的，处无期徒刑，并处没收财产；情节较轻的，处三年以上七年以下有期徒刑，并处罚金。

【走私文物罪；走私贵重金属罪；走私珍贵动物、珍贵动物制品罪】走私国家禁止出口的文物、黄金、白银和其他贵重金属或者国家禁止进出口的珍贵动物及其制品的，处五年以上十年以下有期徒刑，并处罚金；情节特别严重的，处十年以上有期徒刑或者无期徒刑，并处没收财产；情节较轻的，处五年以下有期徒刑，并处罚金。

【走私国家禁止进出口的货物、物品罪】走私珍稀植物及其制品等国家禁止进出口的其他货物、物品的，处五年以下有期徒刑或者拘役，并处或者单处罚金；情节严重的，处五年以上有期徒刑，并处罚金。[①]

单位犯本条规定之罪的，对单位判处罚金，并对其直接负责的主管人员和其他直接责任人员，依照本条各款的规定处罚。

第152条 【走私淫秽物品罪】以牟利或者传播为目的，走私淫秽的影片、录像带、录音带、图片、书刊或者其他淫秽物品的，处三年以上十年以下有期徒刑，并处罚金；情节严重的，处十年以上有期徒刑或者无期徒刑，并处罚金或者没收财产；情节较轻的，处三年以下有期徒刑、拘役或者管制，并处罚金。

【走私废物罪】逃避海关监管将境外固体废物、液态废物和气态废物运输进境，情节严重的，处五年以下有期徒刑，并处或者单处罚金；情节特别严重的，处五年以上有期徒刑，并处罚金。[②]

单位犯前两款罪的，对单位判处罚金，并对其直接负责的主管人员和其他直接责任人员，依照前两款的规定处罚。

六、本节总结

1.认识错误问题

如果走私者主观上具有走私故意，但对走私对象不明确的，不影响走私罪的成立。司法解释认为，根据实际的走私对象定罪处罚。司法考试的观点认为，只能在故意内容与客观事实重合的限度内认定为轻罪的既遂。但是，若客观上走私了武器，行为人误以为走私

---

① 本条为《中华人民共和国刑法修正案(七)》第1条所修改。
② 本条为《中华人民共和国刑法修正案(七)》第2条所增设。

的是弹药，由于属于同一犯罪构成内的错误，不影响走私武器罪既遂的认定。

案例1：一个黑社会老大马某把枪支放在船上，让他的马仔李某走私，并告诉马仔李某这箱子里装的是电视机，马仔确信以为是电视机。对于本案怎么认定？

答：第一种意见，马某和李某构成走私武器、弹药罪的共同犯罪；第二种意见，马某和李某构成共同犯罪，马某成立走私武器、弹药罪，李某成立走私普通货物、物品罪。

2. 共犯问题

根据《刑法》第156条规定，与走私罪犯通谋，为其提供贷款、资金、账号、发票、证明，或者为其提供运输、保管、邮寄或者其他方便的，以走私罪的共犯论处。

3. 罪数问题

(1)武装掩护走私。依照《刑法》第157条的规定，武装掩护走私的，依照本法第151条第一款的规定从重处罚。武装掩护走私，只限于携带武器进行走私活动，而不要求行为人现实地使用武器。已经使用武器杀害、伤害缉私人员的，应以走私罪和故意杀人罪或者故意伤害罪并罚。

(2)根据《刑法》第157条规定：以暴力、威胁方法抗拒缉私的，以走私罪和本法第277条规定的阻碍国家机关工作人员依法执行职务罪，依照数罪并罚的规定处罚。

即以暴力威胁方法抗拒缉私的，以走私罪和妨碍公务罪实行数罪并罚(不含走私毒品罪)。如果妨害公务行为造成人重伤，根据想象竞合，从一重罪论处，以故意伤害罪论，然后在与走私罪数罪并罚。

第三节　妨害对公司、企业的管理秩序罪

典型案例

【基本案情】

村支部书记陈某非国家工作人员受贿案

2016年2月至2017年9月间，某村村支部书记陈某利用职务便利，在该村新农村建设等有关工程项目中多次非法收受他人代金券等共计值15440元的财物，为他人谋取利益。2017年1月31日，陈某、顾某利用职务便利，共同挪用村基本账户上的资金30万元，用于二被告人与他人共同开办公司之用，后于2月17日将该款归还。法院审理认为：被告人陈某、顾某在分别担任村支部书记、出纳期间，挪用村集体资金进行营利活动，其行为均已构成挪用资金罪；被告人陈某在管理村集体公共事务中，利用担任村支部书记的职务

便利,多次非法收受他人贿赂款物,为他人谋取利益,其行为已构成非国家工作人员受贿罪。

【法律问题】村民委员会成员的经济犯罪该如何定罪?

【案例分析】97 刑法修订前,村民委员会成员经济犯罪与国家工作人员一样以贪污、贿赂罪论处。修订后,其将相关人员的经济犯罪行为区分为国家工作人员的贪污、贿赂、挪用公款和公司、企业人员和其他单位工作人员的职务侵占罪、挪用资金罪和公司、企业人员受贿罪。如果村民委员会成员挪用或侵占村集体组织钱财的,可分别以职务侵占罪和挪用资金罪定罪量刑。但其所规定的公司、企业人员受贿罪仅限于公司、企业人员犯罪,不包括其他单位。农村集体经济组织既不属于公司,也不是企业,由此对追究村民委员会成员收受贿赂的行为带来困惑,在法学理论上和司法实践中都存在着不同的认识和做法。2006 年 6 月 29 日,全国人民代表大会常务委员会出台《中华人民共和国刑法修正案(六)》,其中对《刑法》第 163 条规定进行了修改。将该条规定的犯罪主体扩充为"公司、企业和其他单位的工作人员",至此,打击村民委员会成员受贿犯罪有了坚实的法律武器。2007 年 11 月 6 日,《最高人民法院、最高人民检察院关于执行〈中华人民共和国刑法〉确定罪名的补充规定(三)》,将原来的公司、企业人员受贿罪罪名变更为"非国家工作人员受贿罪",使得惩治村民委员会成员受贿犯罪有了一个妥帖的罪名。而如果村民委员会成员是协助人民政府从事抢险救灾款物、土地征用款等行政管理工作收受贿赂的,根据《全国人民代表大会常务委员会关于〈中华人民共和国刑法〉第九十三条第二款的解释》,属于刑法规定的"其他依照法律从事公务",以国家工作人员论,按受贿罪处理。

规范释义

本节是妨害对公司、企业的管理秩序罪,在不同的阶段存在不同的犯罪。第一,在公司设立(成立)时可能涉嫌的犯罪:虚报注册资本罪;虚假出资、抽逃出资罪;欺诈发行股票、债券罪。第二,在公司、企业运营的过程中涉嫌的犯罪:违规披露、不披露重要信息罪;非国家工作人员受贿罪;对非国家工作人员行贿罪;非法经营同类营业罪;为亲友非法牟利罪;签订、履行合同失职被骗罪;国有公司、企业、事业单位人员失职罪、滥用职权罪等;第三,在公司、企业破产、解散的过程之中涉嫌的犯罪:妨害清算罪;隐匿、销毁会计凭证、会计账簿、财物会计报告罪和虚假破产罪。

一、非国家工作人员受贿罪

(一)法条规范

第 163 条①　公司、企业或者其他单位的工作人员利用职务上的便利,索取他人财物或者非法收受他人财物,为他人谋取利益,数额较大的,处五年以下有期徒刑或者拘役;数额巨大的,处五年以上有期徒刑,可以并处没收财产。

公司、企业或者其他单位的工作人员在经济往来中,利用职务上的便利,违反国家规定,收受各种名义的回扣、手续费,归个人所有的,依照前款的规定处罚。

---

① 本条为《中华人民共和国刑法修正案(六)》第 7 条所修改。

国有公司、企业或者其他国有单位中从事公务的人员和国有公司、企业或者其他国有单位委派到非国有公司、企业以及其他单位从事公务的人员有前两款行为的，依照本法第385条、第386条的规定定罪处罚。

（二）犯罪构成

非国家工作人员受贿罪，是指公司、企业或者其他单位的工作人员利用职务上的便利，索取他人财物或者非法收受他人财物，为他人谋取利益，数额较大的行为。

本罪的客观方面，一是必须利用职务之便；二是索取或者非法收受他人财物；三是必须为他人谋取利益。首先是利用职务上的便利，是指直接利用本人组织、监督、管理某项工作的便利条件，即利用本人担任公司、企业中某种职务所享有的主管、分管、决定、处理以及经办某种事务的人、财、物决定权。不是直接利用本人的职权，而是利用由本人职权或地位形成的便利条件，通过第三人为请托人谋取利益，收受请托人财物的（斡旋受贿）行为，不成立本罪①。其次，为他人谋取利益是最低限度地允诺为他人谋取利益，并不需要行为人实际上为他人谋取到利益。最后，为他人谋取的利益，无论是正当利益，还是不正当利益，对成立犯罪无关紧要。本罪中财物，既包括金钱和实物，也包括可以用金钱计算数额的财产性利益，如提供房屋装修等。

> **释义1.**
>
> 有观点认为，本罪的索取贿赂不要求为他人谋取利益②，本书不赞同这一观点。因为从《刑法》第163条的表述来看，为他人谋取利益与数额较大这两个条件，显然同时适用索取他人财物与非法收受他人财物。《刑法》第163条的表述与《刑法》第385条的表述存在明显差异，不宜根据《刑法》第385条来理解《刑法》第163条。由于刑事立法认为非国家工作人员的受贿与国家工作人员受贿，在违法性性质与程度上存在差异，前者确实轻于后者，故对前者索取贿赂的，要求为他人谋取利益，对后者索取贿赂的，不要求为他人谋取利益。

本罪的犯罪主体是特殊主体，即公司、企业或者其他单位的工作人员，这样就把村民委员会、宗教团体等单位都包含进去，打击范围有比较大的扩展。公司、企业的工作人员的界定：一是私营企业；二是集体企业；三是国有控股公司中的非国家工作人员。根据《最高人民法院、最高人民检察院关于办理商业贿赂刑事案件适用法律若干问题的意见》的第2条规定：刑法163条、第164条规定的"其他单位"，既包括事业单位、社会团体、村民委员会、居民委员会、村民小组等常设性的组织，也包括为组织体育赛事、文艺演出或者其他正当活动而成立的组委会、筹委会、工程承包队等非常设性的组织。

本罪的主观方面是故意，即明知利用职务上的便利为他人谋取利益而索取或收受贿赂的行为是损害其职务行为的不可收买性的行为，而执意实施。

---

① 周光权.刑法学[M].北京：中国人民大学出版社，2016：236.
② 王作富.刑法分则实务研究（上）[M].北京：中国方正出版社，2013：311.

(三)司法认定

1. 根据《最高人民法院、最高人民检察院关于办理商业贿赂刑事案件适用法律若干问题的意见》,下列行为应以本罪定罪处罚

(1)医疗机构中的医务人员,利用开处方的职务便利,以各种名义非法收受药品、医疗器械、医用卫生材料等医药产品销售方财物,为医药产品销售方谋取利益,数额较大的,依照《刑法》第163条的规定,以非国家工作人员受贿罪定罪处罚。(2)学校及其他教育机构中的非国家工作人员,在教材、教具、校服或者其他物品的采购等活动中,利用职务上的便利,索取销售方财物,或者非法收受销售方财物,为销售方谋取利益,数额较大的,依照《刑法》第163条的规定,以非国家工作人员受贿罪定罪处罚。(3)学校及其他教育机构中的教师,利用教学活动的职务便利,以各种名义非法收受教材、教具、校服或者其他物品销售方财物,为教材、教具、校服或者其他物品销售方谋取利益,数额较大的,依照《刑法》第163条的规定,以非国家工作人员受贿罪定罪处罚。(4)依法组建的评标委员会、竞争性谈判采购中的谈判小组、询价采购中询价小组的组成人员,在招标、政府采购等事项的评标或者采购活动中,索取他人财物或者非法收受他人财物,为他人谋取利益,数额较大的,依照《刑法》第163条的规定,以非国家工作人员受贿罪定罪处罚。

释义2.

商业贿赂问题:商业贿赂并非刑法意义上的犯罪,也不是刑法意义上独立的犯罪类型,因而不应该在刑法意义上探讨所谓的"商业贿赂"的犯罪构成。在规范刑法学上根本没有规定所谓的商业贿赂犯罪,刑法理论上不能也不应该编造出所谓的商业贿赂罪的犯罪构成。从事实角度来看,本罪包括了商业贿赂的行为,但不限于商业贿赂行为。

2. 非国家工作人员受贿罪和受贿罪的区别

两罪的共同点:客观方面表现为行为人利用职务上的便利,索取他人财物,或者非法收受他人财物,为他人谋取利益;主观方面表现为故意。

两罪的主要区别:第一,犯罪客体不同。非国家工作人员受贿罪侵犯的客体是国家对公司、企业以及非国有事业单位、其他组织的工作人员职务活动的管理制度;而受贿罪侵犯的客体是国家机关工作人员的职务廉洁性。第二,行为模式不同。国家工作人员只要索贿就构成受贿罪,但是如果被动收受他人财物,还需要为他人谋利益才构成受贿罪;非国家工作人员受贿罪在索贿和被动行为模式下,都需要为他人谋取利益,才构成此罪。第三,犯罪主体不同。非国家工作人员受贿罪的犯罪主体是公司、企业或者其他单位的工作人员;而受贿罪的犯罪主体是国家机关中从事公务的人员,国有公司、企业、事业单位、人民团体中从事公务的人员和国家机关、国有公司、企业、事业单位委派到非国有公司、企业、事业单位、社会团体从事公务的人员,以及其他依照法律从事公务的人员。

二、签订、履行合同失职被骗罪

(一)法条规范

第 167 条 国有公司、企业、事业单位直接负责的主管人员,在签订、履行合同过程中,因严重不负责任被诈骗,致使国家利益遭受重大损失的,处三年以下有期徒刑或者拘役;致使国家利益遭受特别重大损失的,处三年以上七年以下有期徒刑。

(二)犯罪构成

签订、履行合同失职被骗罪是指国有公司、企业、事业单位直接负责的主管人员,在签订、履行合同过程中,因严重不负责任被诈骗,致使国家利益遭受重大损失的行为。本罪的实行行为为发生在合同的签订、履行过程中。这里的受骗,是指对方当事人的行为已经涉嫌诈骗犯罪,不以对方当事人已经被人民法院判决构成诈骗犯罪作为立案追诉的前提。对方的诈骗需要达到诈骗类犯罪成立的条件,对方只构成民事欺诈行为的,不能视为本罪中诈骗行为,纠纷应当在民事法律领域解决,不成立本罪①。本罪的行为主体是国有公司、企、事业单位的直接负责的主管人员。本罪的主观方面是过失。

三、其他罪名

第 158 条 【虚报注册资本罪】申请公司登记使用虚假证明文件或者采取其他欺诈手段虚报注册资本,欺骗公司登记主管部门,取得公司登记,虚报注册资本数额巨大、后果严重或有其他严重情节的,处三年以下有期徒刑或者拘役,并处或者单处虚报注册资本金额百分之一以上百分之五以下罚金。

单位犯前款罪的,对单位判处罚金,并对其直接负责的主管人员和其他直接责任人员,处三年以下有期徒刑或者拘役。

第 159 条 【虚假出资、抽逃出资罪】公司发起人、股东违反公司法的规定未交付货币、实物或者未转移财产权,虚假出资,或者在公司成立后又抽逃其出资,数额巨大、后果严重或者有其他严重情节的,处五年以下有期徒刑或者拘役,并处或者单处虚假出资金额或者抽逃出资金额百分之二以上百分之十以下罚金。

单位犯前款罪的,对单位判处罚金,并对其直接负责的主管人员和其他直接责任人员,处五年以下有期徒刑或者拘役。

第 160 条 【欺诈发行股票、债券罪】在招股说明书、认股书、公司、企业债券募集办法中隐瞒重要事实或者编造重大虚假内容,发行股票或者公司、企业债券,数额巨大、后果严重或者有其他严重情节的,处五年以下有期徒刑或者拘役,并处或者单处非法募集资金金额百分之一以上百分之五以下罚金。

单位犯前款罪的,对单位判处罚金,并对其直接负责的主管人员和其他直接责任人员,处五年以下有期徒刑或者拘役。

第 161 条② 【违规披露、不披露重要信息罪】依法负有信息披露义务的公司、企业向

---

① 该观点和张明楷教授《刑法学》的观点存在不同,在张明楷主编的《刑法学》中,此处的"被诈骗",不限于对方构成诈骗类犯罪,也包括民事欺诈。张明楷. 刑法学[M]. 北京:法律出版社,2016:764.

② 本条为《中华人民共和国刑法修正案(六)》第5条所修改。

股东和社会公众提供虚假的或者隐瞒重要事实的财务会计报告，或者对依法应当披露的其他重要信息不按照规定披露，严重损害股东或者其他人利益，或者有其他严重情节的，对其直接负责的主管人员和其他直接责任人员，处三年以下有期徒刑或者拘役，并处或者单处二万元以上二十万元以下罚金。

第 162 条 【妨害清算罪】公司、企业进行清算时，隐匿财产，对资产负债表或者财产清单做虚伪记载或者在未清偿债务前分配公司、企业财产，严重损害债权人或者其他人利益的，对其直接负责的主管人员和其他直接责任人员，处五年以下有期徒刑或者拘役，并处或者单处二万元以上二十万元以下罚金。

第 162 条之一① 【隐匿、故意销毁会计凭证、会计账簿、财务会计报告罪】隐匿或者故意销毁依法应当保存的会计凭证、会计账簿、财务会计报告，情节严重的，处五年以下有期徒刑或者拘役，并处或者单处二万元以上二十万元以下罚金。

单位犯前款罪的，对单位判处罚金，并对其直接负责的主管人员和其他直接责任人员，依照前款的规定处罚。

第 162 条之二② 【虚假破产罪】公司、企业通过隐匿财产、承担虚构的债务或者以其他方法转移、处分财产，实施虚假破产，严重损害债权人或者其他人利益的，对其直接负责的主管人员和其他直接责任人员，处五年以下有期徒刑或者拘役，并处或者单处二万元以上二十万元以下罚金。

第 164 条③ 【对非国家工作人员行贿罪】为谋取不正当利益，给予公司、企业或者其他单位的工作人员以财物，数额较大的，处三年以下有期徒刑或者拘役，并处罚金；数额巨大的，处三年以上十年以下有期徒刑，并处罚金。

【对外国公职人员、国际公共组织官员行贿罪】为谋取不正当商业利益，给予外国公职人员或者国际公共组织官员以财物的，依照前款的规定处罚。④

单位犯前两款罪的，对单位判处罚金，并对其直接负责的主管人员和其他直接责任人员，依照第一款的规定处罚。

行贿人在被追诉前主动交待行贿行为的，可以减轻处罚或者免除处罚。

第 165 条 【非法经营同类营业罪】国有公司、企业的董事、经理利用职务便利，自己经营或者为他人经营与其所任职公司、企业同类的营业，获取非法利益，数额巨大的，处三年以下有期徒刑或者拘役，并处或者单处罚金；数额特别巨大的，处三年以上七年以下有期徒刑，并处罚金。

第 166 条 【为亲友非法牟利罪】国有公司、企业、事业单位的工作人员，利用职务便利，有下列情形之一，使国家利益遭受重大损失的，处三年以下有期徒刑或者拘役，并处或者单处罚金；致使国家利益遭受特别重大损失的，处三年以上七年以下有期徒刑，并处罚金：

（1）将本单位的盈利业务交由自己的亲友进行经营的；

---

① 本条为《中华人民共和国刑法修正案》第 1 条所增设。
② 本条为《中华人民共和国刑法修正案（六）》第 6 条所增设。
③ 本款为《中华人民共和国刑法修正案（六）》第 8 条、《中华人民共和国刑法修正案（九）》第 10 条所修改。
④ 本款为《中华人民共和国刑法修正案（八）》第 29 条所增设。

（2）以明显高于市场的价格向自己的亲友经营管理的单位采购商品或者以明显低于市场的价格向自己的亲友经营管理的单位销售商品的；

（3）向自己的亲友经营管理的单位采购不合格商品的。

第168条①　【国有公司、企业、事业单位人员失职罪、国有公司、企业、事业单位人员滥用职权罪】国有公司、企业的工作人员，由于严重不负责任或者滥用职权，造成国有公司、企业破产或者严重损失，致使国家利益遭受重大损失的，处三年以下有期徒刑或者拘役；致使国家利益遭受特别重大损失的，处三年以上七年以下有期徒刑。

国有事业单位的工作人员有前款行为，致使国家利益遭受重大损失的，依照前款的规定处罚。

国有公司、企业、事业单位的工作人员，徇私舞弊，犯前两款罪的，依照第一款的规定从重处罚。

第169条　【徇私舞弊低价折股、出售国有资产罪】国有公司、企业或者其上级主管部门直接负责的主管人员，徇私舞弊，将国有资产低价折股或者低价出售，致使国家利益遭受重大损失的，处三年以下有期徒刑或者拘役；致使国家利益遭受特别重大损失的，处三年以上七年以下有期徒刑。

第169条之一②　【背信损害上市公司利益罪】上市公司的董事、监事、高级管理人员违背对公司的忠实义务，利用职务便利，操纵上市公司从事下列行为之一，致使上市公司利益遭受重大损失的，处三年以下有期徒刑或者拘役，并处或者单处罚金；致使上市公司利益遭受特别重大损失的，处三年以上七年以下有期徒刑，并处罚金：

（1）无偿向其他单位或者个人提供资金、商品、服务或者其他资产的；

（2）以明显不公平的条件，提供或者接受资金、商品、服务或者其他资产的；

（3）向明显不具有清偿能力的单位或者个人提供资金、商品、服务或者其他资产的；

（4）为明显不具有清偿能力的单位或者个人提供担保，或者无正当理由为其他单位或者个人提供担保的；

（5）无正当理由放弃债权、承担债务的；

（6）采用其他方式损害上市公司利益的。

上市公司的控股股东或者实际控制人，指使上市公司董事、监事、高级管理人员实施前款行为的，依照前款的规定处罚。

犯前款罪的上市公司的控股股东或者实际控制人是单位的，对单位判处罚金，并对其直接负责的主管人员和其他直接责任人员，依照第一款的规定处罚。

---

①　本条为《中华人民共和国刑法修正案》第2条所修改。
②　本条为《中华人民共和国刑法修正案（六）》第9条所增设。

第四节 破坏金融管理秩序罪

典型案例

【基本案情】

连某等犯伪造货币罪案

连某、李某等 8 名被告人分别来自广东省、四川省和贵州省。2006 年 4 月，李文某、朱某（均另案处理）等人租下李永某、陈某夫妇租来的位于源城区河紫路的东源县灰沙砖厂内一场地，用作印制假人民币的工场。2006 年 10 月 12 日，连某、李某组织陈开某、周云某、陈白某开始印制假人民币，连某负责调色质量，李某协同连某一起监督假币印刷的质量。他们两人每天进入制假工场查看并监督、指导印刷。陈开某、陈白某、周云某 3 人昼夜轮班开机印刷；陈开某负责上墨、装版和晒版等工作；陈白某、周云某负责上纸、清洗机器；郑林某负责清理假币废料及场内卫生；李永某负责联系包装纸箱及运输车辆；陈某负责开门、望风、做饭送水等后勤服务。连某等人在河源市区疯狂印制假人民币不到半个月时间，当地公安机关便于 2006 年 10 月 21 日接到线报，一举将该制假窝点捣毁，并在制假窝点现场、住处及附近抓获上述 8 名被告人，缴获 1999 年版 100 元面额假人民币 1055256 张，数额共 105525600 元，以及作案工具一批。后经中国人民银行河源市中心支行鉴定，缴获的 1999 年版人民币 1055256 张，属机制半成品假人民币。①

【法律问题】该案 8 名犯罪嫌疑人应如何定罪？

【案例解析】主犯连某犯伪造货币罪，被告人李某、陈开某、李永某、周云某、陈白某、陈某、郑林某犯伪造货币罪，连某等 8 名被告人伪造的货币面额达一亿余元，数额特别巨大。鉴于该案被告人在伪造货币的过程中被公安机关抓捕，属伪造行为尚未实施完成的情形，依法可认定为未遂；根据各被告人的地位作用，可比照既遂适用从轻或减轻处罚。

---

① 搜狐新闻. 广东亿元特大假币案一审宣判 8 名被告人均服判［EB/OL］.（2007 - 06 - 07）［2019 - 01 - 01］. http：//news. sohu. com/20070607/n25.

一、伪造货币罪

(一)法条规范

第 170 条[①]　伪造货币的,处三年以上十年以下有期徒刑,并处罚金;有下列情形之一的,处十年以上有期徒刑或者无期徒刑,并处罚金或者没收财产:

(1)伪造货币集团的首要分子;

(2)伪造货币数额特别巨大的;

(3)有其他特别严重情节的。

第 171 条第三款　伪造货币并出售或者运输伪造的货币的,依照本法第 170 条的规定定罪从重处罚。

(二)犯罪构成

伪造货币罪,是指违反货币管理法规,依照货币的式样,制造假币冒充真币的行为。

本罪犯罪客体是既有货币的公共信用,又有国家的货币发行权。本罪的犯罪对象是"货币",货币是指人民币或可以流通或兑换的境外货币,如美元、欧元等。制造货币版样也成立伪造货币罪。

> **释义 3.**
>
> 对于本罪的法益,外国刑法理论存在两种观点:一种观点认为,伪造货币罪的法益是货币的真实性的公共信用;另外一种观点认为,伪造货币的法益还包括货币发行权。

本罪的客观行为是"伪造","伪造"是指制造外观上足以使一般人误认为是货币的假币的行为。典型的伪造行为表现为仿照货币的形状、特征、图案、色彩等制造出与真币的外观相同的假货币。

本罪的主观方面是故意。主观方面不要求行为人以盈利、使用或者流通为目的。伪造纯属娱乐,甚至伪造亏本也一样构成本罪。

(三)司法认定

1.伪造与变造的区别

伪造与变造的含义不同,伪造是模仿真实的货币,即存在与所造假币对应的真货币,也可以是自己设计的足以使一般人误认为是货币的假币;变造则是对真正的货币本身进行各种方式的加工、改变面值、含量的行为,即变造不改变货币同一性的行为。如将港币硬币改造为澳门元硬币。由于改变了真币的同一性,成立伪造货币罪。

[①]　本条为《中华人民共和国刑法修正案(九)》第 11 条修改。

2.用相同金属货币作原料制作相同金属货币的行为的定性

对真币进行加工，在没有伤害其同一性限度内，为变造；如果已经丧失与真币的同一性，则为伪造。同一性应当符合两个特征：第一，必须币种同一，如将人民币变成美元则不属于变造，而是伪造；第二，必须在真币的基础上进行加工，不能将真币彻底毁掉后重造。

> 案例2：张三将一个一元的真硬币熔化为液体后又铸造成一元硬币的行为，刑法上如何认定其行为？
>
> 答：此次熔化而成的水和其他水无区别，构成伪造货币罪。用同样金属制造货币行为，尽管制造出来的金属货币在形式和内容上与原来的完全相同，无法侵害货币的公共信用，但是货币的发行权归国家专属，并非任何人都可以制造货币，此行为侵犯国家货币发行权，构成伪造货币罪。

3.伪造货币作为欣赏物的行为定性

> 案例3.甲伪造货币贴在墙上供自己欣赏。刑法上如何认定其行为？
>
> 答：伪造货币罪。理由：此问题关键在于伪造货币罪是否需要出于使用的目的？学界有不同观点，根据公共信用说，不用来流通或者兑换的假币不具有破坏公共信用的作用。所以，不构成犯罪。根据货币发行说，即使行为人没有使用目的，伪造货币行为也是对国家专属货币发行权的侵犯。我国刑法规定的伪造货币罪没有要求必须具有使用的犯罪目的，即伪造货币罪不是目的犯，强行加上目的要素的解释实际上不当限缩了刑法的打击范围。

二、出售、购买、运输假币罪

（一）法条规范

第171条第一款　出售、购买伪造的货币或者明知是伪造的货币而运输，数额较大的，处三年以下有期徒刑或者拘役，并处二万元以上二十万元以下罚金；数额巨大的，处三年以上十年以下有期徒刑，并处五万元以上五十万元以下罚金；数额特别巨大的，处十年以上有期徒刑或者无期徒刑，并处五万元以上五十万元以下罚金或者没收财产。

（二）犯罪构成

出售、购买、运输假币罪，是指出售、购买伪造的货币或者明知是伪造的货币而运输，数额较大的行为。出售，是指明知是伪造货币有偿转让给他人，数额较大的行为。购买，是指将他人持有的伪造的货币有偿收购，数额较大的行为。运输，是指明知是伪造货币而利用交通工具或者其他方式运输转移的行为。出售与购买两种犯罪行为属于对向犯，即没有出售也不存在购买行为。本罪的主观方面是故意，要求明知是假币。

> **释义 4.**
>
> 为了自己使用而购买的行为，不宜认定为购买假币罪；否则，会造成法定刑不协调。为自己使用而购买且已经使用的，认定为使用假币罪；没有使用的，可认定为持有假币罪。

(三)司法认定

本罪的既遂与未遂的界限：本罪属于行为犯，并不要求有特定结果的发生，因而行为人只要将出售、购买或者运输之行为实施完毕，即可构成既遂。由于本罪属选择性罪名，因而行为人只要将其中任何一种行为而不是三种行为实施完毕都可构成既遂。但出售、购买或者运输行为也存在一个过程，因此也存在行为人因意志以外的因素而未能把行为实施完毕的可能。如行为人在出售或购买伪造货币当中正讨价还价时被抓获，或者行为人在运输伪造的货币途中被截获等，都属于犯罪未遂。因此，不能认为行为人一实施出售、购买或者运输伪造的货币的行为就都构成既遂。

三、持有、使用假币罪

(一)法条规范

第 172 条　明知是伪造的货币而持有、使用，数额较大的，处三年以下有期徒刑或者拘役，并处或者单处一万元以上十万元以下罚金；数额巨大的，处三年以上十年以下有期徒刑，并处二万元以上二十万元以下罚金；数额特别巨大的，处十年以上有期徒刑，并处五万元以上五十万元以下罚金或者没收财产。

(二)犯罪构成

本罪的客观方面表现为明知是伪造的货币而持有、使用，数额较大的行为。持有，是指将假币置于行为人事实上的支配之下。使用，是将假币作为真币纳入流通或者兑换领域，既可以是纳入合法的流通、兑换领域，如买卖货物、交罚款等，也可以是纳入非法的流通、兑换领域，如用假币购买毒品或者用假币行贿等。

四、非法吸收公众存款罪

(一)法条规范

第 176 条　非法吸收公众存款或者变相吸收公众存款，扰乱金融秩序的，处三年以下有期徒刑或者拘役，并处或者单处二万元以上二十万元以下罚金；数额巨大或者有其他严重情节的，处三年以上十年以下有期徒刑，并处五万元以上五十万元以下罚金。

单位犯前款罪的，对单位判处罚金，并对其直接负责的主管人员和其他直接责任人员，依照前款的规定处罚。

(二)犯罪构成

非法吸收公众存款罪，是指非法吸收公众存款或者变相吸收公众存款，扰乱金融秩序的行为。本罪的客观行为表现为非法吸收与变相吸收的行为。

(1)非法吸收，是指未经中国人民银行批准，向社会不特定吸收资金，出具凭证，承诺在一定期限内还本付息的活动。一般包括三种：一是主体非法，即行为人不具备吸收公众存款的主体资格而吸收存款；二是手段非法，即行为人具有主体资格，但是采取非法手段吸收公众存款。三是主体和手段都是非法的。

（2）变相吸收，指未经中国人民银行批准，不以吸收存款的名义，向社会不特定对象吸收资金。比如：①不具有房产销售的真实内容或者不以房产销售为主要目的，以返本销售、售后包租、约定回购、销售房产份额等方式非法吸收资金的；②以转让林权并代为管护等方式非法吸收资金的；③以代种植（养殖）、租种植（养殖）、联合种植（养殖）等方式非法吸收资金的；④不具有销售商品、提供服务的真实内容或者不以销售商品、提供服务为主要目的，以商品回购、寄存代售等方式非法吸收资金的；⑤不具有发行股票、债券的真实内容，以虚假转让股权、发售虚构债券等方式非法吸收资金的；⑥不具有募集基金的真实内容，以假借境外基金、发售虚构基金等方式非法吸收资金的；⑦不具有销售保险的真实内容，以假冒保险公司、伪造保险单据等方式非法吸收资金的；⑧以投资入股的方式非法吸收资金的；⑨以委托理财的方式非法吸收资金的；⑩利用民间"会""社"等组织非法吸收资金的；⑪其他非法吸收资金的行为。

根据《最高人民法院关于审理非法集资刑事案件具体应用法律若干问题的解释》，非法吸收公众存款或者变相吸收公众存款必须同时符合以下条件：（1）未经有关部门依法批准或者借用合法经营的形式吸收资金；（2）通过媒体、推介会、传单、手机短信等途径向社会公开宣传；（3）承诺在一定期限内以货币、实物、股权等方式还本付息或者给付回报；（4）向社会公众即社会不特定对象吸收资金。未向社会公开宣传，在亲友或者单位内部针对特定对象吸收资金的，不属于非法吸收或者变相吸收公众存款。

> **释义 5.**
>
> 本罪对象为社会公众，即"不特定对象"。其理解应从两个方面进行理解：第一，出资者与吸收者之间是没有联系（没有关系）的人或单位；第二，出资者可能随时增加，这是非吸的行为方式决定的。

本罪的犯罪主体包括自然人和单位。本罪的主观方面是故意。非法吸收公众存款罪仅仅是非法的资金融通，没有非法占有目的。

（三）司法认定

（1）本罪是破坏金融秩序犯罪，行为人非法吸收公众的"存款"，而不是非法吸收公众的"资金"。所以，按照法益保护的原理，行为人必须是将吸收的存款用于信贷目的，即吸收存款后再发放贷款（用于货币、资本的经营）的，才构成本罪。这个在司法实践之中，很多案件严重背离了本案的法益保护目的。

根据《最高人民法院关于审理非法集资刑事案件具体应用法律若干问题的解释》，非法吸收或者变相吸收公众存款，主要用于正常的生产经营活动，能够及时清退所吸收资金，可以免于刑事处罚；情节显著轻微的，不作为犯罪处理。

（2）行为人擅自设立金融机构后，又非法吸收公众存款的或者非法吸收公众存款又擅自设立金融机构的，应该以本罪和擅自设立金融机构罪数罪并罚。

五、洗钱罪

(一)法条规范

第191条① 明知是毒品犯罪、黑社会性质的组织犯罪、恐怖活动犯罪、走私犯罪、贪污贿赂犯罪、破坏金融管理秩序犯罪、金融诈骗犯罪的所得及其产生的收益,为掩饰、隐瞒其来源和性质,有下列行为之一的,没收实施以上犯罪的所得及其产生的收益,处五年以下有期徒刑或者拘役,并处或者单处洗钱数额百分之五以上百分之二十以下罚金;情节严重的,处五年以上十年以下有期徒刑,并处洗钱数额百分之五以上百分之二十以下罚金:

(1)提供资金账户的;

(2)协助将财产转换为现金、金融票据、有价证券的;

(3)通过转账或者其他结算方式协助资金转移的;

(4)协助将资金汇往境外的;

(5)以其他方法掩饰、隐瞒犯罪所得及其收益的来源和性质的。

单位犯前款罪的,对单位判处罚金,并对其直接负责的主管人员和其他直接责任人员,处五年以下有期徒刑或者拘役;情节严重的,处五年以上十年以下有期徒刑。

(二)犯罪构成

通说认为,本罪客体是复杂客体,包括国家金融管理秩序和司法机关的正常活动。本罪的对象是上游犯罪的所得及其产生的收益。根据《刑法》第191条规定,上游犯罪包括特定的七种犯罪,即毒品犯罪(刑法分则第六章第七节规定的各种毒品犯罪)、黑社会性质的组织犯罪、恐怖活动犯罪、走私犯罪(刑法分则第三章第二节规定的各种走私犯罪)、贪污贿赂犯罪(刑法分则第八章规定的犯罪)、破坏金融管理秩序犯罪(刑法分则第三章第四节规定的犯罪)、金融诈骗犯罪(刑法分则第三章第五节规定的犯罪)的所得及其产生的收益。

> **释义6.**
>
> 《刑法》第163条规定的非国家工作人员受贿罪的所得及产生的收益,能否成为洗钱罪的对象?本书持肯定回答,理由如下:第一,《刑法》第191条所表述的是"贪污贿赂犯罪",而没有直接采用刑法分则第八章的章名"贪污贿赂罪"。故不能将"贪污贿赂犯罪"等同于第八章的章名"贪污贿赂罪"。第二,我国刑法规定的上游犯罪比较窄,在不违反罪刑法定原则的前提下,宜对上游犯罪做扩大解释。

本罪的客观行为有以下几种方式:①提供资金账户的;②协助将财产转换为现金、金融票据、有价证券的;③通过转账或者其他结算方式协助资金转移的;④协助将资金汇往境外的;⑤通过典当、租赁、买卖、投资等方式,协助转移、转换犯罪所得及其收益的;⑥通过与商场、饭店、娱乐场所等现金密集型场所的经营收入相混合的方式,协助转移、转换犯罪所得及其收益的;⑦通过虚构交易、虚设债权债务、虚假担保、虚报收入等方式,协助将犯罪所得及其收益转换为"合法"财物的;⑧通过买卖彩票、奖券等方式,协助转换

---

① 本条经《中华人民共和国刑法修正案(三)》第7条、《中华人民共和国刑法修正案(六)》第16条两次修订。

犯罪所得及其收益的；⑨通过赌博方式，协助将犯罪所得及其收益转换为赌博收益的；⑩协助将犯罪所得及其收益携带、运输或者邮寄出入境的。

本罪犯罪主体既可以是自然人，也可以是单位，但必须是上游犯罪以外的人。本罪行为仅仅限于"帮助"他人洗钱，"自洗钱"被排除在外。

本罪的主观方面是故意，要求行为人明知是上游犯罪所得及其产生的收益，并具有掩饰、隐瞒其来源与性质的目的。行为人将《刑法》第191条规定的某一上游犯罪的犯罪所得及其收益误认为《刑法》第191条规定的上游犯罪范围内的其他犯罪所得及其收益的，不影响"明知"的认定。

（三）司法认定

1. 本罪要以上游犯罪事实成立为前提

本罪与上游犯罪的共同犯罪的区别在于行为人如果事前有通谋，行为人为上游犯罪人实施洗钱应该按照上游犯罪的共同犯罪处罚；事前无通谋，虽然在事后知道了其来源非法，不构成上游犯罪的共同犯罪，应该按洗钱罪定罪处罚。

2. 此罪与彼罪问题

①本罪与掩饰、隐瞒犯罪所得、犯罪所得收益罪：是普通法和特别法的关系。洗钱罪中7种上游犯罪以外的其他犯罪洗钱的行为，不构成洗钱罪，但可能构成掩饰、隐瞒犯罪所得、犯罪所得收益罪。

②本罪与窝藏、转移、隐瞒毒品、毒赃罪最大的区别是：后者一般不具有使赃款表面合法化的特征，只改变赃款的空间位置和存在状态，对其进行隐匿或者转移，逃避司法机关的追查，而前者是通过金融机构等方式使赃款表面合法化。

3. 本罪的罪数问题

明知是犯罪所得及其产生的收益而予以掩饰、隐瞒，构成《刑法》第312条掩饰、隐瞒犯罪所得、犯罪所得收益罪，同时又构成《刑法》第191条洗钱罪或者第349条窝藏、转移、隐瞒毒品、毒赃罪的，依照处罚较重的规定定罪处罚。

六、其他罪名

第171条 【出售、购买、运输假币罪】出售、购买伪造的货币或者明知是伪造的货币而运输，数额较大的，处三年以下有期徒刑或者拘役，并处二万元以上二十万元以下罚金；数额巨大的，处三年以上十年以下有期徒刑，并处五万元以上五十万元以下罚金；数额特别巨大的，处十年以上有期徒刑或者无期徒刑，并处五万元以上五十万元以下罚金或者没收财产。

【金融工作人员购买假币、以假币换取货币罪】银行或者其他金融机构的工作人员购买伪造的货币或者利用职务上的便利，以伪造的货币换取货币的，处三年以上十年以下有期徒刑，并处二万元以上二十万元以下罚金；数额巨大或者有其他严重情节的，处十年以上有期徒刑或者无期徒刑，并处二万元以上二十万元以下罚金或者没收财产；情节较轻的，处三年以下有期徒刑或者拘役，并处或者单处一万元以上十万元以下罚金。

伪造货币并出售或者运输伪造的货币的，依照本法第170条的规定定罪从重处罚。

第173条 【变造货币罪】变造货币，数额较大的，处三年以下有期徒刑或者拘役，并处或者单处一万元以上十万元以下罚金；数额巨大的，处三年以上十年以下有期徒刑，并处二万元以上二十万元以下罚金。

第 174 条①　【擅自设立金融机构罪】未经国家有关主管部门批准，擅自设立商业银行、证券交易所、期货交易所、证券公司、期货经纪公司、保险公司或者其他金融机构的，处三年以下有期徒刑或者拘役，并处或者单处二万元以上二十万元以下罚金；情节严重的，处三年以上十年以下有期徒刑，并处五万元以上五十万元以下罚金。

【伪造、变造、转让金融机构经营许可证、批准文件罪】伪造、变造、转让商业银行、证券交易所、期货交易所、证券公司、期货经纪公司、保险公司或者其他金融机构的经营许可证或者批准文件的，依照前款的规定处罚。

单位犯前两款罪的，对单位判处罚金，并对其直接负责的主管人员和其他直接责任人员，依照第一款的规定处罚。

第 175 条　【高利转贷罪】以转贷牟利为目的，套取金融机构信贷资金高利转贷他人，违法所得数额较大的，处三年以下有期徒刑或者拘役，并处违法所得一倍以上五倍以下罚金；数额巨大的，处三年以上七年以下有期徒刑，并处违法所得一倍以上五倍以下罚金。

单位犯前款罪的，对单位判处罚金，并对其直接负责的主管人员和其他直接责任人员，处三年以下有期徒刑或者拘役。

第 175 条之一②　【骗取贷款、票据承兑、金融票证罪】以欺骗手段取得银行或者其他金融机构贷款、票据承兑、信用证、保函等，给银行或者其他金融机构造成重大损失或者有其他严重情节的，处三年以下有期徒刑或者拘役，并处或者单处罚金；给银行或者其他金融机构造成特别重大损失或者有其他特别严重情节的，处三年以上七年以下有期徒刑，并处罚金。

单位犯前款罪的，对单位判处罚金，并对其直接负责的主管人员和其他直接责任人员，依照前款的规定处罚。

第 177 条　【伪造、变造金融票证罪】有下列情形之一，伪造、变造金融票证的，处五年以下有期徒刑或者拘役，并处或者单处二万元以上二十万元以下罚金；情节严重的，处五年以上十年以下有期徒刑，并处五万元以上五十万元以下罚金；情节特别严重的，处十年以上有期徒刑或者无期徒刑，并处五万元以上五十万元以下罚金或者没收财产：

（1）伪造、变造汇票、本票、支票的；

（2）伪造、变造委托收款凭证、汇款凭证、银行存单等其他银行结算凭证的；

（3）伪造、变造信用证或者附随的单据、文件的；

（4）伪造信用卡的。

单位犯前款罪的，对单位判处罚金，并对其直接负责的主管人员和其他直接责任人员，依照前款的规定处罚。

第 177 条之一③　【妨害信用卡管理罪】有下列情形之一，妨害信用卡管理的，处三年以下有期徒刑或者拘役，并处或者单处一万元以上十万元以下罚金；数量巨大或者有其他严重情节的，处三年以上十年以下有期徒刑，并处二万元以上二十万元以下罚金：

---

① 本款为《中华人民共和国刑法修正案》第 3 条所修改。
② 本条为《中华人民共和国刑法修正案（六）》第 10 条所修改。
③ 本款为《中华人民共和国刑法修正案（五）》第 1 条所增设。

（1）明知是伪造的信用卡而持有、运输的，或者明知是伪造的空白信用卡而持有、运输，数量较大的；

（2）非法持有他人信用卡，数量较大的；

（3）使用虚假的身份证明骗领信用卡的；

（4）出售、购买、为他人提供伪造的信用卡或者以虚假的身份证明骗领的信用卡的。

【窃取、收买、非法提供信用卡信息罪】窃取、收买或者非法提供他人信用卡信息资料的，依照前款规定处罚。

银行或者其他金融机构的工作人员利用职务上的便利，犯第二款罪的，从重处罚。

第178条 【伪造、变造国家有价证券罪】伪造、变造国库券或者国家发行的其他有价证券，数额较大的，处三年以下有期徒刑或者拘役，并处或者单处二万元以上二十万元以下罚金；数额巨大的，处三年以上十年以下有期徒刑，并处五万元以上五十万元以下罚金；数额特别巨大的，处十年以上有期徒刑或者无期徒刑，并处五万元以上五十万元以下罚金或者没收财产。

【伪造、变造股票、公司、企业债券罪】伪造、变造股票或者公司、企业债券，数额较大的，处三年以下有期徒刑或者拘役，并处或者单处一万元以上十万元以下罚金；数额巨大的，处三年以上十年以下有期徒刑，并处二万元以上二十万元以下罚金。

单位犯前两款罪的，对单位判处罚金，并对其直接负责的主管人员和其他直接责任人员，依照前两款的规定处罚。

第179条 【擅自发行股票、公司、企业债券罪】未经国家有关主管部门批准，擅自发行股票或者公司、企业债券，数额巨大、后果严重或者有其他严重情节的，处五年以下有期徒刑或者拘役，并处或者单处非法募集资金金额百分之一以上百分之五以下罚金。

单位犯前款罪的，对单位判处罚金，并对其直接负责的主管人员和其他直接责任人员，处五年以下有期徒刑或者拘役。

第180条① 【内幕交易、泄露内幕信息罪】证券、期货交易内幕信息的知情人员或者非法获取证券、期货交易内幕信息的人员，在涉及证券的发行，证券、期货交易或者其他对证券、期货交易价格有重大影响的信息尚未公开前，买入或者卖出该证券，或者从事与该内幕信息有关的期货交易，或者泄露该信息，或者明示、暗示他人从事上述交易活动，情节严重的，处五年以下有期徒刑或者拘役，并处或者单处违法所得一倍以上五倍以下罚金；情节特别严重的，处五年以上十年以下有期徒刑，并处违法所得一倍以上五倍以下罚金。

单位犯前款罪的，对单位判处罚金，并对其直接负责的主管人员和其他直接责任人员，处五年以下有期徒刑或者拘役。

内幕信息、知情人员的范围，依照法律、行政法规的规定确定。

【利用未公开信息交易罪】证券交易所、期货交易所、证券公司、期货经纪公司、基金管理公司、商业银行、保险公司等金融机构的从业人员以及有关监管部门或者行业协会的工作人员，利用因职务便利获取的内幕信息以外的其他未公开的信息，违反规定，从事与

---

① 本条第一款经过多次修订。《中华人民共和国刑法修正案》第4条增加了处罚期货内幕交易罪、泄露期货内幕信息罪的规定。《中华人民共和国刑法修正案（七）》进一步增加了处罚"明示、暗示他人从事上述交易活动"的规定。

该信息相关的证券、期货交易活动，或者明示、暗示他人从事相关交易活动，情节严重的，依照第一款的规定处罚。①

第 181 条② 　【编造并传播证券、期货交易虚假信息罪；诱骗投资者买卖证券、期货合约罪】编造并且传播影响证券、期货交易的虚假信息，扰乱证券、期货交易市场，造成严重后果的，处五年以下有期徒刑或者拘役，并处或者单处一万元以上十万元以下罚金。

【诱骗投资者买卖证券、期货合约罪】证券交易所、期货交易所、证券公司、期货经纪公司的从业人员，证券业协会、期货业协会或者证券期货监督管理部门的工作人员，故意提供虚假信息或者伪造、变造、销毁交易记录，诱骗投资者买卖证券、期货合约，造成严重后果的，处五年以下有期徒刑或者拘役，并处或者单处一万元以上十万元以下罚金；情节特别恶劣的，处五年以上十年以下有期徒刑，并处二万元以上二十万元以下罚金。

单位犯前两款罪的，对单位判处罚金，并对其直接负责的主管人员和其他直接责任人员，处五年以下有期徒刑或者拘役。

第 182 条③ 　【操纵证券、期货市场罪】有下列情形之一，操纵证券、期货市场，情节严重的，处五年以下有期徒刑或者拘役，并处或者单处罚金；情节特别严重的，处五年以上十年以下有期徒刑，并处罚金：

（1）单独或者合谋，集中资金优势、持股或者持仓优势或者利用信息优势联合或者连续买卖，操纵证券、期货交易价格或者证券、期货交易量的；

（2）与他人串通，以事先约定的时间、价格和方式相互进行证券、期货交易，影响证券、期货交易价格或者证券、期货交易量的；

（3）在自己实际控制的账户之间进行证券交易，或者以自己为交易对象，自买自卖期货合约，影响证券、期货交易价格或者证券、期货交易量的；

（4）以其他方法操纵证券、期货市场的。

单位犯前款罪的，对单位判处罚金，并对其直接负责的主管人员和其他直接责任人员，依照前款的规定处罚。

第 183 条 　【职务侵占罪；贪污罪】保险公司的工作人员利用职务上的便利，故意编造未曾发生的保险事故进行虚假理赔，骗取保险金归自己所有的，依照本法第 271 条的规定定罪处罚。

国有保险公司工作人员和国有保险公司委派到非国有保险公司从事公务的人员有前款行为的，依照本法第 382 条、第 383 条的规定定罪处罚。

第 184 条 　【公司、企业人员受贿罪】银行或者其他金融机构的工作人员在金融业务活动中索取他人财物或者非法收受他人财物，为他人谋取利益的，或者违反国家规定，收受各种名义的回扣、手续费，归个人所有的，依照本法第 163 条的规定定罪处罚。

国有金融机构工作人员和国有金融机构委派到非国有金融机构从事公务的人员有前款

---

① 　本款为《中华人民共和国刑法修正案（七）》第 2 条所增设。

② 　本条第一、三款为《中华人民共和国刑法修正案》第 5 条所修改。原条文仅处罚证券交易方面的犯罪，未规定期货犯罪。

③ 　本条经过多次修改。原条文仅处罚操纵证券市场的行为。《中华人民共和国刑法修正案》第 6 条将操纵期货市场的行为犯罪化。《中华人民共和国刑法修正案（六）》删除文中"获取不正当利益或者转嫁风险"的要件，同时对单位中的主管人员和其他直接责任人员，按照自然人犯罪的规定处罚。

行为的，依照本法第 385 条、第 386 条的规定定罪处罚。

第 185 条　【挪用资金罪、挪用公款罪】商业银行、证券交易所、期货交易所、证券公司、期货经纪公司、保险公司或者其他金融机构的工作人员利用职务上的便利，挪用本单位或者客户资金的，依照本法第 272 条的规定定罪处罚。

国有商业银行、证券交易所、期货交易所、证券公司、期货经纪公司、保险公司或者其他国有金融机构的工作人员和国有商业银行、证券交易所、期货交易所、证券公司、期货经纪公司、保险公司或者其他国有金融机构委派到前款规定中的非国有机构从事公务的人员有前款行为的，依照本法第 384 条的规定定罪处罚。

第 185 条之一①　【背信运用受托财产罪】商业银行、证券交易所、期货交易所、证券公司、期货经纪公司、保险公司或者其他金融机构，违背受托义务，擅自运用客户资金或者其他委托、信托的财产，情节严重的，对单位判处罚金，并对其直接负责的主管人员和其他直接责任人员，处三年以下有期徒刑或者拘役，并处三万元以上三十万元以下罚金；情节特别严重的，处三年以上十年以下有期徒刑，并处五万元以上五十万元以下罚金。

【违法运用资金罪】社会保障基金管理机构、住房公积金管理机构等公众资金管理机构，以及保险公司、保险资产管理公司、证券投资基金管理公司，违反国家规定运用资金的，对其直接负责的主管人员和其他直接责任人员，依照前款的规定处罚。

第 186 条②　【违法发放贷款罪】银行或者其他金融机构的工作人员违反国家规定发放贷款，数额巨大或者造成重大损失的，处五年以下有期徒刑或者拘役，并处一万元以上十万元以下罚金；数额特别巨大或者造成特别重大损失的，处五年以上有期徒刑，并处二万元以上二十万元以下罚金。

银行或者其他金融机构的工作人员违反国家规定，向关系人发放贷款的，依照前款的规定从重处罚。

单位犯前两款罪的，对单位判处罚金，并对其直接负责的主管人员和其他直接责任人员，依照前两款的规定处罚。

关系人的范围，依照《中华人民共和国商业银行法》和有关金融法规确定。

第 187 条③　【吸收客户资金不入账罪】银行或者其他金融机构的工作人员吸收客户资金不入账，数额巨大或者造成重大损失的，处五年以下有期徒刑或者拘役，并处二万元以上二十万元以下罚金；数额特别巨大或者造成特别重大损失的，处五年以上有期徒刑，并处五万元以上五十万元以下罚金。

单位犯前款罪的，对单位判处罚金，并对其直接负责的主管人员和其他直接责任人员，依照前款的规定处罚。

第 188 条④　【违规出具金融票证罪】银行或者其他金融机构的工作人员违反规定，为他人出具信用证或者其他保函、票据、存单、资信证明，情节严重的，处五年以下有期徒刑或者拘役；情节特别严重的，处五年以上有期徒刑。

---

① 本款为《中华人民共和国刑法修正案（六）》第 12 条所增设。
② 本款第一、二款为《中华人民共和国刑法修正案（六）》第 13 条所修改。
③ 本条第一款为《中华人民共和国刑法修正案（六）》第 14 条所修改。
④ 本条第一款为《中华人民共和国刑法修正案（六）》第 15 条所修改。

单位犯前款罪的，对单位判处罚金，并对其直接负责的主管人员和其他直接责任人员，依照前款的规定处罚。

第 189 条　【对违法票据承兑、付款、保证罪】银行或者其他金融机构的工作人员在票据业务中，对违反票据法规定的票据予以承兑、付款或者保证，造成重大损失的，处五年以下有期徒刑或者拘役；造成特别重大损失的，处五年以上有期徒刑。

单位犯前款罪的，对单位判处罚金，并对其直接负责的主管人员和其他直接责任人员，依照前款的规定处罚。

第 190 条①　【逃汇罪】公司、企业或者其他单位，违反国家规定，擅自将外汇存放境外，或者将境内的外汇非法转移到境外，数额较大的，对单位判处逃汇数额百分之五以上百分之三十以下罚金，并对其直接负责的主管人员和其他直接责任人员处五年以下有期徒刑或者拘役；数额巨大或者有其他严重情节的，对单位判处逃汇数额百分之五以上百分之三十以下罚金，并对其直接负责的主管人员和其他直接责任人员处五年以上有期徒刑。

第五节　金融诈骗罪

典型案例

【基本案情】

浙江吴某案

吴某在媒体上的最初亮相是在 2006 年 8 月初，是为磐安贫困大学生送了 50 万元学费，但影响不大。两个月之后，一家媒体以三个版的篇幅报道"东阳女演绎暴富神话"。随后，另一家媒体也以两个整版加头版导读的方式，推出长篇报道《亿万财富是怎样炼成的》。接着，上海一家媒体也以三个版的篇幅再次炒作吴某的"暴富神话"。媒体的炒作迷惑了不少放贷者的双眼，他们中很多人之前并不知道"本色"的实力，看到媒体爆炒之后，他们才敢将大量资金借给吴某。就在这段时间，吴某完成了其 15 家公司及分公司的设立登记、备案事项，此后注册成立浙江本色集团。而所谓的家居市场、建材市场和本色概念酒店这"一个全新的商业模式"，也伴随着媒体的狂轰滥炸进入人们的视野。

2005 年 5 月至 2007 年 2 月，吴某以非法占有为目的，用个人或企业名义，采用高额利息为诱饵，以注册公司、投资、借款、资金周转等为名，从林卫平、杨卫陵、杨卫江等人处非法集资，所得款项用于偿还本金、支付高息、购买房产、汽车及个人挥霍等，集资诈骗人民币达 3.89 亿元。对于这些借款，吴某在法庭上一口咬定都是为了公司的发展需要。为此，她甚至不惜给借款人每万元每天 35 元至 50 元不等的高额利息。

---

① 本条为 1998 年 12 月 29 日《全国人民代表大会常务委员会关于惩治骗购外汇、逃汇和非法买卖外汇犯罪的决定》第 3 条所修改。

2007 年 2 月 7 日下午 5 时许，吴某在首都机场被抓获。法庭上，吴某说对检察机关的指控有异议，借钱是为了公司经营。当金华市检察院公诉处副处长许达将 1608 字的起诉书宣读完毕时，吴某便开始"翻供"。对于检察机关出示的她在侦查机关和公诉阶段所做的供述，吴某干脆都以"诱供"推脱，并反复强调自己都是正常经营，如果不被抓，本色集团肯定有利润还掉这些借款。法庭上，控辩双方的辩论焦点，始终围绕吴某借钱是集资诈骗还是企业经营的正常借款展开。吴某代理人辩称，吴某并没有犯罪。

2009 年 1 月 22 日，东阳市人民法院对林卫某等 7 名吴某案涉案人员做出一审判决，7 名被告人均以非法吸收公众存款罪被定罪处罚。

规范释义

一、集资诈骗罪

（一）法条规范

第 192 条　以非法占有为目的，使用诈骗方法非法集资，数额较大的，处五年以下有期徒刑或者拘役，并处二万元以上二十万元以下罚金；数额巨大或者有其他严重情节的，处五年以上十年以下有期徒刑，并处五万元以上五十万元以下罚金；数额特别巨大或者有其他特别严重情节的，处十年以上有期徒刑或者无期徒刑，并处五万元以上五十万元以下罚金或者没收财产。

（二）犯罪构成

集资诈骗罪，是指以非法占有为目的，使用诈骗方法非法集资，数额较大的行为。本罪的客观方面是非法集资行为。非法集资指单位或者个人违法向社会公众募集资金（本罪与非法吸收公众存款罪存在行为上的一致性）。集资仅限于向社会公众募集资金，不包括募集资金以外的财物。集资行为必须面向社会公众，但不要求实际上已经骗取了多数人的资金。[①] 本罪的主观方面是故意，此外还要求具有非法占有的目的。如何认定非法占有目的，根据司法解释规定，主要表现为：（1）携带集资款逃跑；（2）挥霍集资款，致使无法追回；（3）使用集资款进行违法犯罪活动，无法返还；（4）其他欺诈行为，无法返还。

（三）司法认定

（1）本罪成立要求数额较大。根据《最高人民法院关于审理非法集资刑事案件具体应用法律若干问题的解释》，个人集资诈骗数额在 10 万元以上的，单位集资诈骗罪数额在 50 万元以上的，应当认定为数额较大。集资诈骗罪的数额以行为人实际骗取的数额计算，案发前已经归还的数额应予扣除。

（2）集资诈骗罪与非法吸收公众存款罪的区别：集资诈骗罪必须具有非法占有的目的，也就是不法所有的目的；而非法吸收公众存款的主体并没有非法占有，也就是不还款的目的。

---

① 张明楷.刑法学［M］.北京：法律出版社，2016：797.

二、贷款诈骗罪

(一)法条规范

第 193 条　有下列情形之一,以非法占有为目的,诈骗银行或者其他金融机构的贷款,数额较大的,处五年以下有期徒刑或者拘役,并处二万元以上二十万元以下罚金;数额巨大或者有其他严重情节的,处五年以上十年以下有期徒刑,并处五万元以上五十万元以下罚金;数额特别巨大或者有其他特别严重情节的,处十年以上有期徒刑或者无期徒刑,并处五万元以上五十万元以下罚金或者没收财产:

(1)编造引进资金、项目等虚假理由的;

(2)使用虚假的经济合同的;

(3)使用虚假的证明文件的;

(4)使用虚假的产权证明作担保或者超出抵押物价值重复担保的;

(5)以其他方法诈骗贷款的。

(二)犯罪构成

贷款诈骗罪,是指以非法占有为目的,以诈骗方法,非法取得银行或者其他金融机构的贷款,数额较大的行为。本罪要求行为人采取欺诈方法。欺诈方法包括:(1)编造引进资金、项目等虚假理由的;(2)使用虚假的经济合同的;(3)使用虚假的证明文件的;(4)使用虚假的产权证明作担保或者超出抵押物价值重复担保的;(5)以其他方法诈骗贷款的。使用上述方法之一骗取贷款的,即可成立本罪。构成此罪,要求行为人在贷款时采取欺骗手段,如果行为人在合法取得贷款后,不愿还款而采取欺骗手段隐瞒财产的不能认定为贷款诈骗罪,只能按照民事案件处理。如果行为人采取欺骗手段使金融机构免除债务的,成立普通诈骗罪。

本罪的主观方面是故意,并具有非法占有的目的。如果在合法贷款之后,由于情势变化产生犯罪目的,并实施转移、隐匿贷款行为的,不构成此罪。贷款诈骗罪主体仅为自然人,以单位为主体诈骗贷款的,按照合同诈骗罪来处理。

三、信用卡诈骗罪

(一)法条规范

第 196 条　有下列情形之一,进行信用卡诈骗活动,数额较大的,处五年以下有期徒刑或者拘役,并处二万元以上二十万元以下罚金;数额巨大或者有其他严重情节的,处五年以上十年以下有期徒刑,并处五万元以上五十万元以下罚金;数额特别巨大或者有其他特别严重情节的,处十年以上有期徒刑或者无期徒刑,并处五万元以上五十万元以下罚金或者没收财产:

(1)使用伪造的信用卡,或者使用以虚假的身份证明骗领的信用卡的;

(2)使用作废的信用卡的;

(3)冒用他人信用卡的;

(4)恶意透支的。

前款所称恶意透支,是指持卡人以非法占有为目的,超过规定限额或者规定期限透支,并且经发卡银行催收后仍不归还的行为。

盗窃信用卡并使用的，依照本法第 264 条的规定定罪处罚。

(二)犯罪构成

信用卡诈骗罪，是指以非法占有为目的，使用信用卡进行诈骗活动，数额较大的行为。本罪的犯罪对象是信用卡。信用卡是指由商业银行或者其他金融机构发行的具有消费支付、信用贷款、转账结算、存取现金等全部功能或者部分功能的电子支付卡。信用卡进行扩大解释，包含借记卡，不要求一定具备透支功能。

本罪的客观行为方式有：(1)使用伪造的信用卡，或者使用以虚假的身份证明骗领的信用卡的；(2)使用作废的信用卡的；(3)冒用他人信用卡的；(4)恶意透支的。

本罪的主观方面是故意，要求有非法占有目的。

(三)司法认定

信用卡诈骗罪司法适用的各种情况，具体见表 4-1。

表 4-1　信用卡诈骗罪司法适用的各种情况

信用卡种类			取财地点		
			银行营业员	商场收银员	自动取款(售货)机
伪造的信用卡			信用卡诈骗罪	信用卡诈骗罪	盗窃罪
作废的信用卡			信用卡诈骗罪	信用卡诈骗罪	盗窃罪
他人真实有效信用卡	盗窃所得		盗窃罪	盗窃罪	盗窃罪
	抢劫所得	当场取财	抢劫罪	抢劫罪	抢劫罪
		日后取财	抢劫罪与信用卡诈骗罪	抢劫罪与信用卡诈骗罪	抢劫罪与盗窃罪
	其他方式获得(如抢夺、诈骗、侵占等)		信用卡诈骗罪	信用卡诈骗罪	盗窃罪(拾得后使用的定信用卡诈骗罪)
以虚假身份骗领的信用卡			信用卡诈骗罪	信用卡诈骗罪	信用卡诈骗罪
自己真实有效的信用卡(恶意透支)			信用卡诈骗罪	信用卡诈骗罪	信用卡诈骗罪

四、保险诈骗罪

(一)法条规范

第 198 条　有下列情形之一，进行保险诈骗活动，数额较大，处五年以下有期徒刑或拘役，并处一万元以上十万元以下罚金；数额巨大或者有其他严重情节的，处五年以上十年以下有期徒刑，并处二万元以上二十万元以下罚金；数额特别巨大或者有其他特别严重情节的，处十年以上有期徒刑，并处二万元以上二十万元以下罚金或没收财产：

(1)投保人故意虚构保险标的，骗取保险金的；

(2)投保人、被保险人或者受益人对发生的保险事故编造虚假的原因或者夸大损失的程度，骗取保险金的；

(3)投保人、被保险人或者受益人编造未曾发生的保险事故，骗取保险金的；

（4）投保人、被保险人故意造成财产损失的保险事故，骗取保险金的；

（5）投保人、受益人故意造成被保险人死亡、伤残或者疾病，骗取保险金的。

有前款第四项、第五项所列行为，同时构成其他犯罪的，依照数罪并罚的规定处罚。

单位犯第一款罪的，对单位判处罚金，并对其直接负责的主管人员和其他直接责任人员，处五年以下有期徒刑或者拘役；数额巨大或者有其他严重情节的，处五年以上十年以下有期徒刑；数额特别巨大或者有其他特别严重情节的，处十年以上有期徒刑。

保险事故的鉴定人、证明人、财产评估人故意提供虚假的证明文件，为他人诈骗提供条件的，以保险诈骗的共犯论处。

（二）犯罪构成

本罪的客观方面表现为骗取保险金。保险诈骗的行为方式有以下五种：（1）财产投保人故意虚构保险标的，骗取保险金的。保险标的是指作为保险对象的物质财富及其有关利益、人的生命、健康或有关利益。故意虚构保险标的是指在与保险人订立保险合同时，故意捏造根本不存在的保险对象，为日后编造保险事故，骗取保险金。（2）投保人、被保险人或者受益人对发生的保险事故编造虚假的原因或者夸大损失的程度，骗取保险金的。保险合同约定保险人只对因保险责任范围内的原因引起的保险事故承担保险诈骗罪赔偿责任，该项行为是指投保人、被保险人或受益人隐瞒发生保险事故的真实原因或者将非保险责任范围内的原因谎称为保险责任范围内的原因以便骗取保险金；对确已发生保险事故造成损失的，故意夸大损失的程度以便骗取额外的保险金。（3）投保人、被保险人或者受益人编造未曾发生的保险事故，骗取保险金的。（4）投保人、被保险人故意造成财产损失的保险事故，骗取保险金的。这是指在保险合同期内，人为地制造保险事故，造成财产损失，以便骗取保险金。（5）投保人、受益人故意造成被保险人死亡、伤残或者疾病，骗取保险金的。这是指在人身保险中，为骗取保险金，制造赔偿条件，故意采用不法手段，造成被保险人的伤亡或疾病。行为人具备上述五种行为方式之一，骗取保险金数额较大的，构成保险诈骗罪。参照最高人民法院《关于审理诈骗案件具体应用法律的若干问题的解释》，个人进行保险诈骗数额在10000元以上的，属于"数额较大"。本罪的犯罪主体是特殊主体，包括投保人、被保险人、受益人。

（三）司法认定

（1）本案的罪数问题。实施保险诈骗活动，故意以纵火、杀人、伤害、传播传染病、虐待、遗弃等行为方式制造财产损失，被保险人死亡、伤残、疾病的结果，骗取保险金的，依照《刑法》第198条第二款规定，按数罪并罚处罚，如放火罪与保险诈骗罪并罚，故意杀人罪与保险诈骗罪并罚，故意伤害罪与保险诈骗罪并罚等。

保险诈骗犯罪突出的特点就是其犯罪手段可能会触犯其他罪名，构成另一独立的犯罪，在刑法理论上称之为牵连犯。我国《刑法》第198条第一款用叙明罪状的方式规定了保险诈骗罪的五种复行为方式。这些复行为中"骗取保险金"是保险诈骗罪的目的行为，在此之前的行为则就是本罪的方法行为，因此，在一定程度上说，本罪所列的几种行为是一种手段与目的的牵连关系，但不适用牵连犯的一般处置原则，而是采取数罪并罚。

（2）本罪共同犯罪问题。保险事故的鉴定人、证明人、财产评估人故意提供虚假的证明文件，为他人诈骗提供条件的，以保险诈骗罪的共犯定罪处罚。

（3）保险工作人员利用职务上便利，故意编造未曾发生的保险事故进行虚假理赔的，骗取保险金归自己所有，以职务侵占罪定罪处罚。如果是国有保险公司从事公务的人员实施上述行为，以贪污罪定罪处罚。

五、其他罪名

第 194 条 【票据诈骗罪、金融凭证诈骗罪】有下列情形之一，进行金融票据诈骗活动，数额较大的，处五年以下有期徒刑或者拘役，并处二万元以上二十万元以下罚金；数额巨大或者有其他严重情节的，处五年以上十年以下有期徒刑，并处五万元以上五十万元以下罚金；数额特别巨大或者有其他特别严重情节的，处十年以上有期徒刑或者无期徒刑，并处五万元以上五十万元以下罚金或者没收财产：

（1）明知是伪造、变造的汇票、本票、支票而使用的；

（2）明知是作废的汇票、本票、支票而使用的；

（3）冒用他人的汇票、本票、支票的；

（4）签发空头支票或者与其预留印鉴不符的支票，骗取财物的；

（5）汇票、本票的出票人签发无资金保证的汇票、本票或者在出票时作虚假记载，骗取财物的。

使用伪造、变造的委托收款凭证、汇款凭证、银行存单等其他银行结算凭证的，依照前款的规定处罚。

第 195 条 【信用证诈骗罪】有下列情形之一，进行信用证诈骗活动的，处五年以下有期徒刑或者拘役，并处二万元以上二十万元以下罚金；数额巨大或者有其他严重情节的，处五年以上十年以下有期徒刑，并处五万元以上五十万元以下罚金；数额特别巨大或者有其他特别严重情节的，处十年以上有期徒刑或者无期徒刑，并处五万元以上五十万元以下罚金或者没收财产：

（1）使用伪造、变造的信用证或者附随的单据、文件的；

（2）使用作废的信用证的；

（3）骗取信用证的；

（4）以其他方法进行信用证诈骗活动的。

第 197 条 【有价证券诈骗罪】使用伪造、变造的国库券或者国家发行的其他有价证券，进行诈骗活动，数额较大的，处五年以下有期徒刑或者拘役，并处二万元以上二十万元以下罚金；数额巨大或者有其他严重情节的，处五年以上十年以下有期徒刑，并处五万元以上五十万元以下罚金；数额特别巨大或者有其他特别严重情节的，处十年以上有期徒刑或者无期徒刑，并处五万元以上五十万元以下罚金或者没收财产。

第六节　危害税收征管罪

典型案例

【基本案情】

北京某税务师事务所逃税案①

北京某税务师事务所在其法定代表人王某某的决定和授意下，在 2003 年度至 2006 年度的企业所得税申报中，以虚开发票、虚列支出等欺骗、隐瞒手段进行虚假纳税申报，分别在 2005 年度逃避缴纳税款共计人民币 414301.27 元，占该年度应缴纳各税的 21.85%；2006 年度逃避缴纳税款共计人民币 3003701.85 元，占该年度应纳各税的 54.51%。该税务事务所逃避缴纳税款的行为于 2011 年被税务机关发觉。经税务机关依法下达追缴通知后，该税务事务所补缴了应纳税款，缴纳了滞纳金，经查，该事务所此前没有任何偷税、逃税的行为，属于逃税罪的初犯，但由于本案涉及的逃税行为已经经过《中华人民共和国税收征收管理法》规定的处罚时效，税务机关不能再对其进行行政处罚。税务机关将案件移交公安机关，然而，公安机关依照《中华人民共和国刑法修正案（七）》的有关规定未对该案进行立案。

【法律问题】在适用《刑法》第 201 条第四款时应该如何协调行政处罚时效与犯罪追诉期限之间的冲突？

【案例解析】对此问题有三种观点，第一种观点认为，逃税 5 年后才被税务机关发现的，依法不能给予行政处罚，因此不适用《刑法》第 201 条第四款，而该行为又符合《刑法》第 201 条第一款的规定，且未过刑法的追诉期限的，应当直接依《刑法》第 201 条第一款的规定对其追究刑事责任。第二种观点认为，对行政处罚时效已经届满而犯罪追诉期限尚未届满的逃税行为，税务机关不应当给予行政处罚，但仍然可以下达补交税款和滞纳金的通知，只要行为人按照税务机关的要求完全履行补缴应纳税款和滞纳金的义务，就不应该追究刑事责任，而不能以行为人不符合"已受行政处罚"的条件为由追究其刑事责任。第三种意见认为，对于严重逃避纳税数额较大的，在补缴应纳税款后，不予追究刑事责任，不利于打击严重逃税犯罪。

---

① 韩玉胜.刑法各论案例分析[M].北京：中国人民大学出版社，2014：162 - 163.

一、逃税罪

(一)法条规范

第201条①   纳税人采取欺骗、隐瞒手段进行虚假纳税申报或者不申报,逃避缴纳税款数额较大并且占应纳税额百分之十以上的,处三年以下有期徒刑或者拘役,并处罚金;数额巨大并且占应纳税额百分之三十以上的,处三年以上七年以下有期徒刑,并处罚金。

扣缴义务人采取前款所列手段,不缴或者少缴已扣、已收税款,数额较大的,依照前款的规定处罚。

对多次实施前两款行为,未经处理的,按照累计数额计算。

有第一款行为,经税务机关依法下达追缴通知后,补缴应纳税款,缴纳滞纳金,已受行政处罚,不予追究刑事责任;但是,五年内因逃避缴纳税款受过刑事处罚或被税务机关给予二次以上行政处罚的除外。

(二)犯罪构成

本罪构成要件的内容包括两类行为主体、三种行为手段、一种目的行为和两个情节要求。两类行为主体为纳税人与扣缴义务人(身份犯)。纳税人是指法律、行政法规规定的负有纳税义务的单位或者个人;扣缴义务人是指法律、行政法规规定的负有代扣代缴、代收代缴税款义务的单位或者个人。本罪的客观行为表现为三种行为:(1)进行虚假的纳税申报或者不申报;(2)不缴或者少缴应纳税款或已扣、已收税款;(3)缴纳税款后,以假报出口或者其他欺骗手段,骗取所缴纳的税款。一种目的行为是指逃避缴纳税款,包括不缴或者少缴应纳税款或已扣、已收税款,以及不符合退税条件却通过虚假手段取得退税款。两个情节要求是:纳税人逃避缴纳税款数额较大并且占应纳税额10%以上。根据立案标准,数额较大的起点为5万元。本罪的主观方面是故意。

(三)司法认定

(1)如何确定逃税数额及其比例? 逃税数额,是指在确定的纳税期间,不缴或者少缴各税种税款的总额。逃税数额占应纳税额的百分比,是指一个纳税年度中的各税种逃税总额与该纳税年度应纳税总额的比例。不按纳税年度确定纳税期的其他纳税人,逃税数额占应纳税额的百分比按照行为人最后一次逃税行为发生之日前一年中各税种逃税总额与该年度纳税总额的比例确定。纳税义务存续期间不足一个纳税年度的,逃税数额占应纳税额的百分比按照各税种逃税总额与实际发生的纳税义务期间应当缴纳纳税总额的比例确定。

(2)对多次实施逃税行为,未经处理的,按照累计数额计算。"未经处理",是指纳税人或者扣缴义务人在5年内多次实施逃税行为。行为人有逃税行为,经税务机关依法下达追缴通知后,补缴应纳税款,缴纳滞纳金,已受行政处罚的,不予追究刑事责任;但是,5年内因逃避缴纳税款受过刑事处罚或者被税务机关给予二次以上行政处罚的,仍然应该追究刑事责任。

---

① 本条经《中华人民共和国刑法修正案(七)》第3条所修改。

> **释义7.**
>
> 　　任何逃税案件，首先必须经过税务机关的处理。税务机关没有处理或者不处理的，司法机关不得直接追究行为人的刑事责任。同时，只有当行为人超过了税务机关规定的期限而不接受处理，司法机关才能追究刑事责任。

　　(3)但书所规定的"二次以上行政处罚"中的"二次"，应指因逃税受到行政处罚后又逃税而再次被给予行政处罚。

二、骗取出口退税罪

(一)法条规范

　　第204条　以假报出口或者其他欺骗手段，骗取国家出口退税款，数额较大的，处五年以下有期徒刑或者拘役，并处骗取税款一倍以上五倍以下罚金；数额巨大或者有其他严重情节的，处五年以上十年以下有期徒刑，并处骗取税款一倍以上五倍以下罚金；数额特别巨大或者有其他特别严重情节的，处十年以上有期徒刑或者无期徒刑，并处骗取税款一倍以上五倍以下罚金或者没收财产。

　　纳税人缴纳税款后，采取前款规定的欺骗方法，骗取所缴纳的税款的，依照本法第201条的规定定罪处罚；骗取税款超过所缴纳的税款部分，依照前款的规定处罚。

(二)犯罪构成

　　骗取出口退税罪，是指以假报出口或者其他欺骗手段，骗取国家出口退税款，数额较大的行为。本罪的客观方面表现为以假报出口或者其他欺骗手段，骗取国家出口退税款。根据《关于审理骗取出口退税刑事案件具体应用法律若干问题的解释》的规定：刑法第204条规定的"假报出口"，是指以虚构已税货物出口事实为目的，具有下列情形之一的行为：(1)伪造或者签订虚假的买卖合同；(2)以伪造、变造或者其他非法手段取得出口货物报关单、出口收汇核销单、出口货物专用缴款书等有关出口退税单据、凭证；(3)虚开、伪造、非法购买增值税专用发票或者其他可以用于出口退税的发票；(4)其他虚构已税货物出口事实的行为。具有下列情形之一的，应当认定为刑法第204条规定的"其他欺骗手段"：(1)骗取出口货物退税资格的；(2)将未纳税或者免税货物作为已税货物出口的；(3)虽有货物出口，但虚构该出口货物的品名、数量、单价等要素，骗取未实际纳税部分出口退税款的；(4)以其他手段骗取出口退税款的。

(三)司法认定

　　骗取出口退税罪，只有在没有缴纳税款的情况下才可能成立。纳税人缴纳税款后，采取假报出口等欺骗方法，骗取所缴纳的税款，成立逃税罪。对于骗取的税款超过所缴纳的税款部分，应认定为骗取出口退税罪，数罪并罚，理论上一般认为这种情形属于想象竞合犯，但却并罚，属于立法上的特例。

三、其他罪名

　　第202条　【抗税罪】以暴力、威胁方法拒不缴纳税款的，处三年以下有期徒刑或者拘役，并处拒缴税款一倍以上五倍以下罚金；情节严重的，处三年以上七年以下有期徒刑，并处拒缴税款一倍以上五倍以下罚金。

第203条 【逃避追缴欠税罪】纳税人欠缴应纳税款，采取转移或者隐匿财产的手段，致使税务机关无法追缴欠缴的税款，数额在一万元以上不满十万元的，处三年以下有期徒刑或者拘役，并处或者单处欠缴税款一倍以上五倍以下罚金；数额在十万元以上的，处三年以上七年以下有期徒刑，并处欠缴税款一倍以上五倍以下罚金。

第205条① 【虚开增值税专用发票、用于骗取出口退税、抵扣税款发票罪】虚开增值税专用发票或者虚开用于骗取出口退税、抵扣税款的其他发票的，处三年以下有期徒刑或者拘役，并处二万元以上二十万元以下罚金；虚开的税款数额较大或者有其他严重情节的，处三年以上十年以下有期徒刑，并处五万元以上五十万元以下罚金；虚开的税款数额巨大或者有其他特别严重情节的，处十年以上有期徒刑或者无期徒刑，并处五万元以上五十万元以下罚金或者没收财产。

单位犯本条规定之罪的，对单位判处罚金，并对其直接负责的主管人员和其他直接责任人员，处三年以下有期徒刑或者拘役；虚开的税款数额较大或者有其他严重情节的，处三年以上十年以下有期徒刑；虚开的税款数额巨大或者有其他特别严重情节的，处十年以上有期徒刑或者无期徒刑。

虚开增值税专用发票或者虚开用于骗取出口退税、抵扣税款的其他发票，是指有为他人虚开、为自己虚开、让他人为自己虚开、介绍他人虚开行为之一的。

第205条之一② 【虚开发票罪】虚开本法第二百零五条规定以外的其他发票，情节严重的，处二年以下有期徒刑、拘役或者管制，并处罚金；情节特别严重的，处二年以上七年以下有期徒刑，并处罚金。

单位犯前款罪的，对单位判处罚金，并对其直接负责的主管人员和其他直接责任人员，依照前款的规定处罚。

第206条③ 【伪造、出售伪造的增值税专用发票罪】伪造或者出售伪造的增值税专用发票的，处三年以下有期徒刑、拘役或者管制，并处二万元以上二十万元以下罚金；数量较大或者有其他严重情节的，处三年以上十年以下有期徒刑，并处五万元以上五十万元以下罚金；数量巨大或者有其他特别严重情节的，处十年以上有期徒刑或者无期徒刑，并处五万元以上五十万元以下罚金或者没收财产。

单位犯本条规定之罪的，对单位判处罚金，并对其直接负责的主管人员和其他直接责任人员，处三年以下有期徒刑、拘役或者管制；数量较大或者有其他严重情节的，处三年以上十年以下有期徒刑；数量巨大或者有其他特别严重情节的，处十年以上有期徒刑或者无期徒刑。

第207条 【非法出售增值税专用发票罪】非法出售增值税专用发票的，处三年以下有期徒刑、拘役或者管制，并处二万元以上二十万元以下罚金；数量较大的，处三年以上十年以下有期徒刑，并处五万元以上五十万元以下罚金；数量巨大的，处十年以上有期徒

---

① 本条为《中华人民共和国刑法修正案(八)》第32条所修改，废除了本罪的死刑。
② 本条为《中华人民共和国刑法修正案(八)》第33条所增设。
③ 本条为《中华人民共和国刑法修正案(八)》第33条所修改，废除了本罪的死刑。

刑或者无期徒刑，并处五万元以上五十万元以下罚金或者没收财产。

第 208 条　【非法购买增值税专用发票、购买伪造的增值税专用发票罪】非法购买增值税专用发票或者购买伪造的增值税专用发票的，处五年以下有期徒刑或者拘役，并处或者单处二万元以上二十万元以下罚金。

非法购买增值税专用发票或者购买伪造的增值税专用发票又虚开或者出售的，分别依照本法第 205 条、第 206 条、第 207 条的规定定罪处罚。

第 209 条　【非法制造、出售非法制造的用于骗取出口退税、抵扣税款发票罪】伪造、擅自制造或者出售伪造、擅自制造的可以用于骗取出口退税、抵扣税款的其他发票的，处三年以下有期徒刑、拘役或者管制，并处二万元以上二十万元以下罚金；数量巨大的，处三年以上七年以下有期徒刑，并处五万元以上五十万元以下罚金；数量特别巨大的，处七年以上有期徒刑，并处五万元以上五十万元以下罚金或者没收财产。

【非法制造、出售非法制造的发票罪】伪造、擅自制造或者出售伪造、擅自制造的前款规定以外的其他发票的，处二年以下有期徒刑、拘役或者管制，并处或者单处 · 万元以上五万元以下罚金；情节严重的，处二年以上七年以下有期徒刑，并处五万元以上五十万元以下罚金。

【非法出售用于骗取出口退税、抵扣税款发票罪】非法出售可以用于骗取出口退税、抵扣税款的其他发票的，依照第一款的规定处罚。

【非法出售发票罪】非法出售第三款规定以外的其他发票的，依照第二款的规定处罚。

第 210 条　【盗窃罪、诈骗罪】盗窃增值税专用发票或者可以用于骗取出口退税、抵扣税款的其他发票的，依照本法第 264 条的规定定罪处罚。

使用欺骗手段骗取增值税专用发票或者可以用于骗取出口退税、抵扣税款的其他发票的，依照本法第 266 条的规定定罪处罚。

第 210 条之一①　【持有伪造的发票罪】明知是伪造的发票而持有，数量较大的，处二年以下有期徒刑、拘役或者管制，并处罚金；数量巨大的，处二年以上七年以下有期徒刑，并处罚金。

单位犯前款罪的，对单位判处罚金，并对其直接负责的主管人员和其他直接责任人员，依照前款的规定处罚。

---

① 本条为《中华人民共和国刑法修正案(八)》第 35 条所增设。

第七节 侵犯知识产权罪

【基本案情】

(典型案例)

黄味某、常荣某等人假冒注册商标案

2003 年 5 月 26 日，被告人黄味某与被告人常荣某口头约定由黄味某提供原酒、常荣某组织包装材料及商标，以共同生产假冒名酒。之后，常荣某雇佣被告人文某从黄味某开设于成都市华丰食品城的兴宏酒类批发部将"绵竹大曲""江口醇""尖庄""泸州老窖二曲"等酒运至常荣某租赁的成都市中和镇、双流县华阳镇出租房内，由被告人常荣某、张会某组织"剑南春""全兴""五粮液""泸州"商标及包装，并雇佣被告人常祝某、邱伦某、常春某清洗酒瓶和翻装酒，共计粘贴"剑南春"商标 648 份、"全兴"商标 300 份、"泸州"商标 88 份、"五粮液"商标 96 份。除"五粮液"外，均由被告人常荣某雇佣被告人文某将酒运至被告人黄味某开设于成都市西南食品城的兴达酒类批发部予以销售。

【法律问题】本案各被告该如何定罪？

【案例解析】被告人黄味某、常荣某、张会某未经注册商标所有人许可，非法使用"剑南春""五粮液""全兴""泸州老窖特曲"的商标及包装物，情节严重，其行为均已构成假冒注册商标罪。被告人文某、常祝某、常春某、邱伦某明知上述被告人实施假冒注册商标行为，而为其提供运输等帮助行为，其行为均应以假冒注册商标罪的共犯论处。被告人黄味某、常荣某、张会某在犯罪中起主要作用，是主犯；被告人文某、常祝某、邱伦某起次要作用，是从犯，依法可减轻处罚；被告人常春某起次要作用，是从犯，且参与假冒注册商标时间短，情节轻微，依法可免予处罚。被告人常祝某在刑满释放后 5 年内又犯罪，属累犯，应从重处罚。

(规范释义)

一、假冒注册商标罪

（一）法条规范

第 213 条 未经注册商标所有人许可，在同一种商品上使用与其注册商标相同的商标，情节严重的，处三年以下有期徒刑或者拘役，并处或者单处罚金；情节特别严重的，处三年以上七年以下有期徒刑，并处罚金。

（二）犯罪构成

假冒注册商标罪，是指未经注册商标所有人许可，在同一种商品上使用与其注册商标

相同的商标,情节严重的行为。本罪的保护法益是他人的注册商标专用权。本罪必须在同一种商品上使用与他人注册商标相同的商标。"同一种商品"的认定,以国家有关部门颁发的商品分类为标准。"相同"的认定,则以是否足以使一般消费者误认为是注册商标为标准,包括与他人注册商标完全一致的商标以及虽然与他人注册商标不一致,但在视觉上基本无差别的商标。

(三)司法认定

假冒注册商标生产、销售伪劣商品,构成生产、销售伪劣商品犯罪的,与假冒注册商标罪之间是想象竞合犯的关系,应从一重处理。

二、侵犯商业秘密罪

(一)法条规范

第219条 有下列侵犯商业秘密行为之一,给商业秘密的权利人造成重大损失的,处三年以下有期徒刑或者拘役,并处或者单处罚金;造成特别严重后果的,处三年以上七年以下有期徒刑,并处罚金:

(1)以盗窃、利诱、胁迫或者其他不正当手段获取权利人的商业秘密的;

(2)披露、使用或者允许他人使用以前项手段获取的权利人的商业秘密的;

(3)违反约定或者违反权利人有关保守商业秘密的要求,披露、使用或者允许他人使用其所掌握的商业秘密的。

明知或者应知前款所列行为,获取、使用或者披露他人的商业秘密的,以侵犯商业秘密论。

本条所称商业秘密,是指不为公众所知悉,能为权利人带来经济利益,具有实用性并经权利人采取保密措施的技术信息和经营信息。

本条所称权利人,是指商业秘密的所有人和经商业秘密所有人许可的商业秘密使用人。

(二)犯罪构成

本罪的客观方面表现为采取不正当手段获取、使用、披露或者允许他人使用权利人的商业秘密的行为。行为对象为商业秘密,指不为公众所知悉,能为权利人带来经济利益,具有实用性并经权利人采取保密措施的技术信息和经营信息。

三、其他罪名

第214条 【销售假冒注册商标的商品罪】销售明知是假冒注册商标的商品,销售金额数额较大的,处三年以下有期徒刑或者拘役,并处或者单处罚金;销售金额数额巨大的,处三年以上七年以下有期徒刑,并处罚金。

第215条 【非法制造、销售非法制造的注册商标标识罪】伪造、擅自制造他人注册商标标识或者销售伪造、擅自制造的注册商标标识,情节严重的,处三年以下有期徒刑、拘役或者管制,并处或者单处罚金;情节特别严重的,处三年以上七年以下有期徒刑,并处罚金。

第216条 【假冒专利罪】假冒他人专利,情节严重的,处三年以下有期徒刑或者拘役,并处或者单处罚金。

第217条 【侵犯著作权罪】以营利为目的,有下列侵犯著作权情形之一,违法所得数额较大或者有其他严重情节的,处三年以下有期徒刑或者拘役,并处或者单处罚金;违法所得数额巨大或者有其他特别严重情节的,处三年以上七年以下有期徒刑,并处罚金:

（1）未经著作权人许可，复制发行其文字作品、音乐、电影、电视、录像作品、计算机软件及其他作品的；

（2）出版他人享有专有出版权的图书的；

（3）未经录音录像制作者许可，复制发行其制作的录音录像的；

（4）制作、出售假冒他人署名的美术作品的。

第 218 条 【销售侵权复制品罪】以营利为目的，销售明知是本法第 217 条规定的侵权复制品，违法所得数额巨大的，处三年以下有期徒刑或者拘役，并处或者单处罚金。

第 220 条 【单位犯侵犯知识产权罪的处罚规定】单位犯本节第 213 条至第 219 条规定之罪的，对单位判处罚金，并对其直接负责的主管人员和其他直接责任人员，依照本节各该条的规定处罚。

第八节　扰乱市场秩序罪

典型案例

【基本案情】

陈某某组织、领导传销活动案

2011 年 3 月以来，陈某某利用所谓"美国稀土投资公司"全球交易平台，凭借其会员网站系统在重庆市梁平县发展会员，宣传"黄金有价、稀土无价""稀土投资入股后在 5 年到 10 年间能给投资人最高 20 倍的高额回报"，从而吸引群众认购 100 美元到 10000 美元不等的股份为条件取得会员资格，采取对下无限发展人员的模式进行网络传销活动，运用虚拟美元电子币的支付方式，按会员级别对应比例计算，通过分红、发展下线赚取佣金和初次报单费等方式获取他人钱财。该传销组织层级为：传销组织者、区域经理、本级报单中心、次级保单中心、次次级保单中心、普通参与者 6 个层级。2011 年 7 月，陈某某发展肖某某夫妇，后肖某某夫妇又发展董某、张某等人，董某、张某又发展了其他人。陈某某处于本级保单中心的层级，共发展下线 130 余人，涉案金额 700 万余元。

【法律问题】陈某某的行为构成何罪？

【案例分析】本案中，陈某某以投资稀土为名，要求参加者缴纳费用获得加入资格，按照一定顺序组成层级，以发展人员数量作为返利依据，以高额回报引诱他人参加，骗取财物，扰乱市场秩序，其行为已构成组织、领导传销活动罪。

规范释义

一、合同诈骗罪

（一）法条规范

第 224 条 有下列情形之一，以非法占有为目的，在签订、履行合同过程中，骗取对方当事人财物，数额较大的，处三年以下有期徒刑或者拘役，并处或者单处罚金；数额巨大或者有其他严重情节的，处三年以上十年以下有期徒刑，并处罚金；数额特别巨大或者有其他特别严重情节的，处十年以上有期徒刑或者无期徒刑，并处罚金或者没收财产：

（1）以虚构的单位或者冒用他人名义签订合同的；

（2）以伪造、变造、作废的票据或者其他虚假的产权证明作担保的；

（3）没有实际履行能力，以先履行小额合同或者部分履行合同的方法，诱骗对方当事人继续签订和履行合同的；

（4）收受对方当事人给付的货物、货款、预付款或者担保财产后逃匿的；

（5）以其他方法骗取对方当事人财物的。

（二）犯罪构成

本罪是诈骗罪的一种特殊形式，刑法规定本罪，是为了保护市场秩序与对方当事人的财产。本罪的客观行为表现为在签订、履行合同过程中，骗取对方当事人财物。本罪的发生必须在签订、履行合同过程中。欺骗的手段是指下列情形：（1）以虚构的单位或者冒用他人名义签订合同的；（2）以伪造、变造、作废的票据或者其他虚假的产权证明作担保的；（3）没有实际履行能力，以先履行小额合同或者部分履行合同的方法，诱骗对方当事人继续签订和履行合同的；（4）收受对方当事人给付的货物、货款、预付款或者担保财产后逃匿的；（5）以其他方法骗取对方当事人财物的。本罪的主观方面是故意，还必须具有非法占有目的。

（三）司法认定

区分合同诈骗罪与诈骗罪时不能简单地以有无合同为标准。合同诈骗罪中的"合同"不限于书面合同，也包括口头合同，但就合同内容而言，宜限于经济合同，即合同的文字内容是通过市场行为获得利润，这是由本罪的性质决定的。基于同样的理由，至少对方当事人应是从事经营活动的市场主体，否则也难以认定为合同诈骗罪。

二、组织、领导传销活动罪

（一）法条规范

第 224 条之一① 组织、领导以推销商品、提供服务等经营活动为名，要求参加者以缴纳费用或者购买商品、服务等方式获得加入资格，并按照一定顺序组成层级，直接或者间接以发展人员的数量作为计酬或者返利依据，引诱、胁迫参加者继续发展他人参加，骗取财物，扰乱经济社会秩序的传销活动的，处五年以下有期徒刑或者拘役，并处罚金；情

---

① 本条为《中华人民共和国刑法修正案（七）》第 4 条所增设。

节严重的,处五年以上有期徒刑,并处罚金。

(二)犯罪构成

本罪的客观方面表现为组织、领导传销活动的行为。传销活动指组织者或者经营者发展人员,通过对被发展人员以其直接或者间接发展的人员数量或者销售业绩为依据计算和给付报酬,或者要求被发展人员以交纳一定费用为条件取得加入资格等方式牟取非法利益,扰乱经济秩序,影响社会稳定的行为。传销主要特征:(1)需要交相当高的费用取得参加资格,即缴纳"入门费";(2)以参加者缴纳的入门费作为"营利"来源,即要"拉人头";(3)设置吸引他人参加和鼓励已参加者吸收新参加者的计酬机制。这种机制通过两个途径使参加者获利:一是从本人吸收的新参加者缴纳的入门费中直接获利;二是从"下线"吸收的新参加缴纳的入门费中提成获利。本人吸收的参加者是本人的"下线","下线"吸收成员成为本人的"下下线",形成"金字塔"式提成级层。目前社会上的传销大多是收取所谓的会员费、加盟费、资格费(即位置费)、技术转让费、培训费、出售产品等项目,但这些项目大多以超出几倍、几十倍的价格,其与价值严重背离,甚至根本没有实质性的服务和实质的投资经营行为。本罪禁止的传销活动,是指组织者、领导者通过收取"入门费"非法获取利益的行为。本罪的犯罪主体是传销活动的组织者、领导者。组织者、领导者是指在传销活动中起组织、领导作用的发起人、决策人、操纵人,以及在传销活动中担负策划、指挥、布置、协调等重要职责,或者在传销活动中起到关键作用的人员。本罪的主观方面是故意。

> **释义8.**
>
> 　　如何理解组织、领导传销活动罪的"骗取财物"行为? 第一种观点认为,组织、领导传销活动不以骗取财物为必要。所以,"骗取财物"并不是本罪的要素。第二种观点认为,虽然《中华人民共和国刑法修正案(七)》在界定传销时使用了"骗取财物"的表述,但是从实际发生的传销活动看,"骗取财物"并不是传销活动唯一目的,因此不能将本罪的目的限于诈骗财物。第三种观点认为,"骗取财物"这是传销活动本质的特征。传销活动一切最终目的,都是为了骗取财物。

(三)司法认定

(1)根据有关司法解释,组织、领导以推销商品、提供服务等经营活动为名,要求参加者以缴纳费用或者购买商品、服务等方式获得加入资格,并按照一定顺序组成层级,直接或者间接以发展人员的数量作为计酬或者返利依据,引诱、胁迫参加者继续发展他人参加,骗取财物,扰乱经济社会秩序的传销活动,组织、领导的传销活动人员在30人以上且层级在三级以上的,对组织者、领导者,应予立案追诉。

(2)组织、领导诈骗型传销活动的行为,同时触犯集资诈骗等罪的,属于想象竞合,应从一重罪处罚。

(3)犯组织、领导传销活动罪,并实施故意伤害、非法拘禁、敲诈勒索、妨碍公务等行为,构成犯罪的,依照数罪并罚的规定处罚。

三、非法经营罪

(一)法条规范

第 225 条① 违反国家规定，有下列非法经营行为之一，扰乱市场秩序，情节严重的，处五年以下有期徒刑或者拘役，并处或者单处违法所得一倍以上五倍以下罚金；情节特别严重的，处五年以上有期徒刑，并处违法所得一倍以上五倍以下罚金或者没收财产：

(1)未经许可经营法律、行政法规规定的专营、专卖物品或者其他限制买卖的物品的；

(2)买卖进出口许可证、进出口原产地证明以及其他法律、行政法规规定的经营许可证或者批准文件的；

(3)未经国家有关主管部门批准非法经营证券、期货、保险业务的，或者非法从事资金支付结算业务的；

(4)其他严重扰乱市场秩序的非法经营行为。

(二)犯罪构成

本罪的客观方面表现为违反国家规定，进行非法经营活动，扰乱市场秩序的行为。违反国家规定，是指违反法律、行政法规中对部分物品实行专卖、专营，对部分经营活动实施许可证制度、审批制度等管理措施的规定。

(三)司法认定

由于非法经营罪的第四项规定不明确，导致该罪是一个口袋罪。根据立法和司法解释，对非法经营罪的内容不断进行具体化，下列行为被认定为非法经营罪：非法买卖外汇，以卖为目的的购买行为成立本罪；非法经营出版物；非法经营电信业务；在生产、销售的饲料中添加盐酸克仑特罗等禁止在饲料和动物饮用水中使用的药品，或者销售明知添加有该类药品的饲料；非法生产、储运、销售食盐，扰乱市场秩序情节严重的；违反国家在预防、控制突发传染病疫情等灾害期间有关市场经营、价格管理等规定，哄抬物价、牟取暴利，严重扰乱市场秩序；违反国家规定，擅自设立互联网上网服务营业场所，或者擅自从事互联网上网服务经营活动，情节严重的；未经国家批准擅自发行、销售彩票，构成犯罪的；未经国家有关部门批准，非法经营证券、期货或者保险业务的，或者非法从事资金支付结算业务的。

四、其他罪名

第 221 条 【损害商业信誉、商品声誉罪】捏造并散布虚伪事实，损害他人的商业信誉、商品声誉，给他人造成重大损失或者有其他严重情节的，处二年以下有期徒刑或者拘役，并处或者单处罚金。

第 222 条 【虚假广告罪】广告主、广告经营者、广告发布者违反国家规定，利用广告对商品或者服务作虚假宣传，情节严重的，处二年以下有期徒刑或者拘役，并处或者单处罚金。

第 223 条 【串通投标罪】投标人相互串通投标报价，损害招标人或者其他投标人利

---

① 本条经《中华人民共和国刑法修正案》第 8 条、《中华人民共和国刑法修正案(七)》第 5 条先后修改，主要增加和修改第三项的规定。

益，情节严重的，处三年以下有期徒刑或者拘役，并处或者单处罚金。

投标人与招标人串通投标，损害国家、集体、公民的合法利益的，依照前款的规定处罚。

第226条① 【强迫交易罪】以暴力、威胁手段，实施下列行为之一，情节严重的，处三年以下有期徒刑或者拘役，并处或者单处罚金；情节特别严重的，处三年以上七年以下有期徒刑，并处罚金：

（1）强买强卖商品的；

（2）强迫他人提供或者接受服务的；

（3）强迫他人参与或者退出投标、拍卖的；

（4）强迫他人转让或者收购公司、企业的股份、债券或者其他资产的；

（5）强迫他人参与或者退出特定的经营活动的。

第227条 【伪造、倒卖伪造的有价票证罪；倒卖车票、船票罪】伪造或者倒卖伪造的车票、船票、邮票或者其他有价票证，数额较大的，处二年以下有期徒刑、拘役或者管制，并处或者单处票证价额一倍以上五倍以下罚金；数额巨大的，处二年以上七年以下有期徒刑，并处票证价额一倍以上五倍以下罚金。

倒卖车票、船票，情节严重的，处三年以下有期徒刑、拘役或者管制，并处或者单处票证价额一倍以上五倍以下罚金。

第228条 【非法转让、倒卖土地使用权罪】以牟利为目的，违反土地管理法规，非法转让、倒卖土地使用权，情节严重的，处三年以下有期徒刑或者拘役，并处或者单处非法转让、倒卖土地使用权价额百分之五以上百分之二十以下罚金；情节特别严重的，处三年以上七年以下有期徒刑，并处非法转让、倒卖土地使用权价额百分之五以上百分之二十以下罚金。

第229条 【提供虚假证明文件罪；出具证明文件重大失实罪】承担资产评估、验资、验证、会计、审计、法律服务等职责的中介组织的人员故意提供虚假证明文件，情节严重的，处五年以下有期徒刑或者拘役，并处罚金。

前款规定的人员，索取他人财物或者非法收受他人财物，犯前款罪的，处五年以上十年以下有期徒刑，并处罚金。

第一款规定的人员，严重不负责任，出具的证明文件有重大失实，造成严重后果的，处三年以下有期徒刑或者拘役，并处或者单处罚金。

第230条 【逃避商检罪】违反进出口商品检验法的规定，逃避商品检验，将必须经商检机构检验的进口商品未报经检验而擅自销售、使用，或者将必须经商检机构检验的出口商品未报经检验合格而擅自出口，情节严重的，处三年以下有期徒刑或者拘役，并处或者单处罚金。

第231条 【单位犯扰乱市场秩序罪的处罚规定】单位犯本节第221条至第230条规定之罪的，对单位判处罚金，并对其直接负责的主管人员和其他直接责任人员，依照本节各该条的规定处罚。

---

① 本条为《中华人民共和国刑法修正案（八）》第36条所修改。

能力应用

1. 甲为了获取超额利润，在明知其所经销的电器产品不符合保障人身安全的国家标准的情况下，仍然大量进货销售，销售金额总计达到 180 万元。一企业因使用这种电器而导致短路，引起火灾，造成 3 人轻伤，部分厂房被烧毁，直接经济损失 10 万元。下列关于甲的行为的说法哪些是正确的？（　　）

A. 应当数罪并罚

B. 构成销售不符合安全标准的产品罪

C. 构成销售伪劣产品罪

D. 应按照销售伪劣产品罪和销售不符合安全标准的产品罪中的一个重罪定罪处罚

2. 下列哪些行为构成走私罪？（　　）

A. 宋某入境时被海关人员查处其随身携带伪造的货币 3 万元

B. 刘某听说王某走私进口了一批 VCD 影碟机，即低价向其购买了 50 台在市场上出售

C. 洪某系独资企业的老板，因欠他人巨额债务，私自将免税购买的两辆进口轿车以市场价 60 万冲抵债务

D. 周某邀请两个朋友携带非法购买的枪支，乘船到公海上接运走私物品

3. 关于货币犯罪的认定，下列哪些选项是正确的？（　　）

A. 以使用为目的，大量印制停止流通的第三版人民币的，不成立伪造货币罪

B. 伪造正在流通但在我国尚无法兑换的境外货币的，成立伪造货币罪

C. 将白纸冒充假币卖给他人的，构成诈骗罪，不成立出售假币罪

D. 将一半真币与一半假币拼接，制造大量半真半假面额 100 元纸币的，成立变造货币罪

4. 关于贷款诈骗罪的判断，下列哪一选项是正确的？（　　）

A. 甲以欺骗手段骗取银行贷款，给银行造成重大损失的，构成贷款诈骗罪

B. 乙以牟利为目的套取银行信贷资金，转贷给某企业，从中赚取巨额利益的，构成贷款诈骗罪

C. 丙公司以非法占有为目的，编造虚假的项目骗取银行贷款。该公司构成贷款诈骗罪

D. 丁使用虚假的证明文件，骗取银行贷款后携款潜逃的，构成贷款诈骗罪

5. 对下列与扰乱市场秩序罪相关的案例的判断，哪一选项是正确的？（　　）

A. 甲所购某名牌轿车行驶不久，发动机就发生故障，经多次修理仍未排除故障。甲用牛车拉着该轿车在闹市区展示。甲构成损害商品声誉罪

B. 广告商乙在拍摄某减肥药广告时，以肥胖的郭某当替身拍摄减肥前的画面，再以苗条的影视明星刘某做代言人夸赞减肥效果。事后查明，该药具有一定的减肥作用。乙构成虚假广告罪

C. 丙按照所在企业安排研发出某关键技术，但其违反保密协议将该技术有偿提供给其他厂家使用，获利 400 万元。丙构成侵犯商业秘密罪

D. 章某因房地产开发急需资金，以高息向丁借款 500 万元，且按期归还本息。丁尝到甜头后，多次发放高利贷，非法获利数百万元。丁构成非法经营罪

【参考答案】

1. BCD

2. AC。解析：A 构成走私假币罪；B 选项属于《刑法》第 155 条规定的直接向走私人非法收购走私物品的行为；C 构成走私普通货物、物品罪；D 只指出在公海上接运走私物品，至于走私人是否再回境内并经过内海或者领海，题目并没有交代。

3. ABC。解析：选项 A 正确。《最高人民法院关于审理伪造货币等案件具体应用法律若干问题的解释》第 7 条第一款规定：本解释所称"货币"是指可在国内市场流通或者兑换的人民币和境外货币。据此可知，伪造货币罪要求行为人伪造的是正在流通的货币，如果伪造已经停止通用的古钱、废钞，则不成立本罪。另外，《最高人民法院关于审理伪造货币等案件具体应用法律若干问题的解释(二)》第 5 条规定，以使用为目的，伪造停止流通的货币，或者使用伪造的停止流通的货币的，依照《刑法》第 266 条的规定，以诈骗罪定罪处罚。据此可知，以使用为目的，大量伪造停止流通的第三版人民币的，成立诈骗罪定罪，不成立伪造货币罪。选项 B 正确。《最高人民法院关于审理伪造货币等案件具体应用法律若干问题的解释(二)》第 3 条第一款规定，以正在流通的境外货币为对象的假币犯罪，依照刑法第 170 条至第 173 条的规定定罪处罚。据此可知，伪造货币包括伪造正在流通的人民币、外国货币及中国香港、澳门、台湾地区的货币，包括硬币和纸币。虽然行为人伪造的境外货币在我国尚无法兑换，但仍成立伪造货币罪。选项 C 正确。出售假币罪是指明知是伪造的货币而出售的行为。即行为人出售的假币应该是伪造的货币。而行为人将白纸冒充假币与他人进行交易的行为，是一种欺骗行为，应成立诈骗罪而不是出售假币罪。选项 D 错误。变造货币罪是指非法对真币进行各种方式的加工，改变真币的价值或者形态，数额较大的行为。变造是对真币的加工行为，故变造的货币与变造前的货币具有同一性。如果加工的程度导致其与真币丧失同一性，则属于伪造货币。将一半真币与一半假币进行拼接，制造大量半真半假面额 100 元纸币的行为，成立伪造货币罪，而非变造货币罪。

4. D。解析：A 没有证据说明甲出于非法占有的目的，故不成立骗取贷款罪；B 构成高利转贷罪；C 主体是公司而非个人，成立合同诈骗罪。

5. C。解析：损害商品声誉罪是指捏造并散布虚伪事实，损害他人的商品声誉，给他人造成重大损失或有其他严重情节行为。甲因为轿车本身的质量问题，多次维修未果这一事实，才将车拉在闹市展示，并不构成损害商品声誉罪，A 不正确。虚假广告罪是指广告主、广告经营者、广告发布者违反国家规定，利用广告对商品或服务作虚假宣传，情节严重的行为。B 项中说明该减肥药有一定的减肥作用，因此乙并不构成虚假广告罪。C 项中丙行为符合《刑法》第 219 条第一款第三项的规定，因此丙行为构成侵犯商业秘密罪。根据《刑法》第 225 条规定，丁的行为很显然不构成非法经营罪。故此 D 项错误。

第五章 侵犯公民人身权利、民主权利罪

知识结构

侵犯公民人身权利、民主权利罪
- 犯罪客体：个人的人身权利和民主权利以及婚姻家庭权利
- 客观方面：非法侵犯公民人身权利、民主权利的行为与结果，包括作为、不作为，有些罪名要求出现侵害结果
- 犯罪主体：自然人
- 主观方面：故意与过失

第一节 侵犯生命、健康的犯罪

典型案例

【基本案情】

邵某故意杀人案①

邵某为一民警，其妻王某怀疑其有外遇，二人在家中争吵。争吵中，王某表示"不想活了"，邵某则表示"两个一起死"，并将佩枪取出，装好子弹。在二人写好遗书后，王某趁从邵某手中夺枪自杀，未果。后二人躺在床上，枪放在地上。王某趁邵不备，捡枪自杀，身亡。银川市中级人民法院认为，邵某明知其妻王某有轻生念头而为其提供枪支，并将子弹上膛，对王某的自杀在客观上起到了诱发和帮助的作用，在主观上持放任的态度，其行为已构成故意杀人罪，一审以故意杀人罪判处邵某有期徒刑7年。邵某上诉，认为主观上没有诱发王某自杀的故意，客观上没有帮助王某自杀的行为。宁夏回治区高级人民法院二审裁定驳回上诉、维持原判。

【法律问题】邵某行为是否构成犯罪？构成何罪？

---

① 最高人民法院中国应用法学研究所.人民法院案例选(刑事卷)［M］.北京：人民法院出版社，1997：279－283.

【案例解析】教唆或者帮助他人自杀的行为，在刑法理论上，也称为自杀相关行为。在我国刑法中，自杀行为并非犯罪，但对于教唆或者帮助他人自杀的行为如何处理，却是一个值得研究的问题。本案例以邵某故意杀人案为分析对象，对自杀相关行为的定性问题进行探讨。

本案在审理过程中，对于被告人邵某的行为是否构成犯罪，构成什么罪，存在以下四种意见：第一种意见认为，邵某的行为不构成犯罪。王某是自杀身亡的，邵某没有杀人的故意，也没有杀人的行为，而且邵、王二人属于相约自杀，王某自杀，邵某没有自杀，不应追究邵某的刑事责任。第二种意见认为，邵某在与王某争吵的过程中，拿出手枪，将子弹上膛，对王某拿枪自杀制止不力，并非故意杀人。但邵某违反枪支佩带规定，造成了社会危害，后果严重，应比照《刑法》第187条的规定，类推定"违反枪支佩带规定致人死亡罪"。第三种意见认为，邵某行为与刑法规定的故意杀人最相似，应比照《刑法》第132条的规定，类推定"提供枪支帮助配偶自杀罪"或"帮助自杀罪"。第四种意见认为，邵某的行为构成故意杀人，邵某、王某夫妇在争吵的过程中，王某说"我不想活了"，这是王某出于一时激愤而萌生短见，并非一定要自杀，更没有明确的自杀方法，此时，邵某不是设法缓解夫妻矛盾，清除王某的轻生念头，而是用"两个一起死""给家里写个话"和掏出手枪等言词举动，诱使和激发王某坚定自杀的决心。当王某决意自杀，情绪十分激动，向邵某要手枪的时候，邵某又把手枪子弹上膛，使之处于一触即发的状态，这又进一步为王某自杀提供了便利条件，起到了帮助王某自杀的作用。尽管王某从手中夺枪时，邵某没有松手，随后把枪放在地上用脚踩住，但当王某提议两人上床躺一会儿的时候，邵某没有拾起手枪加以控制，反而自己躺在床里侧，让王某躺在床外侧，使她更接近枪支。邵某明知自己的上述一系列行为可能造成王某自杀的后果，却诱发和帮助王某自杀的行为，其实质是非法剥夺他人的生命，符合故意杀人罪的构成要件。以故意杀人罪追究邵某刑事责任是恰当的，无须类推。

在本案审理中，虽然存在上述四种意见之多，但实际上就是两种意见：构成犯罪或者不构成犯罪。其中的第二、三种意见，主张对本案类推定罪，是因为本案发生在1992年，当时刑法中存在类推制度，类推是以法无明文规定为前提的，因而主张类推的观点也认为自杀相关行为没有被刑法规定为犯罪。显然，一、二审法院都采纳了上述第四种意见，将被告人邵某的行为认定为故意杀人罪。那么，教唆或者帮助他人自杀在法理上能够直接等同于故意杀人吗？

在大陆法系各国刑法中大多都有关于教唆或者帮助他人自杀构成犯罪的明文规定。第一种情况是只要行为人实施了教唆他人自杀或者帮助他人自杀的行为，不论是否产生自杀的后果，均构成犯罪，如日本刑法第202条规定：教唆或帮助他人使之自杀，或受被杀人嘱托或得其承诺而杀之的，处6个月以上7年以下惩役或监禁。第二种情况是行为人须是出于利己或其他动机而教唆或帮助他人自杀的，如瑞士刑法第115条规定：出于利己动机，教唆或者帮助他人自杀，而其自杀已遂或未遂者，处5年以下重惩或轻惩役。第三情况是要求他人的自杀行为必须已遂或者虽指未遂但却造成了严重的伤害结果。如巴西刑法典第122条规定：引诱怂恿他人自杀，或帮他人自杀，处刑：如果自杀既遂，2年至6年监禁；如果自杀未遂，但身体遭受严重损害，则1年至3年监禁。

规范释义

一、故意杀人罪

(一)法条规范

第232条　故意杀人的,处死刑、无期徒刑或者十年以上有期徒刑;情节较轻的,处三年以上十年以下有期徒刑。

释义1.

多数国家刑法对故意杀人罪规定得比较烦琐,有谋杀、杀婴、杀害尊亲等罪名。中国刑法采取将复杂问题简单化的态度,只规定故意杀人罪,罪名的简化是以增大法定刑幅度为代价的,立法上难以因罪配刑,所以,惩治杀人行为的罪名过少带来的风险是难以避免司法实务中量刑畸轻畸重现象。比如日本规定了杀人罪、参与自杀罪、同意杀人罪。

(二)犯罪构成

故意杀人罪侵犯的客体是他人的生命权。法律上的生命是指能够独立呼吸并能进行新陈代谢的活的有机体,是人赖以存在的前提。人的生命,始于出生,终于死亡。我国一般采用独立呼吸说,以胎儿脱离母体并能够独立呼吸作为生命起始的标志。死亡以综合标准说为标准。

释义2.

关于出生的标准,存在阵痛说(认为分娩作用开始规则性阵痛开始时,德法采用)、一部露出说(认为胎儿身体一部分从母体露出时,日本采用)、全部露出说(英国采用)、断带说、发声说、独立呼吸说(认为胎儿停止用胎盘来吸收,开始用肺呼吸时)等。死亡标准即生命结束的时间,存在心跳停止说、呼吸消失说、血压为零说,我国采用心脏停止说和呼吸停止说的综合标准。世界上通说"脑死亡","脑死亡"概念首先产生于法国。世界卫生组织建立的国际医学科学组织委员会规定死亡标准为:(1)对环境失去一切反应;(2)完全没有反射和肌张力;(3)停止自主呼吸;(4)动脉压陡降;(5)脑电图平直。

本罪的客观方面:(1)必须有剥夺他人生命的行为。作为、不作为均可构成。以不作为行为实施的杀人罪,只有那些对防止他人死亡结果发生负有特定义务的人才能构成。(2)剥夺他人生命行为具有非法性,即违反了国家法律。执行死刑、正当防卫均不构成故意杀人罪。(3)直接故意杀人罪和间接故意杀人罪的既遂都以被害人死亡为要件。但是,只有查明行为人的危害行为与被害人死亡的结果之间具有因果关系，才能断定行为人负罪责。（4）本罪犯罪对象是"他人"。故自杀不成立本罪。"他人"的范围没有限定，无论是中国人还是外国人，好人还是坏人。同时，即使行为人主观上出现对象认识错误，如将张三误认为李四而杀死，同样构成故意杀人罪的既遂。

本罪的主体要件为一般主体，已满14周岁不满18周岁的人犯故意杀人罪，应当从轻或者减轻处罚。

本罪的主观要件为故意。

（三）司法认定

1. 自杀及相关行为的认定

一个人自杀不能构成犯罪，原因是一个人自己都不想活了，刑法也没有办法帮助他活。在这种情况下，刑法无法运用比生命刑更重的刑罚来预防，即刑法的预防是无效的。所以，个人自杀是无罪的。具体分为以下情形：

（1）相约自杀。指出于自杀真意，各自实施自杀行为。因行为人均不具有故意剥夺他人生命的行为，此时不承担刑事责任。相约自杀必须具备两个条件，否则不能评价为相约自杀。第一，出于自杀的真意，即真实意思表示。如果以相约自杀为名，诱骗他人自杀的，则应按故意杀人罪论处。第二，各自实施自杀行为。但是，如果行为人受托而将对方杀死，继而自杀未遂的，应构成故意杀人罪，量刑时可考虑从轻处罚。

（2）教唆、帮助他人自杀。教唆自杀，是指行为人故意采取引诱、怂恿、欺骗等方法，使他人产生自杀意图。以相约自杀为名，诱骗他人自杀的，也是一种教唆自杀。帮助自杀，是指在他人已经有自杀意图的情况下，帮助他人自杀。我国刑法将杀人罪规定得比较简单，没有将教唆、帮助他人自杀独立规定为犯罪。在这种立法下，是认为教唆、帮助他人自杀根本不成立犯罪，还是认为教唆、帮助他人自杀构成普通的故意杀人罪涉及诸多问题。本书认为，基于刑法对于生命的严格和完整保护，从应然的角度上，教唆、帮助他人自杀是应该按照犯罪来处理的。

> **释义 3.**
>
> 国际上对于教唆、帮助他人自杀的行为也大多按照犯罪来处理。英国刑法规定：如果教唆、帮助他人自杀的，按照新的罪名即自杀关联罪定罪处罚。日本刑法规定：教唆他人自杀按照教唆他人自杀罪处理；帮助他人自杀按照帮助他人自杀罪处理。

（3）逼迫（强迫）他人自杀。逼迫他人自杀，是指他人无自杀的决意，但行为人逼迫他人自杀。逼迫他人自杀按照故意杀人罪处理。

（4）致人自杀。它指因行为人先前所实施的行为，而引起他人自杀结果的发生。对此，应按三种情况分别处理：第一，行为人的先前行为是正当的或只是一般错误、一般违法行为，他人自杀的主要原因是由于自杀者本人的或者本人心理原因等。这时不存在犯罪问题。第二，行为人先前实施了严重违法行为，结果致被害人自杀身亡的，可把致人自杀的结果作为一个严重情节考虑，将先前严重违法行为上升为犯罪处理。如当众辱骂侮辱他人，致其当即自杀的，可对辱骂者以侮辱罪论处。第三，行为人先前实施某种犯罪行为，引起被害人自杀的，只要行为人对这种自杀结果没有故意，应按其先前的犯罪行为定罪，而将自杀结果作为量刑时考虑的一个从重或选择较重法定刑处罚的情节。如强奸后女子自杀的，作为强奸罪加重处罚。

2. 安乐死的问题

安乐死，通常是指为免除患有不治之症、濒临死亡的患者的痛苦，受患者嘱托而使其无痛苦地死亡。

(1)消极安乐死(不作为的安乐死)。对已经没有存活希望的人，停止使用医学技术延缓生命，以不作为的方式让其自然死亡。不再维持人工生命的行为，没有缩短患者的自然生命，不承担刑事责任(韩国称为尊严死)。

(2)积极的安乐死(作为的安乐死)。其又分为两种情况：第一，直接安乐死。用医学技术提早结束患者生命，构成犯罪。第二，间接安乐死。使用药物减轻病人痛苦，引发缩短患者生命的风险。这种情况其实也属于吃慢性毒药杀人的情况，但不能按照故意杀人罪来处理，因为这种风险属于可容忍的风险。现在，世界上只有个别国家对积极的安乐死实行了非犯罪化(如荷兰)[1]。

> 案例1[2].有一个警察，在执行公务中被炸弹炸成一个植物人，身上插了很多管子，这个警察老婆和老母亲共同做了一个决定，要求医生把这些管子全部拔掉。问：能否构成故意杀人罪？
>
> 答：不构成，这种情况没有"杀"他，是以不作为方式任他自然死亡，不再维持他的人工生命。

(四)知识点总结

刑法中以故意杀人罪论处的行为：

(1)第238条第二款规定：非法拘禁他人或者以其他方法非法剥夺他人人身自由，使用暴力致人死亡的，依照《刑法》第232条故意杀人罪的规定定罪处罚。

(2)第247条规定：司法工作人员对犯罪嫌疑人、被告人实行刑讯逼供或者使用暴力逼取证人证言的，致人伤死亡的，依照《刑法》第232条故意杀人罪的规定定罪处罚。

(3)第248条规定：监狱、拘留所、看守所等监管机构的监管人员对被监管人进行殴打或者体罚虐待，致人死亡的，依照《刑法》第232条故意杀人罪的规定定罪处罚。

(4)第289条规定：聚众"打砸抢"，致人死亡的，依照《刑法》第232条故意杀人罪的规定定罪处罚。

(5)第292条第二款规定：聚众斗殴，致人死亡的，依照《刑法》第232条故意杀人罪的规定定罪处罚。

---

① 陈家林.外国刑法通论[M].北京：中国人民公安大学出版社，2009：351.

② 韩友谊.2013国家司法考试万国授课精华：刑法[M].北京：中国法制出版社，2013：212.

二、故意伤害罪

(一)法条规范

第234条　故意伤害他人身体的,处三年以下有期徒刑、拘役或者管制。犯前款罪,致人重伤的,处三年以上十年以下有期徒刑;致人死亡或者以特别残忍手段致人重伤造成严重残疾的,处十年以上有期徒刑、无期徒刑或者死刑。本法另有规定的,依照规定。

(二)犯罪构成

故意伤害罪,是指故意损害他人身体健康的行为。本罪的保护的法益①是他人的身体健康权,即人的身体权,是指自然人以保持其肢体、器官和其他组织的完整性为内容的人格权。身体健康权一般包括两个方面:一是身体器官的完整性;一是身体器官功能的正常性。

本罪的客观要件是实施了非法损害他人身体的行为。故意伤害自己的身体,一般不认为是犯罪。只有当自伤行为是为了损害社会利益而触犯有关刑法规范时,才构成犯罪。例如,军人战时自伤,以逃避履行军事义务的,应按《刑法》第434条追究刑事责任。构成本罪需要以下条件:(1)要有损害他人身体的行为,可以表现为积极的作为,亦可以表现为消极不作为。(2)损害他人身体的行为必须是非法进行的。如果某种致伤行为为法律所允许,就不能构成故意伤害罪,如正当防卫造成伤害而未过当的、医生对病人截肢治病等。(3)损害他人身体的行为必须已造成了他人人身一定程度的损害,才能构成本罪。

本罪的主体要件是一般主体。已满14周岁未满16周岁的自然人有故意伤害致人重伤或死亡行为的,应当负刑事责任。

本罪的主观要件是故意。如果行为人对自己的伤害行为会给被害人造成何种程度的伤害事先没有明确的认识,则按照结果认定:造成轻伤的,则按照轻伤的结果处理;造成重伤的,则按照重伤的结果处理。

(三)司法认定

1. 结果加重犯问题

故意伤害致人死亡是典型结果加重犯形态。行为人实施伤害行为时,对被害人的死亡结果最少有过失,具体到故意伤害罪,则加重结果只能是过失。对死亡结果是故意情况下,应直接按照故意杀人罪处理;在对死亡结果没有认识可能性的情况下,属于意外事件,行为人仅对伤害罪承担责任。

2. 共同犯罪问题

故意伤害罪可以成立共同犯罪,但是对于过失致死的加重结果是否承担共犯责任,则需要讨论。因为刑法总则对共犯成立范围限定为故意犯罪。本书认为,虽然其对死亡结果是出于过失,但仍需要承担共犯责任。即行为人共同对重的结果(死亡)负责,都是导致死亡结果发生的共同正犯,即使事先只有伤害的故意,对于导致死亡结果出现属于过失,这主要是考虑谁造成的死亡的结果一般是难以判明的,如果严格贯彻个人责任,会加重司法机关的证明责任,增加立证难度,也不利于保障被害人利益,导致实质不合理。

---

① 对于本罪的法益存在身体不可侵犯性、心理状态健康、身体的完整性等不同学说。

案例 2. 甲、乙二人相约共同伤害丙，打的过程中丙死亡了，但根本无法查清是谁打的。问：对甲、乙如何处理？

答：两人都承担故意伤害致人死亡的刑事责任。

3. 特殊情况

（1）得到被害人承诺而伤害：故意伤害得到被害人承诺是有效的，但是只限于轻伤，对于重伤则按照故意伤害罪来处理。（2）体育运动比赛中伤害：属于可容许风险。只要遵守规则，无罪。（3）医疗行为：医疗行为是指具有治疗性的行为。医生基于患者的治疗需求，采取医学上科学的治疗方法，客观上伤害患者身体的治疗行为属于正常的业务行为。在刑法上被评价为违法阻却事由，因而不构成犯罪。但是行为人要对非治疗性的行为引发结果承担责任。

4. 此罪与彼罪问题

（1）故意伤害与一般殴打的界限：一般殴打行为只是给他人造成暂时性的肉体疼痛，或使他人神经受到轻微刺激，但没有破坏他人人体组织的完整性和人体器官的正常机能，故不构成犯罪。

（2）故意伤害罪与故意杀人罪的区别：两者区别在于是否有杀人故意，如客观行为人使用的犯罪工具的杀伤力、使用的力度、打击部位等。如果行为人使用致命的武器，或使用致命力度或打击的致命的部位，则均是故意杀人罪。

（四）知识点总结

以故意伤害罪定罪处罚的情形

除《刑法》第 234 条直接规定的故意伤害罪以外，刑法和有关司法解释还明确规定了下列以故意伤害罪定罪处罚的情形：（1）非法拘禁他人，使用暴力致人伤残的，依照故意伤害罪定罪处罚。（2）刑讯逼供、暴力取证，致人伤残的，按照故意伤害罪定罪从重处罚。（3）虐待被监管人，致人伤残的，依照故意伤害罪定罪从重处罚。（4）聚众"打砸抢"，致人伤残的，依照故意伤害罪定罪处罚。（5）聚众斗殴，致人重伤的，依照故意伤害罪定罪处罚。（6）非法组织卖血或者强迫他人卖血，对他人造成伤害的，依照故意伤害罪定罪处罚。（7）组织和利用邪教组织制造、散布迷信邪说，指使、胁迫其成员或者其他人实施自伤行为的，以故意伤害罪定罪处罚。（8）组织、策划、煽动、教唆、帮助邪教组织人员自残的，以故意伤害罪定罪处罚。（9）对于强奸犯出于报复、灭口等动机，在实施强奸的过程中，伤害被害妇女、幼女的，应分别定为强奸罪、故意伤害罪，按数罪并罚惩处。（10）在预防、控制突发传染病疫情等灾害期间，聚众"打砸抢"，致人伤残的，以故意伤害罪定罪，从重处罚。（11）行为人在交通肇事后为逃避法律追究，将被害人带离事故现场后隐藏或遗弃，致使被害人无法得到救助而严重残疾的，以故意伤害罪定罪处罚。

三、组织出卖人体器官罪

(一)法条规范

第234条之一①组织他人出卖人体器官的,处五年以下有期徒刑,并处罚金;情节严重的,处五年以上有期徒刑,并处罚金或者没收财产。

未经本人同意摘取其器官,或者摘取不满十八周岁的人的器官,或者强迫、欺骗他人捐献器官的,依照本法第234条、第232条的规定定罪处罚。

违背本人生前意愿摘取其尸体器官,或者本人生前未表示同意,违反国家规定,违背其近亲属意愿摘取其尸体器官的,依照本法第302条规定定罪处罚。

(二)犯罪构成

组织出卖人体器官是指组织他人出卖人体器官的行为。本罪客观方面表现为组织他人出卖器官行为。"组织"是指采用劝说、利诱等手段,安排他人出卖人体器官。不需要出现危害结果即可成立此罪。此处"组织"并不意味是集团犯,组织一人出卖人体器官的,也成立本罪。本罪的犯罪对象是年满18周岁的身体器官。"人体器官"应做广义理解。不同国家对"人体器官"的认定不完全相同,医学中的"器官"概念与法学也存在一定差异。从医学角度来讲,器官是指动物或植物机体上由多种生物学组织共同构成的有机结构,具有特定的生理功能。人体器官十分复杂,种类繁多。因此,脱离医学考察法律意义上的器官是没有意义的。此处器官必须是活体器官,不包括死体器官。如果是死体器官,构成侮辱尸体罪。

(三)司法认定

1. 被害人承诺无效问题

(1)被组织者本人同意的,即使出卖者真实承诺出卖器官,仍成立组织出卖人体器官罪。这就意味着就身体法益而言,法益主体的自己决定权受到内在制约,通过非法途径捐献器官的,其承诺的有效性被刑法所否定。只有通过合法途径器官捐献,被害人的承诺才有效。(2)若被组织者不同意,或摘取不满18周岁的人器官,成立故意杀人罪或故意伤害罪。此规定不尽合理,因故意伤害罪在轻伤或重伤情况下比组织出卖人体器官罪法定刑要轻。

2. 非法摘取尸体器官问题

《中华人民共和国刑法修正案(八)》第37条第三款规定:违背本人生前意愿摘取其尸体器官,或者本人生前未表示同意,违反国家规定,违背其近亲属意愿摘取其尸体器官的,依照本法第302条规定定罪处罚。即依照盗窃、侮辱尸体罪进行定罪处罚。

四、其他罪名

第233条 【过失致人死亡罪】过失致人死亡的,处三年以上七年以下有期徒刑;情节较轻的,处三年以下有期徒刑。本法另有规定的,依照规定。

第235条 【过失致人重伤罪】过失伤害他人致人重伤的,处三年以下有期徒刑或者拘役。本法另有规定的,依照规定。

第261条 【遗弃罪】对于年老、年幼、患病或者其他没有独立生活能力的人,负有扶养义务而拒绝扶养,情节恶劣的,处五年以下有期徒刑、拘役或者管制。

---

① 本条为《中华人民共和国刑法修正案(八)》第37条所增设。

第二节　侵犯性的决定权的犯罪

典型案例

【基本案情】

王某婚内强奸案①

王某 2013 年经人介绍与钱某结婚，生有一子。婚后因夫妻不和，王某于 2016 年 6 月携子与钱某分居，并于 2016 年 6 月和 2017 年 3 月先后两次以夫妻感情确实已经破裂为由向法院提出离婚诉讼请求。2017 年 10 月 8 日，法院做出一审准予离婚的判决，并将判决书送达当事人双方。后当事人均未提出上诉。2017 年 10 月 13 日晚（上诉期限内），王某到原住处，见钱某亦在，便抱住钱某欲发生性关系，钱某严词拒绝："判决书都下来了，你想干啥？"王某回答："就不让你太平！"王某将钱某的双手反扭住推到在床上，扯掉钱某的衣裤，强行与其发生了性关系，并抓伤、咬伤钱某的胸部等处。当晚钱某即向公安机关报案。

【法律问题】如何评价王某的行为？

【案例解析】本案法律问题涉及离婚判决生效前王某强奸钱某是否构成强奸罪。本案主要涉及婚内强奸的问题：第一种意见认为，本案不构成强奸罪。理由是丈夫不能成为强奸罪的犯罪主体：第一，从婚姻法角度看，合法夫妻关系受法律保护，双方均有与对方进行性生活的权利与义务，丈夫强奸妻子虽违背妇女意志，但不违法，属于道德调整范围。第二，从刑法角度看，强奸罪本质特征是非法性关系，而婚内性关系是合法的。第二种意见认为，本案构成强奸罪。理由是丈夫可以成为强奸罪的主体：第一，我国刑法规定强奸罪的犯罪主体是一般主体，并未将丈夫排除在外。第二，夫妻之间权利、义务关系是建立在自愿和平等基础上的，妻子有权决定是否发生性关系。第三，本案属于非正常婚姻关系期间的"婚内强奸"，法院已经宣告解除夫妻关系，判决处于未生效的特殊阶段，此阶段应免除夫妻同居义务。本书赞同第二种意见。

规范释义

一、强奸罪

（一）法条规范

第 236 条　以暴力、胁迫或者其他手段强奸妇女的，处三年以上十年以下有期徒刑。奸淫不满十四周岁的幼女的，以强奸论，从重处罚。

---

① 韩玉胜.刑法各论案例分析[M].中国：中国人民大学出版社，2014：243.

强奸妇女、奸淫幼女，有下列情形之一的，处十年以上有期徒刑、无期徒刑或者死刑：

(1)强奸妇女、奸淫幼女情节恶劣的；

(2)强奸妇女、奸淫幼女多人的；

(3)在公共场所当众强奸妇女的；

(4)二人以上轮奸的；

(5)致使被害人重伤、死亡或者造成其他严重后果的。

(二)犯罪构成

强奸罪，是指违背妇女意志，使用暴力、胁迫或者其他手段，强行与妇女发生性交的行为或者与14周岁的幼女发生性关系的行为。强奸罪分为两种类型：一是普通强奸；二是奸淫幼女。

关于本罪的客体存在两种学说，一种是女性的不可侵犯的权利(又称贞操权)；另一种是女性的性的自己决定权(又称自主权)。但两种观点基本都是妇女按照自己的意志决定正当性行为的权利。强奸罪的本质是违背妇女的意志。本罪的犯罪对象是妇女和幼女，即女性。(妇女和幼女的界限在刑法上是以14周岁为限)。

释义4.

女性的性的自己决定权不仅包括是否性交的权利，也包括性交的对象、时间、地点等。因此，若女性同意性交以使用安全套为前提，而男子采用暴力、胁迫手段不使用安全套与女性性交的，成立强奸罪。又如，女性同意与男子在宾馆性交，但男子在歌厅强行与女子性交的，也成立强奸罪。

本罪客观方面，强奸罪客观上必须具有使用暴力、胁迫或者其他手段，使妇女处于不能反抗、不敢反抗、不知反抗状态或利用妇女处于不知、无法反抗的状态而趁机实行奸淫的行为。暴力手段，是指对被害妇女的人身行使有形力的手段，即直接对被害妇女采取殴打、捆绑、堵嘴、卡脖子、按倒等危害人身安全或者人身自由，使妇女不敢反抗的手段。胁迫手段，是指对被害妇女进行威胁、恫吓，达到精神上的强制，使妇女不敢反抗的手段，胁迫的核心是足以引起被害妇女的恐惧心理，使之不敢反抗，从而实现强行奸淫的意图。其既可以直接对妇女进行威胁，也可以通过第三者进行威胁；既可以是口头胁迫，也可以是书面胁迫；既可以以暴力进行威胁，如持刀胁迫，也可以以非暴力进行威胁，如以揭发隐私、毁坏名誉相胁迫。需要注意的是，利用教养关系、从属关系、职务权利等与妇女发生性交的，不能一律视为强奸。问题的关键在于行为人是否利用了这种特定关系进行胁迫而使妇女不敢反抗、不能反抗，而不在于有没有这种特定关系。其他手段，是指采用暴力、胁迫以外的使被害妇女不知抗拒或者不能抗拒的手段，具有与暴力、胁迫相同的强制性质。常见的其他手段有：用酒灌醉或者药物麻醉的方法强奸妇女；利用妇女熟睡之机进行强奸；冒充妇女的丈夫或者情夫进行强奸；利用妇女患重病之机进行强奸；造成或利用妇女处于孤立无援的状态进行强奸；假冒治病强奸妇女；组织利用会道门、邪教组织或者利用迷信奸淫妇女等。

案例3.有一个人在太平间里面对一位女尸进行奸污，侮辱完后发现该女的活了，问：该男子构成何罪？

答：行为人没有强奸故意，不能定强奸罪。行为人有侮辱尸体故意，有实施侮辱尸体行为，但对象却不是尸体。由于活体法益大于并包含尸体的法益，所以行为人成立侮辱尸体罪的既遂。

本罪主体要件是特殊主体，即年满十四周岁具有刑事责任能力的男子，但在共同犯罪情况下，妇女教唆或者帮助男子强奸其他妇女的，以强奸罪的共犯论处。所以，强奸罪既不是亲手犯，也不是身份犯。

本罪的主观要件是故意，并且具有奸淫的目的。如果犯罪分子不具有奸淫目的，而是以性交以外的行为满足性欲的，则就不能构成强奸妇女罪，如抠摸、搂抱的猥亵行为，构成犯罪的，则就以强制猥亵罪论处。

明知妇女是不能正确表达自己意志的精神病人或有严重痴呆的人而与之性交的人，不管犯罪分子采取什么手段和被害妇女是否表示"同意"或"反抗"，都应视为违背妇女意志，构成强奸罪；对患有间歇性精神病妇女在精神病没有发作期间同意与之发生性交行为的，不构成强奸罪；对确实不知道妇女是青春型精神病患者，在妇女的勾引下与之发生性交行为的，一般不宜以强奸罪论处；对确实不知道妇女患有较轻微的痴呆症，在女方自愿或者在女方主动要求下与之发生性交行为的，不宜以犯罪论处。

（三）司法认定

1.本罪普通强奸与奸淫幼女两种强奸类型的区别

第一，对象不同：奸淫幼女对象是未满14周岁的女性；而一般强奸罪的对象是已满14周岁的女性。第二，主观意志以及行为手段不同：奸淫幼女的强奸罪不以是否得到幼女的同意，也不以是否采取暴力、胁迫等强行手段为要件。第三，主观认识不同：奸淫幼女要求明知对方是或者可能是不满14周岁的幼女。第四，既遂标准不同：普通强奸罪的既遂标准为插入说，奸淫幼女的既遂标准为接触说。

2.罪与非罪的界限问题

（1）强奸罪与通奸行为区别。男女双方相互利用，各有所图，女方以肉体作为提取私利的条件，在男女发生性行为前，既不违背妇女意志，又无勉强女方就范的行为，双方从内心到外部表现形式完全自愿，属典型的通奸行为。即使事后因被揭穿奸情，女方为保住自己的脸面而告男方强奸，或因女方事后反悔而告男方强奸，均不能定强奸罪。

（2）对"半推半就"的奸淫行为的认定。所谓半推半就，是指行为人与妇女发生性行为时，该妇女既有"就"的一面（即同意的表现），又有"推"的一面（即不同意的表现）。应当全面审查男女双方的关系怎样，性行为发生的时间、地点、环境条件如何，行奸后妇女的态度如何，该妇女的道德品行、生活作风情况等。如果查明"就"是主要的，则属假推真就，不能视为违背妇女意志而以强奸罪治罪科刑；反之"推"是主要的，应认定为违背妇女意志，应当以强奸罪论处。

3.本罪既遂与未遂的界限

我国司法实践中是以"插入"为认定标准的，即男子的生殖器插入到女子的体内为犯罪既遂。至于是否射精与既遂、未遂无关。但有一个特例，如果强奸的是幼女，则以"接触"为认定标准，即男子的生殖器与幼女的生殖器接触就算犯罪既遂，这是为了强化对幼女的保护。

4. 强奸罪行被包容的情形

（1）在拐卖妇女过程中，强奸被拐卖妇女的，直接作为一罪，即拐卖妇女罪论处，强奸行为被包容，作为拐卖妇女罪的结果加重犯。

（2）在强迫他人卖淫的犯罪过程之中，如果采取强奸手段，即强奸后强迫其卖淫的，强奸行为应作为强迫、组织卖淫罪的结果加重犯。

5. 丈夫强奸妻子是否构成"强奸罪"？

第一，通说观点认为，在婚姻关系正常存续期间，丈夫强行与妻子性交的，不应该认定为强奸罪。由于有合法的夫妻关系的存在，一方有权利要求另一方履行性行为的义务（同居义务），即使丈夫的行为对妻子的性自由权利有侵害也不构成犯罪。目前在我国无论是立法还是执法，一般都不把丈夫强迫妻子性交视为强奸犯罪。第二，将在离婚诉讼期间或者各种纠纷分居期间，丈夫强行与妻子性交的作为认定为强奸罪，不失为限制处罚范围的一种办法，事实上也有这样的判决。但是以是否提起离婚诉讼或者是否分居为标准，决定丈夫的行为是否构成强奸罪，还缺乏合理根据。

> 案例4. 甲男和乙女经人介绍后，没有经过恋爱的过程就领了结婚证。一年以后，两人准备举行婚礼，但在这个过程中乙女反悔了，不愿意再嫁给甲男。乙女将举行婚礼的事情一拖再拖，意思就是不想结婚了。而甲男很喜欢乙女，于是把乙女骗到家中强行发生性关系。乙女很生气，跑到公安局告甲男强奸。问：甲男是否构成强奸罪？
>
> 答：不构成。但甲男可能成立对妻子的非法拘禁罪。

6. "强奸"男性是否构成强奸罪？

现行刑法将强奸罪的对象仅仅限定在女性，并未将强行与男性发生性关系进行法律规范。根据罪刑法定原则，"强奸"男性行为并不构成强奸罪。假如行为人把男的误认为妇女而着手实行强奸，由于对象是男性而强奸不能的情况下，属于对象的不能犯，应当按强奸未遂定罪处罚[1]。

二、强制猥亵、侮辱罪

（一）法条规范

第237条[2]　以暴力、胁迫或者其他方法强制猥亵他人或者侮辱妇女的，处五年以下有期徒刑或者拘役。

聚众或者在公共场所当众犯前款罪的，或者有其他恶劣情节的，处五年以上有期徒刑。

---

[1]　按照结果无价值论，这种行为是无罪。

[2]　本条为《中华人民共和国刑法修正案（九）》第13条所修改。

(二)犯罪构成

对于本罪的客体，我国刑法一般认为是被害人(尤其是妇女)的人格尊严、人身安全和名誉权利。这种观点比较宽泛。本罪保护的客体是他人性的羞耻心、性的自主权。由于刑法没有规定公然猥亵罪，所以，本罪保护的法益就不包括社会中善良的性道德观念、性风俗等公共秩序，而是单纯的侵犯人身权利的犯罪。本罪的行为对象是他人，没有限制，包括男性和妇女。如果是妇女则本罪猥亵的只能是已满14周岁的女性。猥亵对象为不满14周岁的女性，构成猥亵儿童罪。

本罪客观行为是强制猥亵、侮辱行为。猥亵、侮辱行为均要利用暴力、胁迫或者其他强制方法实施，其特点突出表现为强制性。如果使用的是非强制方法，如在电话中对妇女进行调戏、侮辱，不构成本罪。如果暴力、猥亵程度相对较低的，例如，社会上经常发生的在公共交通工具上暗中用生殖器顶插女性的臀部的，也是使用暴力强制猥亵妇女，可以构成本罪。在强制猥亵、侮辱妇女的场合，由于本罪是比强奸罪危害小的犯罪，所以暴力、胁迫的程度可能稍微低于强奸罪中的暴力、胁迫。而在强制猥亵男性的情形下，因为这里的猥亵是一个广义的概念，包括类似于强奸罪的行为，所以其暴力、胁迫程度可以与强奸罪中的暴力、胁迫程度相当。

> **释义5.**
>
> 尽管在刑法中猥亵与侮辱是并列的用语，但猥亵行为与侮辱行为在性质上具有同一性，侮辱行为是在语义上强化猥亵行为。所以，本罪是一个罪名，不能对罪名拆解使用。

本罪责任形式是故意。本罪的问题是，强制猥亵、侮辱罪的责任要素除故意外，是否还需要行为人出于刺激或者满足性欲的内心倾向？传统的刑法观点持肯定态度。要求本罪主观上具有出于刺激或者满足性欲的内心倾向的目的，或许有利于区分猥亵与非罪行为的界限，有利于区分本罪与《刑法》第246条规定的侮辱罪。但本书认为，本罪的成立不要求上述的内心倾向。因为即便没有上述的内心倾向，也严重侵害了他人的性的自主权，完全可以从客观上区分本罪与侮辱罪的界限。

> **案例5.** 甲男婚后发现妻子无生育能力，于是某日将邻居未婚女乙骗入房间后，要求乙女为自己生育子女。乙女拒绝，甲男便强行脱掉乙女内裤，用注射器将自己的精液注入乙女的阴道。问：如何评价甲男的行为？
>
> 答：甲男的行为构成强制猥亵、侮辱罪。

(三)司法认定

1. 强制猥亵他人致人重伤、死亡的如何处理？

刑法对此没有明文规定。第一，如果行为人为了猥亵他人而以杀人的故意对他人实施足以致人死亡的暴力，在他人死亡后侮辱尸体的，那么，前行为是故意杀人罪与强制猥亵

(未遂)罪的想象竞合，后行为成立侮辱尸体罪，实现数罪并罚。如果行为人为了猥亵他人而以杀人的故意对他人实施足以致人死亡的暴力，在他人昏迷期间猥亵他人，不管他人事后是否死亡，都应认定为故意杀人罪与强制猥亵罪的想象竞合。第二，在行为人缺乏杀人故意的场合，一般成立强制猥亵罪与故意伤害罪的想象竞合。

2. 妇女与幼男性交的行为如何界定？

从刑法理论上来看，将妇女与幼男性交的行为解释为猥亵行为，符合罪刑法定原则。

三、其他罪名

第 237 条第三款 【猥亵儿童罪】猥亵儿童的，依照前两款的规定从重处罚。

第三节　侵犯人身自由的犯罪

典型案例

【基本案情】

王某非法拘禁案

被告人王某与丈夫台某生气期间，台某曾到朋友陈某家玩过。后台某负气外出，王某找不到台某，便认为陈某知道其丈夫的下落。2019 年 1 月 8 日 11 时许，被告人王某搭乘一辆出租车赶到陈某住处，向陈某夫妇询问其丈夫的下落，陈某夫妇称不知道台某的去向。王某认为是陈某夫妇有意隐瞒，为了达到逼迫陈某夫妇说出其丈夫下落的目的，用随身携带的一把西瓜刀架在陈某夫妇刚出生 15 天的婴儿的颈脖处，将该婴儿绑架在陈某夫妇的卧室内。公安干警赶到现场，劝说王某三个多小时，于当日下午 3 时许，将王某成功抓获，将该名婴儿解救。经法医鉴定，该婴儿面颊及颈部损伤系锐器形成，属轻微伤。

【法律问题】本案王某该当何罪？

【案例解析】关于王某的行为应该如何定性，有两种不同的意见：第一种意见认为，王某的行为构成绑架罪。理由是：王某在寻找丈夫未果的情况下，为了达到逼迫他人说出其丈夫下落的目的，持刀将一名婴儿劫持为人质，其行为符合绑架罪的犯罪构成要件，构成绑架罪。第二种意见认为，王某的行为构成非法拘禁罪。理由是：王某主观上以逼迫他人说出其丈夫下落为动机，故意剥夺他人的人身自由；客观上实施以持刀胁迫的手段，将一名婴儿控制在卧室内，剥夺了婴儿的人身自由，其行为严重侵犯了公民的人身自由权，符合非法拘禁罪犯罪构成要件，构成非法拘禁罪。笔者同意第一种意见，王某行为构成绑架罪。

规范释义

一、非法拘禁罪

(一)法条规范

第 238 条　非法拘禁他人或者以其他方法非法剥夺他人人身自由的,处三年以下有期徒刑、拘役、管制或者剥夺政治权利。具有殴打、侮辱情节的,从重处罚。

犯前款罪,致人重伤的,处三年以上十年以下有期徒刑;致人死亡的,处十年以上有期徒刑。使用暴力致人伤残、死亡的,依照本法第 234 条、第 232 条的规定定罪处罚。

为索取债务非法扣押、拘禁他人的,依照前两款的规定处罚。

国家机关工作人员利用职权犯前三款罪的,依照前三款的规定从重处罚。

(二)犯罪构成

非法拘禁罪,是指故意非法拘禁他人或者以其他方法非法剥夺他人人身自由的行为。

本罪侵犯的法益是人的身体活动的自由,即人身自由权。人身自由权是公民按照自己的意志自由支配自己身体活动的权利,是公民的一项基本权利。关于本罪的客体,存在两种学说:一种是可能自由说,认为本罪的法益是只要想活动身体就可以活动的自由。另一种是现实自由说,认为本罪的法益是在被害人打算现实地活动身体时就可以活动的自由。本书采用现实自由说。本罪的行为对象为他人。"他人"的范围没有限定,但必须是具有身体活动自由的自然人,并且认识到自己被剥夺自由的事实。

> 案例 6. 张三晚上 7 点钟睡着。7 点半的时候李四过来在门上安了把锁,把张三锁住了,第二天张三 7 点准时醒来,但是李四在 6 点半的时候就把锁给打开了。问:对李四行为如何评价?
>
> 答:表面看好像李四把张三锁在屋里 11 多个小时,但被害人一直在熟睡之中,他的自由是抽象的,或者说他并没有意识到自己的自由被剥夺。这种情况没有必要把李四行为评价为非法拘禁罪。

本罪的客观方面表现为非法拘禁他人或者以其他方法非法剥夺他人人身自由的行为。行为方式内容包括有形的方式、无形的方式;作为的方式、不作为的方式。有形的方式,指外部的一个有形暴力,绳索、拳头、棍棒都是有形的暴力。无形的方式,如将女性被害人的衣服拿走,使其基于羞耻而不敢离开,或者通过恫吓让被害人不敢离开特定的区域,也可以采取欺骗的方式非法剥夺他人的行动自由。总之,剥夺人身自由的方法没有限制,如非法逮捕、拘留、监禁、办封闭"学习班"等,均包括在内。行为方式性质具有非法性,不具备违法阻却事由。司法机关根据法律的规定,对于有犯罪事实和重大嫌疑的人,依法采取拘留、逮捕等限制人身自由的强制措施行为,具备违法阻却事由。

本罪的主观方面为故意,即行为人明知自己的行为会发生剥夺他人人身自由权利的结果,并且希望或者放任这种结果的发生。

（三）司法认定

（1）非法拘禁情节显著轻微的，不宜认定为本罪。根据立案标准，涉嫌下列情形的，应予立案：①非法剥夺他人人身自由24小时以上的；②非法剥夺他人人身自由，并使用械具或者捆绑等恶劣手段，或者实施殴打、侮辱、虐待行为的；③非法拘禁，造成被拘禁人轻伤、重伤、死亡的；④非法拘禁，情节严重，导致被拘禁人自杀、自残造成重伤、死亡，或者精神失常的；⑤非法拘禁3人次以上的；⑥司法工作人员对明知是没有违法犯罪事实的人而非法拘禁的；⑦其他非法拘禁应予追究刑事责任的情形。

（2）本罪是继续犯，即非法剥夺人身自由的行为和使他人失去人身自由的状态在一定时间内处于持续地不间断状态。

（3）法律拟制（转化犯）：在非法拘禁的过程中，使用暴力致人伤残或者死亡的，依照《刑法》第234条故意伤害罪、第232条故意杀人罪的规定进行处罚。此处的"致人"和前面"结果加重犯"中致人重伤中的"致人"不同，前面的"致人"只包含过失，而此处的致人既包含过失，也包含故意。此处"使用暴力"指是实施了超出非法拘禁必要暴力。

（4）索债拘禁问题，即索债型的非法拘禁罪与索财型的绑架罪的区别：以索债（合法或者非法）为目的的非法拘禁、扣押他人的，定本罪，而不是绑架罪。此处他人不限于债务人本人，还包括与债务人有利害关系的人。前者存在特定的债务关系，被害人有过错，属于"事出有因"，这种债务关系可能是合法债务，也可能是非法债务，后者一般没有债务关系，被害人一般也无过错，如果债务只是一个幌子，而以此名绑架他人，按绑架罪论处。另外，对两者区别还要注意两种情况：①如果原债务数额难以确定，行为人也是在索债的目的下实施拘禁的，一般以非法拘禁罪论；②如果索债数额明显高于原债务，且无合理理由的，这可以认定为绑架罪和非法拘禁罪。

二、绑架罪

（一）法条规范

第239条① 以勒索财物为目的绑架他人的，或者绑架他人作为人质的，处十年以上有期徒刑或者无期徒刑，并处罚金或者没收财产；情节较轻的，处五年以上十年以下有期徒刑，并处罚金。

犯前款罪，杀害被绑架人的，或者故意伤害被绑架人，致人重伤、死亡的，处无期徒刑或者死刑，并处没收财产。

以勒索财物为目的偷盗婴幼儿的，依照前两款的规定处罚。

（二）犯罪构成

我国刑法对本罪的客体存在不同观点。第一种观点认为，绑架罪的法益包括他人的人身自由权、健康权、生命权以及公私财产所有权。② 第二种观点认为，本罪的保护法益是人身自由，但财产与其他合法利益是本罪可能侵犯的法益。③ 第三种观点认为，绑架罪的

---

① 本条为《中华人民共和国刑法修正案（七）》第6条、《中华人民共和国刑法修正案（九）》第14条所修改。

② 高铭暄，马克昌.刑法学[M].北京：北京大学出版社，高等教育出版社，2016：469.

③ 王作富.刑法分则实务研究[M].北京：中国方正出版社，2013：783.

法益是被绑架者的身体安全和其他侵权者的保护监督权,有些情况下还包括他人的财产权。① 第四种观点认为,绑架罪的法益不仅包括被绑架人的生命、身体利益,而且包括担忧被绑架者的安危的第三者的精神上的自由即自己决定是否向他人交付财物的自决权。② 第五种观点认为,绑架罪的法益是被绑架人在本来的生活状态下的行动自由以及身体安全。③ 本书认为,绑架罪保护的法益是复杂客体,包括他人的人身自由权、健康权、生命权以及公私财产所有权。

绑架罪构造存在三者关系:行为人(绑架人)、人质(被害人)、第三方(关心、爱护人质、担忧人质安危人)。绑架行为常分两个步骤:一是对他人进行绑架将他人置于自己的实际控制之下的行为;二是向被绑架人的近亲属或者其他人提出非法要求。这里其他人包括自然人,也包括社会组织乃至国家。(如果行为人绑架他人后直接向被绑架人索取财物,则不构成绑架罪而是抢劫罪)。本罪的客观行为方式有三种类型:第一,索财型绑架,即实际控制人质,索要赎金、近亲属被动交付财物;第二,人质型绑架,通过绑架人质,要求某种非法利益或者提出非法要求(不包括偿还债务);第三,勒财偷盗婴儿型绑架。绑架方式并不仅限于暴力、胁迫,只要能将他人置于自己实际控制下,剥夺人身自由方法都可以,如用药物麻醉、用酒灌醉等。行为人绑架人质并不需要离开原地点,也可以在原地点绑架。胁迫的对象不需要是被绑架人的近亲属,也可以是任何善良的第三人。

本罪的主观方面是故意。第一,行为人对于侵害他人行动自由与身体安全的结果,具有希望或者放任态度。第二,具有利用被绑架人的近亲属或者他人(包括单位乃至国家)对被绑架人安危的忧虑的意思。这是主观的超过要素,只要行为人具有这种意思,即使客观上没有通告被绑架人的近亲属或者其他人,或虽然通告他人但他人并没有产生忧虑,也不影响本罪的成立,④第三,具有勒索财物或满足其他不法要求的目的,其中的财物包括财产性利益。本项也是主观超过要素,不需要客观化。目的可以是财产型目的,也可以是其他非法目的。行为人索财或者其他目的是否实现并不影响本罪的成立,可以作为量刑情节考虑,这就意味绑架罪是行为犯。

本罪的犯罪主体是一般主体。如已满14周岁不满16周岁在绑架过错中杀害或者伤害被绑架人的,则定故意杀人罪和故意伤害罪。

(三)司法认定

(1)对于没有使用暴力、胁迫与麻醉方法的,或者虽然使用了暴力、胁迫方法但没有达到压制他人反抗程度的行为,不应认定为绑架罪。例如,行为人借岳母来访之机,不准岳母回家,要求妻子早日从娘家返回的,只能认定为非法拘禁罪。

(2)如果行为人没有实施绑架行为,直接杀害被害人后,向被害人家属勒索财物的,分别成立故意杀人罪、敲诈勒索罪与诈骗罪(后两者为想象竞合),实行数罪并罚。⑤

(3)绑架罪与非法拘禁罪的关系:第一,两罪都属于侵犯人身自由犯罪,绑架罪中包容着非法拘禁行为,非法拘禁罪也可以由控制被害人的方式构成。区别关键点在于:绑架

---

① 周光权.刑法各论[M].北京:中国人民公安大学出版社,2016:42.
② 黎宏.刑法学[M].北京:法律出版社,2012:665.
③ 张明楷.刑法学[M].北京:法律出版社,2016:887.
④ 张明楷.刑法学[M].北京:法律出版社,2016:889.
⑤ 张明楷.刑法学[M].北京:法律出版社,2016:890.

罪的构成不仅要求有非法剥夺人身自由的行为，而且要求有勒索财物或满足行为人不法要求的目的以及与此相应的勒索或提出不法要求的行为。而非法拘禁罪仅要求行为人具有剥夺他人身体自由的目的，使被害人遭受拘禁之苦，而不能有非法获取财物或其他不法利益的要求。① 第二，两者不是对立关系，虽然不能将非法拘禁评价为绑架，但可以将绑架评价为非法拘禁。明确这点对于犯罪的认定具有意义。根据《刑法》第238条第三款的规定，行为人为索取债务非法扣押、拘禁他人的，只构成非法拘禁罪，不成立绑架罪。不能将"债务"理解为存在经济纠纷，原则上应理解为合法的债务、相对确定的债务。同时，行为人故意编造虚假债务，然后以索债为由扣押被害人作为人质，要求被害人近亲属偿还债务的，应以绑架罪论处。行为人为索取债务而将他人作为人质、所索取的数额明显超出债务数额的，或者为索取债务而将他人作为人质，同时提出其他不法要求的，属于绑架罪与非法拘禁罪的想象竞合，从一重罪处罚。②

（4）本罪与抢劫罪的关系：绑架罪与抢劫罪都使用暴力、胁迫或其他手段加害或威胁被害人，同样都有非法获取他人财物的目的。二者的区别主要在于：第一，犯罪的手段不同，前者是绑架并控制他人后以加害被绑架人相威胁，要求被绑架人亲属或其他关系人给付财物，后者则是当场劫取财物；第二，索取财物的时间、地点不同，前者是先有绑架行为，后有勒索财物行为，后者是当场劫取或强迫被害人交出财物；第三，索取财物的数额不同，前者要按照犯罪嫌疑人的要求将一定数额的财物送到一定地点，犯罪嫌疑人可以漫天要价，具有随意性，后者则一般都是限于被害人随身携带的财物；第四，实现犯罪目的的方式不同，前者是通过把被绑架人作为人质胁迫被绑架人的亲属或其他利害关系人出钱赎人，犯罪目的必须通过被绑架人以外的第三人实现，后者则是直接从被害人身上劫取财物，不与第三人发生关系。

三、拐卖妇女、儿童罪

（一）法条规范

第240条　拐卖妇女、儿童的，处五年以上十年以下有期徒刑，并处罚金；有下列情形之一的，处十年以上有期徒刑或者无期徒刑，并处罚金或者没收财产；情节特别严重的，处死刑，并处没收财产：

（1）拐卖妇女、儿童集团的首要分子；

（2）拐卖妇女、儿童三人以上的；

（3）奸淫被拐卖的妇女的；

（4）诱骗、强迫被拐卖的妇女卖淫或者将被拐卖的妇女卖给他人迫使其卖淫的；

（5）以出卖为目的，使用暴力、胁迫或者麻醉方法绑架妇女、儿童的；

（6）以出卖为目的，偷盗婴幼儿的；

（7）造成被拐卖的妇女、儿童或者其亲属重伤、死亡或者其他严重后果的；

（8）将妇女、儿童卖往境外的。

拐卖妇女、儿童是指以出卖为目的，有拐骗、绑架、收买、贩卖、接送、中转妇女、儿

---

① 周光权. 刑法各论[M]. 北京：中国人民公安大学出版社，2016：47.

② 张明楷. 刑法学[M]. 北京：法律出版社，2016：891.

童的行为之一的。

（二）犯罪构成

本罪的客体是妇女、儿童人身自由与尊严。行为对象仅限于妇女和儿童。拐卖已满14周岁的男子的不成立本罪，符合其他犯罪如非法拘禁罪的，按照其他犯罪处理。出卖不满14周岁的亲生子女，换取该子女身价的，也按照拐卖妇女、儿童罪来认定。只要将子女作为商品出卖来换取子女的对应身价，都认定为本罪。

本罪的客观方面表现为拐骗、绑架、收买、贩卖、接送、中转妇女、儿童。此罪是行为犯，只要有行为之一就构成此罪的既遂，不需要把这个被害人卖出去才是既遂。如拐骗行为、绑架行为、为了卖而买的行为等，只要实施上述一种行为，就构成此罪。同时实施上述几种行为，或者既拐卖妇女，又拐卖儿童的，由于是选择性罪名，也只成立本罪一罪，不实行数罪并罚。将妇女、儿童卖往境外，既包含国外，也包含境外即港澳台地区。

本罪的主观方面是故意，要求行为人在实施上述行为时以出卖被害人为目的。出卖目的不等于营利目的，为了报复他人而贩卖妇女、儿童的，也成立本罪。

（三）司法认定

（1）本罪侵犯的是妇女、儿童人身自由的犯罪。如果得到被害妇女的承诺，就阻却行为的违法性，不构成犯罪。出卖儿童的，即使是征求了儿童的同意也是没有意义的，儿童的承诺是无效的。

> 案例7.甲某收买并拐卖妇女，问该女子：给你找一个富人家，你干吗？女子说：好，富人家就干。甲构成本罪吗？
> 答：甲有两个行为：一个是收买，一个是出卖。不惩罚第二个行为，但对于第一个行为要惩罚。所以甲构成本罪。

（2）在司法实务之中，如果妇女与人贩子共谋，将自己"卖给"他人，得款后趁收买者不注意逃走（"放鸽子"）的，该妇女和人贩子共同构成诈骗罪。

（3）拐卖妇女儿童的过程中，造成被拐卖的妇女、儿童或者其亲属重伤、死亡或者其他严重后果的，是此罪的法定刑升格条件之一。这里的"造成"指的是拐卖行为过失造成被拐卖妇女、儿童或者其亲属重伤、死亡或者其他严重后果的情况。在拐卖妇女儿童的过程中，如果故意伤害妇女、儿童的，按照拐卖妇女、儿童罪和故意杀人罪或者故意伤害罪数罪并罚。

四、收买被拐卖的妇女、儿童罪

（一）法条规范

第241条① 收买被拐卖的妇女、儿童的，处三年以下有期徒刑、拘役或者管制。

收买被拐卖的妇女，强行与其发生性关系的，依照本法第236条的规定定罪处罚。

---

① 本款为《中华人民共和国刑法修正案（九）》第15条所修改。

收买被拐卖的妇女、儿童，非法剥夺、限制其人身自由或者有伤害、侮辱等犯罪行为的，依照本法的有关规定定罪处罚。

收买被拐卖的妇女、儿童，并有第二款、第三款规定的犯罪行为的，依照数罪并罚的规定处罚。

收买被拐卖的妇女、儿童又出卖的，依照本法第240条的规定定罪处罚。

收买被拐卖的妇女、儿童，对被买儿童没有虐待行为，不阻碍对其进行解救的，可以从轻处罚；按照被买妇女的意愿，不阻碍其返回原居住地的，可以从轻或者减轻处罚。

(二)犯罪构成

本罪的行为对象是被拐卖的妇女、儿童。如果对方不是被拐卖的，则收买的行为不构成犯罪。本罪的客观行为是收买，收买的基本特征是指行为人用金钱或者其他有经济价值的物品将妇女、儿童当作商品买回。因此，收买不同于收养。本罪的主观方面是故意，行为人明知对方是被拐卖的妇女、儿童而决意加以收买的，就成立本罪。

(三)司法认定

由于本罪不是重罪，难以包容收买被拐卖的妇女、儿童以后实施的更为严重的犯罪。如果收买被拐卖的妇女以后，强行与其发生性关系的，成立强奸罪；如果剥夺其人身自由的，成立非法拘禁罪；如果对其故意伤害的，成立故意伤害罪；对其进行侮辱的，成立侮辱罪。诸如此类的行为构成相应的犯罪后，与收买被拐卖的妇女、儿童罪实行数罪并罚。收买被拐卖的妇女、儿童，按照被拐卖妇女的意愿不阻碍其返回原居住地的，对被拐卖儿童没有虐待行为，不阻碍对其进行解救的，可以不追究刑事责任。需要注意是"可以不"追究刑事责任，而不是"应当"，"可以"不追究刑事责任也就意味着也可以追究。"刑事责任"指的是收买行为的刑事责任。如甲买了一个女子以后，对其实施了非法拘禁、侮辱、伤害、强奸行为后，放走该女子，在这种情况下也被认为是不阻碍其返回原居住地。刑法仅是对收买的行为可以不追究刑事责任，对其他行为仍然要实施数罪并罚。

五、聚众阻碍解救被收买的妇女、儿童罪

(一)法条规范

第242条 以暴力、威胁方法阻碍国家机关工作人员解救被收买的妇女、儿童的，依照本法第277条的规定定罪处罚。

聚众阻碍国家机关工作人员解救被收买的妇女、儿童的首要分子，处五年以下有期徒刑或者拘役；其他参与者使用暴力、威胁方法的，依照前款的规定处罚。

(二)犯罪构成

聚众阻碍解救被收买的妇女、儿童罪，是指纠集多人阻碍国家机关工作人员解救被收买的妇女、儿童的行为。本罪所侵犯的客体为复杂客体，既包括国家机关工作人员依法解救被收买的妇女、儿童的公务活动，同时又包括被收买妇女、儿童的人身权利。本罪侵害的对象，是正在依法执行解救公务的国家机关工作人员，即在法律、法规规定的职务范围内实施解救工作，以使被收买的妇女、儿童摆脱他人的非法控制，解除其与买主关系的国家机关工作人员。

本罪在客观方面表现为聚众阻碍国家机关工作人员解救被收买的妇女、儿童的行为。

聚众阻碍，是指有预谋、有组织、有领导地纠集多人阻碍国家机关工作人员解救被收

买的妇女、儿童的行为。根据实践经验，只要纠集三人以上阻碍解救工作的进行，就应当认为是聚众，构成本罪，行为人聚众阻碍国家机关工作人员解救被收买的妇女、儿童的具体行为多种多样。有的是组织、指挥多人以暴力方式侵害执行解救公务的国家机关工作人员的身体；有的是砸毁、扣押解救用的车辆、器械；有的是组织、指挥众人以非暴力的方式围截、干涉国家机关工作人员的解救工作，等等。无论具体行为方式如何，只要行为人客观上实施了聚众阻碍国家机关工作人员解救被收买的妇女、儿童的行为，即构成聚众阻碍解救被收买的妇女、儿童罪。

聚众阻碍解救被收买的妇女、儿童罪是行为犯，不是结果犯。根据本条规定，行为人只要实施了聚众阻碍国家机关工作人员解救被收买的妇女、儿童的行为，即构成本罪。至于解救活动是否因阻碍而中止，被收买的妇女、儿童是否被解救，均不影响本罪既遂状态的成立。实践中应根据这一精神，正确认定行为人的犯罪形态，以做到罚当其罪。

本罪的主体要件，必须是十六周岁以上的聚众阻碍解救被收买的妇女、儿童公务的首要分子。本罪在主观方面表现为直接故意。

(三)司法认定

(1)对于聚众解救的首要分子，应以聚众阻碍解救被收买的妇女、儿童罪定罪处罚。

(2)对于非首要分子，但使用暴力、胁迫方法的其他参加者，以妨害公务罪处罚。

(3)对于虽然参与阻碍解救活动但没有使用暴力、威胁方法的人员，可以不认为是犯罪。

(4)本罪与阻碍解救被拐卖、绑架的妇女、儿童罪的界限：主体不同，后者只能是特定主体，即负有解救职责的国家工作人员才构成该罪，且不要求采取聚众的方式。

六、诬告陷害罪

(一)法条规范

第243条 捏造事实诬告陷害他人，意图使他人受刑事追究，情节严重的，处三年以下有期徒刑、拘役或者管制；造成严重后果的，处三年以上十年以下有期徒刑。

国家机关工作人员犯前款罪的，从重处罚。

不是有意诬陷，而是错告，或者检举失实的，不适用前两款的规定。

(二)犯罪构成

本罪保护的客体是公民的人身自由(行动自由)权利，而不是国家司法机关正常活动(国家作用)。行为对象是他人，所以虚告自己(自我诬告)犯罪不构成本罪，但是为了开脱其他犯罪分子的罪责而作自我诬告的，可以构成包庇罪。同样诬告的对象必须是具体的人，而不能是虚无的人。诬告单位犯罪的，由于对单位犯罪的处理中也有自然人承担刑事责任的部分，所以也可以构成诬告陷害罪。诬告不满14周岁的人，虽然不可能受到刑事处罚，但会卷入刑事诉讼，因而成立此罪。本罪在客观方面必须具备三个条件：(1)行为人有捏造犯罪事实的行为，这里捏造的事实不是一般的违法、不道德的事实；(2)必须有特定的对象，即有具体明确的被害人；(3)必须向司法机关和有关单位告发。本罪的主观方面是故意，并且是法定目的犯，具有使他人受到刑事追究目的。刑事追究包括刑事侦查、审判以及承担刑事责任。被害人最终是否受到刑事处罚不影响本罪的成立。

（三）司法认定

（1）本罪既遂的认定。本罪是情节犯，情节严重才构成本罪。本罪也属于行为犯，但并非行为人一旦完成诬告就成立既遂。一般将诬告陷害导致被害人成为刑事侦查的对象、使其卷入刑事调查或刑事诉讼认定为既遂。

（2）诬告陷害罪与报复陷害罪区别：二者都是借助国家机关陷害特定的对象。不同点在于报复陷害罪目的不是使他人受到刑事追究，也没有捏造事实和借助司法机关的力量。

七、刑讯逼供罪

（一）法条规范

第 247 条 【刑讯逼供罪】司法工作人员对犯罪嫌疑人、被告人实行刑讯逼供或者使用暴力逼取证人证言的，处三年以下有期徒刑或者拘役。致人伤残、死亡的，依照本法第 234 条、第 232 条的规定定罪从重处罚。

（二）犯罪构成

刑讯逼供罪，是指司法工作人员对犯罪嫌疑人、被告人实行刑讯逼供或者使用暴力逼取证人证言的行为。本罪保护的法益是公民的生命、身体权利，其次是职务行为的公正、妥当性，所以本罪又有渎职罪的部分特征，即必须利用职务上的便利实施，没有利用职务上的便利对犯罪嫌疑人、被告人实施刑讯逼供的，如私设公堂刑讯逼供的，不构成本罪，可以按照非法拘禁罪或者故意伤害罪处理。本罪的客观行为是对犯罪嫌疑人、被告人实行刑讯逼供，一般表现为实施肉刑或者变相肉刑。肉刑，又称肉体刑，是指施加暴力作用于人的机体致使其肌肤伤残、机能毁损，从而使人遭受难以忍受的皮肉之苦。变相肉刑，是指不直接对被害人施加有形力，但间接地造成其人身痛苦的手段。本罪行为对象是犯罪嫌疑人、被告人，实施刑讯逼供的目的在于逼取口供，至于是否真正取得口供，则与犯罪成立无关。

（三）司法认定

（1）如果司法人员出于私人恩怨借机对犯罪嫌疑人、被告人实施肉刑或者变相肉刑来泄愤报复，不成立本罪，可以根据犯罪情况按照故意伤害罪等处理。

（2）如果刑讯逼供致人伤残、死亡的，根据法律规定，应按照故意杀人罪、故意伤害罪处理。

八、其他罪名

第 242 条 【聚众阻碍解救被收买的妇女、儿童罪】以暴力、威胁方法阻碍国家机关工作人员解救被收买的妇女、儿童的，依照本法第 277 条的规定定罪处罚。

聚众阻碍国家机关工作人员解救被收买的妇女、儿童的首要分子，处五年以下有期徒刑或者拘役；其他参与者使用暴力、威胁方法的，依照前款的规定处罚。

第 244 条① 【强迫劳动罪】以暴力、威胁或者限制人身自由的方法强迫他人劳动的，处三年以下有期徒刑或者拘役，并处罚金；情节严重的，处三年以上十年以下有期徒刑，并处罚金。

---

① 本条为《中华人民共和国刑法修正案（八）》第 38 条所修改。

明知他人实施前款行为，为其招募、运送人员或者有其他协助强迫他人劳动行为的，依照前款的规定处罚。

单位犯前两款罪的，对单位判处罚金，并对其直接负责的主管人员和其他直接责任人员，依照第一款的规定处罚。

第 244 条之一①　【雇佣童工从事危重劳动罪】违反劳动管理法规，雇用未满十六周岁的未成年人从事超强度体力劳动的，或者从事高空、井下作业的，或者在爆炸性、易燃性、放射性、毒害性等危险环境下从事劳动，情节严重的，对直接责任人员，处三年以下有期徒刑或者拘役，并处罚金；情节特别严重的，处三年以上七年以下有期徒刑，并处罚金。

有前款行为，造成事故，又构成其他犯罪的，依照数罪并罚的规定处罚。

第 245 条　【非法搜查罪、非法侵入住宅罪】非法搜查他人身体、住宅，或者非法侵入他人住宅的，处三年以下有期徒刑或者拘役。

司法工作人员滥用职权，犯前款罪的，从重处罚。

第 247 条　【暴力取证罪】司法工作人员对犯罪嫌疑人、被告人实行刑讯逼供或者使用暴力逼取证人证言的，处三年以下有期徒刑或者拘役。致人伤残、死亡的，依照本法第 234 条、第 232 条的规定定罪从重处罚。

第 248 条　【虐待被监管人罪】监狱、拘留所、看守所等监管机构的监管人员对被监管人进行殴打或者体罚虐待，情节严重的，处三年以下有期徒刑或者拘役；情节特别严重的，处三年以上十年以下有期徒刑。致人伤残、死亡的，依照本法第 234 条、第 232 条的规定定罪从重处罚。

监管人员指使被监管人殴打或者体罚虐待其他被监管人的，依照前款的规定处罚。

第四节　侵犯名誉权、人格权的犯罪

┃典型案例┃

【基本案情】

孙某侮辱案②

孙某（女，36 岁）生性泼辣。某日，孙某因宅基地问题与邻居吴某（男，70 岁）发生争执，孙某当即把坐在宅基地上阻拦施工的吴某推入厨房内，强行撕烂吴某的内衣裤，并抓住吴某的阴部，使其不能出来见人。在宅基地问题协商未果情况之下，2 日后，孙某又闯入吴某休息的房间，将自身衣服脱光，在吴某床前对吴某进行辱骂，致使吴某因感受到奇耻大辱而服毒自尽，后经过抢救脱险。

---

① 本条为《中华人民共和国刑法修正案（四）》第 4 条所增设。
② 韩玉胜．刑法各论案例分析［M］．北京：中国人民大学出版社，2014：264 - 265．

【法律问题】孙某该当何罪？

【案件分析】对于本案，出现了三种意见：第一种意见认为，"公然"是侮辱罪的必要条件，孙某的行为系在第三者不知晓的情况下，非公然贬低他人人格，破坏他人名誉，造成吴某服毒自尽的严重后果，但依罪刑法定原则，不构成侮辱罪。第二种意见认为，孙某的行为构成非法侵入他人住宅罪。理由是：孙某侵入吴某房间未经吴某同意，并且造成了吴某服毒自杀未遂的严重后果。对孙某应以非法侵入住宅罪定罪处罚。第三种意见，孙某行为构成侮辱罪。理由是：孙某的前后两次行为，其主观故意在于通过贬低吴某人格、羞辱吴某来达到向吴某出气和迫使吴某在宅基地上让步的目的。孙某第二次侵入吴某房间非孙某的主观目的，而是孙某欲达到羞辱吴某目的所使用的手段。孙某通过暴力行为、语言和动作羞辱了吴某，孙某的行为系侮辱行为，本案构成侮辱罪。本书赞同第三种意见。

规范释义

一、侮辱罪

(一)法条规范

第 246 条[①]　以暴力或者其他方法公然侮辱他人或者捏造事实诽谤他人，情节严重的，处三年以下有期徒刑、拘役、管制或者剥夺政治权利。

前款罪，告诉的才处理，但是严重危害社会秩序和国家利益的除外。

通过信息网络实施第一款规定的行为，被害人向人民法院告诉，但提供证据确有困难的，人民法院可以要求公安机关提供协助。

(二)犯罪构成

侮辱罪指使用暴力或者其他方法，公然败坏他人名誉，情节严重的行为。

本罪保护的客体是他人的名誉权，名誉权是社会对一个人的评价，一般分为两种：一是外部名誉，是指一个人的社会名誉，即社会对于个人的评价。二是名誉情感，是指一个人的主观名誉，是本人对自己所持有的价值意识、情感，即对自身品质、能力、世界观、自己的社会意义的内心评价。对于本罪保护法益，日本判例通说认为是外部名誉，少数说是名誉感情。两者差异在于散布真实事实不成立诽谤罪的情况下能否成立侮辱罪？按照通说不成立本罪，按照少数说(即名誉感情说)成立侮辱罪。[②]

本罪的客观要件是侮辱行为。侮辱行为形式多样，包括暴力侮辱、非暴力侮辱、言辞侮辱和文字图像侮辱等。侮辱必须公然进行，公然性不是指结果的公然性，而是指行为本身的公然性，一般有三种理解：一是不特定或者多数人；二是多数人；三是不特定并且多数人。本罪的公然是指第一种理解。侮辱是指单纯地以语言、动作对他人的人格给予抽象的蔑视，使他人的名誉情感和社会评价受到伤害的行为。本罪的主观方面是故意。

(三)司法认定

(1)侮辱罪与强制猥亵、侮辱妇女罪的区别：前者侵犯的是他人人格与名誉，后者侵

---

① 本条第 3 款为《中华人民共和国刑法修正案(九)》第 16 条所增设。
② 周光权.刑法各论[M].北京：中国人民公安大学出版社，2016：63.

犯的是妇女的性的羞耻心与性自由权；前者的对象既可以是妇女也可以是男子，后者对象只能是妇女；前者不要求采取强制方法，后者要求采取暴力、胁迫等强制方法；前者要求公然实施，后者不要求；前者情节严重才构成犯罪，且为亲告罪，后者不以情节严重为构成要件，也不属于亲告罪。

> **释义 6.**
>
> 　　侮辱罪与强制猥亵、侮辱妇女罪存在竞合的可能。如甲出于报复等目的当众或者在公开场合强行扒掉妇女衣裤，由于该行为既侵犯妇女的性的羞耻心又侵犯其名誉权，构成强制猥亵、侮辱妇女罪与侮辱罪。在公开场合强行剥光男人衣服的行为，可能构成侮辱罪，而在公开场合强行剥光女人衣服的行为可能构成强制猥亵、侮辱妇女罪以及侮辱罪。

(2)侮辱罪为亲告罪，但当侮辱诽谤行为严重危害社会秩序和国家利益时，不受告诉才处理的限制。当被害人因受强制、威吓无法告诉时，检察院和被害人的近亲属也可以告诉。

二、诽谤罪

(一)法条规范

第 246 条[①]　以暴力或者其他方法公然侮辱他人或者捏造事实诽谤他人，情节严重的，处三年以下有期徒刑、拘役、管制或者剥夺政治权利。

前款罪，告诉的才处理，但是严重危害社会秩序和国家利益的除外。

通过信息网络实施第一款规定的行为，被害人向人民法院告诉，但提供证据确有困难的，人民法院可以要求公安机关提供协助。

(二)犯罪构成

诽谤罪，是指利用或者散布捏造的事实损害他人人格、名誉，情节严重的行为。本罪保护的法益，首先是人的外部名誉，即社会对人的积极评价；其次是个人的名誉情感，即个人对自我价值的认识。在这一点上诽谤罪与侮辱罪是相同的。本罪的行为对象必须是具体、特定的人，或者根据诽谤事实可以推知的个人。本罪的客观要件表现为通过散布、利用捏造的虚假的事实诽谤他人，且情节严重的行为。本罪的主观方面是故意。

(三)司法认定

(1)诽谤罪与民事侵权诽谤的区别。诽谤罪要求捏造虚假的事实并加以传播；而民事侵权诽谤中所述的内容即使编造的成分较少，但只要法律禁止公开宣扬，一旦公开就有损害他人名誉的，就可能构成民事侵权诽谤；诽谤罪针对的对象必须是自然人，而民事侵权诽谤行为的对象可能是法人、非法人团体；诽谤罪主观方面必须是故意，而民事侵权诽谤行为的主观方面可能是过失。

(2)侮辱罪与诽谤罪的区别。两罪的犯罪主体、主观方面和客体基本相同。两罪的主

---

① 本条第 3 款为《中华人民共和国刑法修正案(九)》第 16 条所增设。

要的区别在于犯罪的客观方面：第一，侮辱可以是暴力方法，诽谤不可能用暴力方法；第二，侮辱表现为公然对被害人进行嘲弄、辱骂等令人难堪、损害人格尊严的行为，并不是捏造有损他人名誉的事实，而诽谤则必须是捏造有损他人名誉的事实并加以散布的行为；第三，侮辱行为必须"公然"进行，即当着公众进行，而诽谤可以私下进行，只要以能使第三人或公众知道的方式散布即可构成。

第五节　侵犯民主权利的犯罪

典型案例

【基本案情】

公安部督办特大侵犯公民个人信息案①

2018 年，信阳市公安局网安部门与洋河公安分局协同作战，成功破获一起公安部督办的特大侵犯公民个人信息案，摧毁一个侵犯公民个人信息犯罪团伙，抓获犯罪嫌疑人 12 名，提供线索、由外地公安机关抓获犯罪嫌疑人 50 余人。2018 年 7 月，信阳网安民警在工作中发现，朱某在微信朋友圈中发布信息称能帮助他人查询手机号码等具体个人信息，涉嫌侵犯公民个人信息，遂立案开展侦查。通过先期侦查，民警发现朱某本人并不具备查询公民个人信息的权限，贩卖的公民个人信息全部来自上线孙某。警方将朱某及孙某抓获后，得知孙某还有五名上线，这五人均为公民个人信息倒卖人员，日常交易量巨大，每人日常联系的上下线人员均超百人，且能查询大量多类公民个人信息。经过侦查，警方共排查出信息倒卖人员数百人。至此，一个庞大的公民个人信息贩卖链条浮出水面，信阳警方高度重视，立即成立专案组，迅速开展侦查。在查清涉案人员犯罪事实后，经过周密部署，警方派出抓捕组，对涉及信阳市管辖范围内的主线人员展开抓捕。该案犯罪嫌疑人众多，遍及全国。抓捕民警辗转云南、河北、重庆、山东、湖南等地，累计行程 2 万余公里，成功抓获 12 名犯罪嫌疑人，一举斩断了这个公民个人信息贩卖链条。在云南中缅边境，民警克服当地执法环境差、嫌疑人为缅甸籍且经常往返于中缅两国等困难，奋战 13 个昼夜，终于将泄露公民个人户籍信息的主要犯罪嫌疑人康某、雷某抓获并安全押解回信阳。不久，检察机关以涉嫌侵犯公民个人信息罪对康某等 10 名犯罪嫌疑人批准逮捕。

【法律问题】请结合本节侵犯公民个人信息罪的犯罪构成，评析本案。

【案情分析】具体见罪名的规范释义。

---

① 公安部督办! 信阳破获一起特大侵犯公民个人信息案，抓获 12 人[OB/EL]. (2018 – 12 – 24)[2019 – 01 – 03]. http://www.henan100.com.

> 规范释义

一、侵犯公民个人信息罪

（一）法条规范

第253条之一① 违反国家有关规定，向他人出售或者提供公民个人信息，情节严重的，处三年以下有期徒刑或者拘役，并处或者单处罚金；情节特别严重的，处三年以上七年以下有期徒刑，并处罚金。

违反国家有关规定，将在履行职责或者提供服务过程中获得的公民个人信息，出售或者提供给他人的，依照前款的规定从重处罚。

窃取或者以其他方法非法获取公民个人信息的，依照第一款的规定处罚。

单位犯前三款罪的，对单位判处罚金，并对其直接负责的主管人员和其他直接责任人员，依照各该款的规定处罚。

（二）犯罪构成

侵犯公民个人信息罪是指违反国家有关规定，向他人出售或者提供公民个人信息，情节严重的，以及窃取或者以其他方法非法获取公民个人信息的行为。本罪保护法益是公民个人的信息自由、安全和隐私权。本罪的客观行为表现为他人出售或者提供公民个人信息以及窃取或者以其他方法非法获取公民个人信息的行为。出售，是指将公民信息出卖给他人从中牟利的行为。提供，是指虽无牟利事实，但不应将自己掌握的公民的信息提供给他人，而予以提供的一切行为。向他人出售或者提供公民个人信息要求情节严重，才构成本罪。窃取公民个人信息，是指以平和手段不法获取他人信息的行为。其他方法包括以欺骗、收买等方式非法获取公民个人信息。窃取或者以其他方法非法获取公民个人信息的，不要求情节严重才构成犯罪。本罪的犯罪主体是一般主体。本罪的主观方面是故意。

（三）司法认定

（1）公民个人信息的范围。本罪中公民个人信息，是指以电子或者其他方式记录的能够单独或者与其他信息结合识别特定自然人身份或者反映特定自然人活动情况的各种信息，包括姓名、身份证件号码、通信通讯联系方式、住址、账号密码、财产状况、行踪轨迹等。所以，公民个人信息不仅仅限于身份证件上的信息，涉及个人广泛的信息，包括姓名、年龄、婚姻状况、职务、学历、专业资格、工作经历、家庭住址、电话号码、子女情况，信用卡号码、指纹等。实践中大量被出售的公民个人信息包括电话通话清单、股民资料、车主名单、酒店住宿登记信息、航空记录、出入境信息、个人信用报告等。

（2）本罪成罪要求"情节严重"。本罪的"情节严重"，包括出售、提供公民个人信息获利较大；多次出售或非法提供；向多人出售或非法提供；将公民个人信息提供给境外组织；公民个人信息被他人用于违法犯罪目的等情形。

二、其他罪名

第249条 【煽动民族仇恨、民族歧视罪】煽动民族仇恨、民族歧视，情节严重的，处

---

① 本条为《中华人民共和国刑法修正案（七）》第7条所增设，为《中华人民共和国刑法修正案（九）》第17条所修改。

三年以下有期徒刑、拘役、管制或者剥夺政治权利；情节特别严重的，处三年以上十年以下有期徒刑。

第250条 【出版歧视、侮辱少数民族作品罪】在出版物中刊载歧视、侮辱少数民族的内容，情节恶劣，造成严重后果的，对直接责任人员，处三年以下有期徒刑、拘役或者管制。

第251条 【非法剥夺公民宗教信仰自由罪、侵犯少数民族风俗习惯罪】国家机关工作人员非法剥夺公民的宗教信仰自由和侵犯少数民族风俗习惯，情节严重的，处二年以下有期徒刑或者拘役。

第252条 【侵犯通信自由罪】隐匿、毁弃或者非法开拆他人信件，侵犯公民通信自由权利，情节严重的，处一年以下有期徒刑或者拘役。

第253条 【私自开拆、隐匿、毁弃邮件、电报罪；盗窃罪】邮政工作人员私自开拆或者隐匿、毁弃邮件、电报的，处二年以下有期徒刑或者拘役。

犯前款罪而窃取财物的，依照本法第264条的规定定罪从重处罚。

第254条 【报复陷害罪】国家机关工作人员滥用职权、假公济私，对控告人、申诉人、批评人、举报人实行报复陷害的，处二年以下有期徒刑或者拘役；情节严重的，处二年以上七年以下有期徒刑。

第255条 【打击报复会计、统计人员罪】公司、企业、事业单位、机关、团体的领导人，对依法履行职责、抵制违反会计法、统计法行为的会计、统计人员实行打击报复，情节恶劣的，处三年以下有期徒刑或者拘役。

第256条 【破坏选举罪】在选举各级人民代表大会代表和国家机关领导人员时，以暴力、威胁、欺骗、贿赂、伪造选举文件、虚报选举票数等手段破坏选举或者妨害选民和代表自由行使选举权和被选举权，情节严重的，处三年以下有期徒刑、拘役或者剥夺政治权利。

第六节　侵犯婚姻家庭权利的犯罪

典型案例

【基本案情】

崔某等暴力干涉婚姻自由案[①]

2017年农历十月，女青年马某经人介绍与郑某订婚。2018年12月11日，两人登记结婚。登记结婚前夕，马某与崔某相识，并交往密切。2018年12月17日，马某将与郑某举行婚礼。崔某得知这一消息时，已经很晚。16日下午，他纠集鱼某、高某、呼某三人，称自己女友被其家人骗回，第二天就要举行婚礼，让这三人再找些人，在迎亲路上把人抢回来，并让高某带上砍刀、钢管等凶器。17日，正值马某家乡逢集，马某与郑某按照当地风

---

① 韩玉胜.刑法各论案例分析[M].北京：中国人民大学出版社，2014：275.有更改。

俗举行迎亲仪式。当日清晨，鱼某、高某、呼某等人分别又找来多人在一家宾馆门口集合，分乘 4 辆车来到马某家乡 F 村。当日上午 11 时许，迎亲车队途径村口，崔某驾车拦住车辆，其他人也下车围了过来。新娘马某所乘车的司机见状锁住车门，但车玻璃被砍刀砍烂，马某被拉下车后抬走。迎亲人员郑某上前阻拦，被砍伤手臂。此后，崔某带马某开始逃亡。案发当日，当地公安局接到报案，出动十余名警察搜寻崔某。5 天以后，崔某被抓住，马某也一并带回。

【法律问题】崔某等构成何罪？

【案例解析】本案出现不同意见：第一种意见是公安机关意见，认为崔某伙同他人以暴力手段劫持新娘的行为构成绑架罪，并以此罪名立案侦查。第二种意见认为崔某以暴力将新娘劫走，并将新娘置于非法控制之下，其行为构成非法拘禁罪。第三种意见认为，崔某伙同他人在群众聚集场所公然将他人迎亲车辆拦住，手持砍刀、钢管等，打烂车辆，砍伤迎亲人员，抢走新娘，严重破坏社会管理秩序，其行为构成寻衅滋事罪。第四种意见认为，崔某等人手持砍刀、钢管等，打烂车辆，砍伤迎亲人员，抢走新娘，是以暴力干涉婚姻自由，应以暴力干涉婚姻自由罪定罪处罚。最后法院认定本案构成寻衅滋事罪。

> **规范释义**

一、暴力干涉婚姻自由罪

（一）法条规范

第 257 条　以暴力干涉他人婚姻自由的，处二年以下有期徒刑或者拘役。

犯前款罪，致使被害人死亡的，处二年以上七年以下有期徒刑。

第一款罪，告诉的才处理。

（二）犯罪构成

暴力干涉婚姻自由罪是指以暴力干涉他人婚姻自由的行为。本罪手段上限于暴力手段，采取非暴力手段，不能构成本罪。本罪中的干涉婚姻自由，包括结婚自由，也包括离婚自由。

（三）司法认定

（1）如果实施暴力造成被害人死亡，对此要区别对待：如果过失致使被害人死亡或者被害人自杀的，依本条第二款规定，以结果加重犯对待；如果是故意伤害、故意杀人的，定故意杀人罪、故意伤害罪。

（2）本罪告诉才处理，但如果致使被害人死亡的，不受告诉才处理的限制。

二、重婚罪

（一）法条规范

第 258 条　有配偶而重婚的，或者明知他人有配偶而与之结婚的，处二年以下有期徒刑或者拘役。

（二）犯罪构成

重婚罪是指有配偶而重婚的，或者明知他人有配偶而与之结婚的行为。本罪保护的法益是婚姻法中的一夫一妻制度。本罪涉及法定婚姻与事实婚姻的问题，主要包括以下几种情形：(1)法定婚＋法定婚；(2)法定婚＋事实婚；(3)事实婚＋法定婚；(4)事实婚＋事实婚。前两者是典型的重婚罪；后两者不构成重婚罪，因为前一次事实婚姻关系本身违法。但是若前一次事实婚成立于1994年2月1日之前且符合结婚的实质条件，该事实婚姻仍然受到法律保护，此时构成重婚罪。本罪的犯罪主体既包括重婚者，也包括与之结婚的相婚者。

(三)司法认定

(1)有配偶者与他人同居与重婚的区别。重婚系是以夫妻关系的名义共同生活，而有配偶者与他人同居则不是以夫妻名义同居生活。

(2)有配偶者与他人同居与那些应由道德规范调整的通奸、婚外恋等行为相区别。通奸是指双方或一方有配偶的男女，秘密、自愿发生两性关系的行为。婚外恋则泛指已婚者与配偶之外的人发生恋情。通奸、婚外恋都属于有悖社会主义道德的行为，一般由道德规范调整。而有配偶者与他人同居则属于婚姻法禁止的违法行为，行为人要承担相应的法律责任。《中华人民共和国婚姻法》第3条规定：禁止重婚。禁止有配偶者与他人同居。

(3)本罪属于亲告罪。重婚罪属于"不告不理"，即除非当事人向法院提出诉讼，一般情况法院不会主动受理。

(4)本罪不具有"期待可能性"的情形：因遭受灾害外逃而与他人重婚的；因遭受灾害在原籍无法生活而外流谋生的；一方知道对方还健在，有的甚至是双方一同外流谋生，但迫于生计，而不得不在原夫妻关系存在的情况下又与他人结婚。这种重婚行为尽管有重婚故意，但其社会危害性不大，也不宜以重婚罪论处。

三、拐骗儿童罪

(一)法条规范

第262条 拐骗不满十四周岁的未成年人，脱离家庭或者监护人的，处五年以下有期徒刑或者拘役。

(二)犯罪构成

拐骗儿童罪，是指拐骗不满十四周岁的未成年人，脱离家庭或者监护人的行为。本罪的法益是未成年人人身自由与人身安全，因此，监护人也可以成立本罪共犯。拐骗儿童罪虽然用了拐骗这个词，但它包含了拐、骗、盗，还包含了抢劫儿童的情况。所有使小孩脱离监护的状态的行为都是本罪的客观行为。本罪行为人主观上一般具有收养的目的，包括为自己，也包括为他人收养。

(三)司法认定

同样是"偷盗婴儿行为"，根据主观目的的不同，其行为性质不同：如果以出卖为目的，构成拐卖儿童罪；如果出于勒索财物或者作为人质满足不法要求的，构成绑架罪；如果是为了让婴儿的近亲属返还债务的，构成非法拘禁罪；如果是为了收养、奴役、使唤目的，构成拐骗儿童罪。

四、其他罪名

第259条 【破坏军婚罪】明知是现役军人的配偶而与之同居或者结婚的，处三年以下有期徒刑或者拘役。

利用职权、从属关系，以胁迫手段奸淫现役军人的妻子的，依照本法第 236 条的规定定罪处罚。

第 260 条　【虐待罪】虐待家庭成员，情节恶劣的，处二年以下有期徒刑、拘役或者管制。

犯前款罪，致使被害人重伤、死亡的，处二年以上七年以下有期徒刑。

第一款罪，告诉的才处理，但被害人没有能力告诉，或者因受到强制、威吓无法告诉的除外。

第 260 之一①　【虐待被监护、看护人罪】对未成年人、老年人、患病的人、残疾人等负有监护、看护职责的人虐待被监护、看护的人，情节恶劣的，处三年以下有期徒刑或者拘役。

单位犯前款罪的，对单位判处罚金，并对其直接负责的主管人员和其他直接责任人员，依照前款的规定处罚。

有第一款行为，同时构成其他犯罪的，依照处罚较重的规定定罪处罚。

第 261 条　【遗弃罪】对于年老、年幼、患病或者其他没有独立生活能力的人，负有扶养义务而拒绝扶养，情节恶劣的，处五年以下有期徒刑、拘役或者管制。

第 262 条　【拐骗儿童罪】拐骗不满十四周岁的未成年人，脱离家庭或者监护人的，处五年以下有期徒刑或者拘役。

第 262 条之一②　【组织残疾人、儿童乞讨罪】以暴力、胁迫手段组织残疾人或者不满十四周岁的未成年人乞讨的，处三年以下有期徒刑或者拘役，并处罚金；情节严重的，处三年以上七年以下有期徒刑，并处罚金。

第 262 条之二　【组织未成年人进行违反治安管理活动罪】组织未成年人进行盗窃、诈骗、抢夺、敲诈勒索等违反治安管理活动的，处三年以下有期徒刑或者拘役，并处罚金；情节严重的，处三年以上七年以下有期徒刑，并处罚金。

能力测试

1.（多选题）下列哪些行为构成故意杀人罪？（　　　）

A. 甲在实施抢劫之后，为了灭口，将被害人杀死

B. 乙强奸某女，引起某女自杀

C. 丙与丁通奸多年，某日，丙要丁杀死其夫，丁不同意。丙逼迫丁，并砸毁其家中物品，扬言如果丁两日内不能杀死其夫，就要丁自杀，丁因不忍心杀夫而自杀身亡

D. 某男与某女相约自杀，欺骗某女先自杀后，该男逃走。

2.（多选题）对下列哪些行为不能认定为强奸罪？（　　　）

A. 拐卖妇女的犯罪分子奸淫被拐卖的妇女的

B. 利用职权、从属关系，以胁迫手段奸淫现役军人的妻子的

---

① 本条为《中华人民共和国刑法修正案（九）》第 19 条所增设。

② 本条之一、之二为《中华人民共和国刑法修正案（七）》第 8 条所增设。

C.利用迷信奸淫妇女的

D.组织卖淫的犯罪分子强奸妇女后迫使其卖淫的

3.案例评析：药某某故意杀人案

基本案情：药某某，西安音乐学院大三的学生。2010年10月20日23时许，被告人药某某驾驶红色雪佛兰小轿车送完女朋友返回市区，当行驶至西北大学长安校区外西北角学府大道时，撞上前方同向骑电动车的张某，后药某某下车查看，发现张某倒地呻吟，因怕张某看到其车牌号，以后找麻烦，便产生杀人灭口之恶念，遂转身从车内取出一把尖刀，上前对倒地的被害人张某连捅数刀，致张某当场死亡。杀人后，被告人药某某驾车逃离现场，当车行至郭杜南村村口时再次将两情侣撞伤，逃逸时被附近群众抓获，后被公安机关释放。2010年10月23日，药某某在其父母陪同下到公安机关投案。经法医鉴定：死者张某系胸部锐器刺创致主动脉、上腔静脉破裂大出血而死亡。问：本案药某某该当何罪？

【参考答案】

1.答案：ACD

解析：A中甲在实施抢劫后即完成抢劫罪，后为了灭口而杀死他人属于故意杀人罪，因为杀人行为不再是抢劫的手段行为。B中某女的死亡与乙的行为之间并不存在必然的因果关系，此种情况下，被害人死亡应当作为强奸罪的量刑情节考虑。C为逼迫自杀行为。D为以相约自杀为名，诱骗他人自杀。C、D都按故意杀人罪论处。

2.AD

3.案例解析：本案药某某撞上前方同向骑电动车的张某后杀人灭口的行为构成故意杀人罪。

第六章 侵犯财产罪

知识结构

侵犯财产罪
- 犯罪客体：公私财产（法律财产说、经济财产说、折中说）
- 客观方面
  - 行为对象：有体说、管理可能性说
  - 方式：取得行为、毁坏行为、不履行行为
  - 结果：使受害人遭受财产损失
- 主观方面：故意、非法占有的目的
  - 排除的意思（重视法的侧面）
  - 利用的意思（重视经济侧面）
- 犯罪主体：自然人

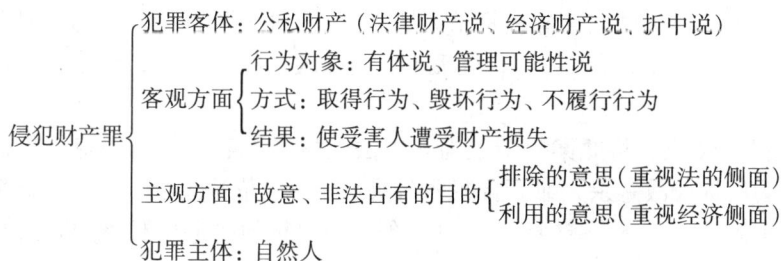

第一节 侵犯财产犯罪概述

典型案例

【基本案情】

计某某杀人劫财案

2000年3月1上午9时许，被告人计某某到肇州县肇州镇被害人林家，以其开车时将他人猪撞死，需要赔偿为借口，向林借钱。林知道计在说谎并对其予以指责。双方为此发生争执、厮打。在厮打过程中，计用林家的烟灰缸击打林的头部，又用斧子、菜刀砍林头、颈部，致林当场死亡。之后，计进入林的卧室，搜得5100元及部分衣物逃离现场。2000年3月16日，计逃至汤原县其舅家，告知其舅杀人情形。其舅劝计投案自首，计表示同意。其舅担心计反悔，于当晚让计的舅妈向公安机关报案。公安机关遂将计抓获归案。计归案后如实供述了其杀人事实。法院认为，被告人因借钱不成，与被害人发生争吵、厮打，在厮打中将被害人林杀死，其行为已构成故意杀人罪，依法应予严惩，鉴于被告人作案后能在亲属的规劝下投案自首，依法可从轻处罚。依照《刑法》第232条、第57条第一款、第

67 条第一款的规定，判决：被告人计某某犯故意杀人罪，判处死刑，缓期二年执行，剥夺政治权利终身。

一审宣判后，检察院以被告人计系其舅妈向公安机关报案被抓获，其本人并未主动投案，且计在公安机关抓捕时报的是假姓名、假住址，不具有投案的真实意思表示，不能认定自首；计杀人手段残忍，社会危害极大，原判量刑畸轻为由，提出抗诉。

黑龙江省高级人民法院经审理认为：原审被告人以谋财为目的，进入被害人家谎言借钱，遭拒绝后竟持械行凶，先后用烟灰缸、刀、斧砸、砍林头、颈等要害部位 30 余下，将林杀死后搜走现金及衣物，其行为已构成抢劫罪。原判认定的事实清楚，证据确实、充分，但定罪不当。原审被告人在亲属规劝下，虽同意自首，但并无自动投案行为，且其在被捕时报假名、假地址，旨在逃避法律制裁，不能认定其自首。原审被告人的舅母向公安机关举报计杀人犯罪，是大义灭亲。检察机关的抗诉理由成立。依照《中华人民共和国刑事诉讼法》的规定，判决如下：(1)撤销大庆市中级人民法院〔2000〕庆刑一初字第 52 号刑事附带民事判决的第一项，即被告人计某某犯故意杀人罪，判处死刑，缓期二年执行，剥夺政治权利终身。(2)被告人计某某犯抢劫罪，判处死刑，剥夺政治权利终身；并处罚金人民币三千元。

黑龙江省高级人民法院依法将此案报请最高人民法院核准。最高人民法院经复核认为，被告人的杀人行为已构成故意杀人罪。且犯罪后果严重，应依法惩处。一、二审判决认定的事实清楚，证据确实、充分。审判程序合法。但二审以抢劫罪定罪不当，应予纠正。鉴于计某某的亲属在计某某作案后能积极规劝其投案自首，并主动到公安机关报案，计某某归案后亦能坦白其犯罪事实，故对被告人判处死刑，可不立即执行。依照《中华人民共和国刑事诉讼法》第 199 条、《最高人民法院关于执行〈中华人民共和国刑事诉讼法〉若干问题的解释》第 285 条第一款的规定，判决如下：(1)撤销省高级人民法院〔2000〕黑刑一终字第 365 号刑事判决中对被告人计某某的定罪量刑部分；(2)被告人计某某犯故意杀人罪，判处死刑，缓期二年执行，剥夺政治权利终身。

【法律问题】(1)故意杀人后又窃取被害人财物的行为应如何定性？(2)仅有自首意思表示能否成立自首？

【案例解析】(1)本案在审理过程中，对被告人故意杀人后又趁机取走被害人财物的行为如何定性形成了三种意见：一种意见认为，计某某的行为分别构成故意杀人罪和盗窃罪；第二种意见认为，计某某杀人后拿走被害人财物的行为系以杀人暴力手段为前提，是故意杀人行为的后续行为，应按重行为吸收轻行为的原则处理，只定故意杀人罪；第三种意见认为，计某某到被害人家是图谋钱财，将人杀死后劫取财物的行为构成抢劫罪。对于故意杀人后窃取被害人财物的行为，最高人民法院最终采纳第一种意见，即认为故意杀人后又窃取被害人财物的，应分别构成故意杀人罪和盗窃罪。被告人杀人后又取财的行为，是在先后两种不同的犯罪故意支配下实施的两个独立的行为，所侵犯的是两种不同的客体，应分别定罪，数罪并罚。杀人后的取财行为不是杀人行为的一部分，不能被杀人行为所包容或吸收，因此，本案只定故意杀人罪有失准确、全面，应另定盗窃罪。但是，应当指出，由于本案公诉机关虽指控了计某某杀人后，又搜走被害人数额巨大的财物的事实，但未指控其行为另构成盗窃罪。根据不告不理的原则，一审、二审、复核审法院在审理中也不宜直接增加此罪名的认定，所以本案最终维持了公诉机关以故意杀人罪罪名的指控。

（2）对被告人是否成立自首情节及如何量刑上，意见也不一致。一审法院认为，被告人在其舅的劝说下同意自首，其归案后又能如实交代犯罪事实，应认定为自首。被告人计某某有法定从轻情节，故对其可判处死刑，不立即执行。抗诉机关及二审法院认为，计某某在其亲属劝说下，虽同意自首，但并无自动投案行为，且其在被抓获时报假名、假地址，旨在逃避法律制裁，不能认定为自首。其亲属主动报案，属大义灭亲，不是对计某某从轻处罚的理由，计某某犯罪手段残忍，罪行极其严重，应依法惩处，判处计某某死刑，立即执行。

规范释义

一、侵犯财产罪的概念

（一）法条规范
《中华人民共和国物权法》

第34条　无权占有不动产或者动产的，权利人可以请求返还原物。

第35条　妨害物权或者可能妨害物权的，权利人可以请求排除妨害或者消除危险。

第37条　侵害物权，造成权利人损害的，权利人可以请求损害赔偿，也可以请求承担其他民事责任。

第38条　本章规定的物权保护方式，可以单独适用，也可以根据权利被侵害的情形合并适用。

侵害物权，除承担民事责任外，违反行政管理规定的，依法承担行政责任；构成犯罪的，依法追究刑事责任。

第39条　所有权人对自己的不动产或者动产，依法享有占有、使用、收益和处分的权利。

（二）犯罪构成
侵犯财产罪，是指以非法占有为目的，不法取得他人财物，或者挪用、故意毁坏他人财物的行为。我国刑法中侵犯财产罪，包括取得罪、挪用罪、毁坏罪三大类。目前，刑法惩罚财产犯罪呈现出很多新特点：（1）财产权利多元化、财产性利益、无形财产（虚拟财产）的保护成为必要。（2）财产关系复杂，所有权与占有权分离的现象大量存在，财产犯罪的手段花样翻新，盗窃罪与诈骗、抢夺、侵占等罪区分难度加大。（3）行为人有时主张权利的心情迫切，导致司法实务上敲诈勒索罪的认定增加。（4）为了全面保护法益，刑法增加侵犯财产的犯罪行为形态，如何理解和运用成为司法上的难题。[①]

二、财产犯罪侵犯的法益

（一）所有权说（保护民法承认的财产权的学说）
所有权是所有人依法对自己财产所享有的占有、使用、收益和处分的权利。它是一种财产权，所以又称财产所有权。所有权是物权中最重要也最完全的一种权利，具有绝对性、排他性、永续性三个特征。所有权积极权利表现为占有、使用、收益、处置等四项权

[①]　周光权.刑法各论[M].北京：中国人民大学出版社，2016：83.

利；其消极权利表现为排除他人对于物的夺取。所有权说不仅保护所有权，还保护其他本权，如占有人基于质权、租赁权、留置权等私法上合法的权限。绝大多数财产罪侵害的法益都是财物所有权或者其他本权。本章中大部分的罪名侵犯的是他人所有的财物，而不仅仅是事实上占有的财物，刑法中占有必须以一定的财产权存在为基础。将多数财产犯罪的保护法益定位于所有权的合理性在于：一方面，财产权的基本内容是所有权对财物的支配，同时将其归属于财产犯罪的保护法益可以为绝大多数犯罪的认定提供基本的解决方向；另一方面，财产犯罪的成立与否，要考虑民法上对某种权利是否提供保护，这是由刑法从属性、补充性决定的。① 中国的司法实务基本采用所有权说。但所有权说存在如下缺陷：（1）刑法判断始终受制于民法对所有权难以确认的场合，如盗窃他人没有所有权的违禁物品，如枪支或者毒品的，按照本说行为人无罪；（2）按照所有权说，指控犯罪需要对所有权关系加以证明；（3）所有权说会导致私力救济泛滥。②

> **释义 1.**
>
> 有观点认为，所有权在刑法上意义不大，对民法而言，甲偷了或抢了乙的手表，无论这个手表被辗转何处，乙对此手表仍然拥有民法上的所有权，也就意味着甲的行为很难侵犯乙的所有权。

（二）占有权说（经济财产说）

占有，是指对财物事实上支配、控制的权利。刑法应该保护占有，在某些情况下，侵犯财产罪保护法益就是对财物事实上的占有状态本身。理由在于：（1）财物由所有权之外的第三人基于各种原因"事实上"占有情况很多，占有人对财物没有所有权，但其对财物的控制、监督需要保护。（2）在所有权权属不明的情况下，对现实占有关系如果不加以保护，就难以期待在复杂社会中出现有序和安定的局面。例如，在 A 盗窃 B 走私的普通货物、物品的场合。根据所有权说，因为 B 对非法财物不可能享有所有权，对 A 就无法以盗窃罪处理。因此，必须根据占有说认为 B 对赃物享有占有关系需要保护，才能肯定 A 的犯罪性。（3）在自己享有所有权但财物被他人合法占有的情况之下，如果一概允许所有权人任意行使权利，就可能导致其手段没有节制，会使程序法和实体法之间关系被混淆，也存在鼓励私力救济，加剧财产关系混乱程度之嫌疑。在现在社会财产关系复杂的背景下，应当尊重事实的占有状态。③

占有分为平稳占有说和合理占有说，日本平野龙一教授提倡平稳占有说主张，所有权人从盗窃犯手中夺回自己财物的，因为盗窃犯的占有不是平稳占有，不值得保护，所以，行为人不成立盗窃罪。平稳占有说存在以下不足：第一，处罚范围广。第二，对违法占有保护过度。合理占有说认为，侵犯财产罪是否成立，需要考虑占有背后是否有值得保护的法益。该说主张对私力救济原则上要禁止，因此刑法保护的占有，仅仅是值得保护的占

---

① 周光权. 刑法各论[M]. 北京：中国人民大学出版社，2016：84.
② 周光权. 刑法各论[M]. 北京：中国人民大学出版社，2016：84
③ 周光权. 刑法各论[M]. 北京：中国人民大学出版社，2016：85.

有，即存在合理根据的占有。①

刑法对于占有的保护，在所有权人和占有权人为同一人时，二者不冲突，其都是保护法益。但是二者有冲突的时候，原则上要保护所有权，但是所有权人不明或具体所有权人无法查清时，存在合理根据的占有能够对抗所有权及其本权，而明显违法的占有不值得保护（表6－1）。合理根据的占有，是指民法上对这种占有加以承认的可能性极大，或者在占有的背后存在值得刑法保护的其他实质利益。

表6－1　保护法益与盗窃罪②的相关情形

学说		例1. 所有权人取回被盗财物的	例2. 第三人抢夺盗窃犯的财物的	例3. 盗窃他人占有的违禁品的
所有权说		无罪	无罪 （未侵犯所有权）	多数说认为无罪，少数说认为成立盗窃罪
占有说	平稳占有说	盗窃犯刚占有，主人偷回的，无罪	有罪	有罪
	合理占有说	相对于所有权人占有而言，盗窃犯的占有不值得保护；所有权人有优先利益，无罪	有罪	有罪

　　案例1.甲买了一辆奥迪车（有所有权），借给自己的朋友乙（有合法占有权）。但是甲半夜却把这个车偷了回来。问：甲构成何罪？

　　答：本案构成盗窃罪，甲侵犯了乙的合法占有权。这种观点认为，合法占有权与所有权并列都被刑法所保护，当合法占有权和所有权发生冲突的时候，合法占有权是优先于所有权的。

（三）非法占有利益

非法占有利益，是指需要通过法定程序恢复应有状态的占有。但当这种占有没有与所有权人或者合理对抗的理由时，相对于本权者恢复权利的行为而言，则不是侵犯财产犯的法益。对于非法占有利益的保护是有限制的保护，目的是打击"黑吃黑"，在原所有者或合法占有者行使自己权利的时候，非法占有利益则不受保护。

---

① 周光权.刑法各论[M].北京：中国人民大学出版社，2016：86.
② 周光权.刑法各论[M].北京：中国人民大学出版社，2016：87.

三、侵犯财产罪中对"财产"的理解

(一)法律财产说

该说认为,一切侵犯财产罪都是侵害财产上的权利的犯罪。换言之,刑法规定侵犯财产罪是为了保护民事法上的权利。因此,侵犯财产罪的成立不以行为造成经济损害为前提,只要行为侵害了民事法上的权利,即使在经济上没有损害,也成侵犯财产罪;反之,只要没有侵害民事法上的权利,即使造成了重大的经济损害,也不成立侵犯财产罪。

(二)经济财产说

该说认为,作为整体的具有经济价值的利益就是财产,因而是侵犯财产罪的保护法益。经济价值一般与金钱价值是等同的,金钱上的得失就是判断有无损害的标准。根据该标准,盗窃犯对赃物的占有,就是享受经济上的利益,这种占有也是其财产,故所有权人从盗窃犯处骗回被盗财物的,只要没有提供相当价值的财物,就使盗窃犯遭受了经济损失而成立诈骗罪;债权人从债务人处骗取与债权额相当的财产的,也是如此;行为人将废报纸冒充假币出卖给他人的,成立诈骗罪。

(三)法律与经济财产说(折中说)

该说认为,所谓财产,是指法秩序所保护的(违法利益除外)、作为整体的具有经济价值的利益。本书采取这一学说。

四、侵犯财产罪中的行为对象

(一)财物

财物,是指具有价值和管理可能性的物品。作为财产对象的财物,必须具备以下三个特征:第一,具有管理可能性。这是相对于受害人而言,即受害人要对物具有管理的可能性。第二,具有转移的可能性。这是相对于行为人而言,如果行为人不可能转移被害人管理的财物,就不可能取得被害人的财物。第三,具有价值性。这是相对于保护法益而言。[①]

财产犯罪的行为对象包括下列财物:(1)有体物和无体物。(2)动产和不动产。(3)(有)客观价值之物和(仅)具有"主观价值"之物。一般的物都具有客观的经济价值即金钱交换价值,这种物就是有客观价值之物,有些物本身没有客观经济价值,但是对于所有人、占有人有价值。"主观价值"之物,如一个"遗照",不存在多少客观价值,但是具有主观价值。(4)违禁品,如毒品、淫秽物品等。不能否认上述物品的财物属性,即使上述物品没有多少客观价值,但有主观价值。如盗窃海洛因构成盗窃罪,按照交易价格计算。(5)葬祭物。(6)人的身体分离物。(7)债权凭证。债权凭证本身作为有体物(纸张、卡),具有财物属性,但其作为物的价值是低廉的,并不值得刑法保护。债权凭证的价值体现在记录在其上面的债权上。如果债权凭证的丧失就意味着该凭证记载的财产丧失的,则该凭证应该按照财物予以保护,而不是财产性利益,如国库券。反之,债权凭证的丧失并不意味着财产的丧失,则不按照财物予以保护,如盗窃信用卡本身,并不构成盗窃罪,只有使用信用卡的行为才侵犯到值得刑法保护的财产权。

---

① 张明楷.刑法学[M].北京:法律出版社,2016:932.

（二）财产性利益

财产性利益是指普通财物以外的财产上的利益。如虚拟财产，从网络买的 Q 币、游戏卡等虚拟财产，具有使用价值甚至交换价值。

第二节　暴力、胁迫型财产犯罪

典型案例

【基本案情】

段某抢劫案①

段某从河南来到上海后，一直没有赚到什么钱，见别人靠偷盗电缆线路卖掉来钱快，便也打起了歪主意。2017 年 10 月 27 日早晨 7 点多，段某潜入停泊在外高桥某造船公司船坞的一艘船舱内，用美工刀具盗割了电缆线 11 米，价值 1700 元。巡视的保安听到船舱内的异常声音，发现正在行窃的段某，便立即对其实施抓捕。段某在逃跑过程中抗拒抓捕，用美工刀将两名保安刺伤。最终，段某被当场抓获。

【法律问题】 本案段某的行为构成何罪？

【案例分析】 本案对于段某行为应以抢劫罪定罪处罚。本案中，行为人的行为分为两个阶段。第一个阶段是盗割电缆；第二阶段是为抗拒抓捕，用美工刀将两名保安手部刺伤。在第一阶段中，段某盗割电缆 11 米，其行为同时触犯了盗窃罪和破坏公用电信设施罪，属于想象竞合犯。根据最高人民法院《关于审理破坏公用电信设施刑事案件具体应用法律若干问题的解释》第 3 条第 2 款的规定：盗窃公用电信设施价值数额不大，但是构成危害公共安全犯罪的，依照《刑法》第 124 条规定定罪处罚；段某实施盗窃行为未达到数额较大的程度，若没有第二阶段以暴力抗拒抓捕的行为，应以破坏公用电信设施罪定罪处罚。

在第二阶段中，段某盗割电缆行为已经完成，在被保安人员发现后为了窝藏赃物和抗拒抓捕而使用美工刀将保安刺伤。《刑法》第 269 条规定：犯盗窃、诈骗、抢夺罪，为窝藏赃物、抗拒抓捕或者毁灭罪证而当场使用暴力或者以暴力相威胁的，依照本法第 263 条规定定罪处罚。本案应该以抢劫罪定罪处罚。

---

① 韩玉胜.刑法各论案例分析［M］.北京：中国人民大学出版社，2014：292.

规范释义

一、抢劫罪

(一)法条规范

第263条　以暴力、胁迫或者其他方法抢劫公私财物的,处三年以上十年以下有期徒刑,并处罚金;有下列情形之一的,处十年以上有期徒刑、无期徒刑或者死刑,并处罚金或者没收财产:

(1)入户抢劫的;

(2)在公共交通工具上抢劫的;

(3)抢劫银行或者其他金融机构的;

(4)多次抢劫或者抢劫数额巨大的;

(5)抢劫致人重伤、死亡的;

(6)冒充军警人员抢劫的;

(7)持枪抢劫的;

(8)抢劫军用物资或者抢险、救灾、救济物资的。

第269条　犯盗窃、诈骗、抢夺罪,为窝藏赃物、抗拒抓捕或者毁灭罪证而当场使用暴力或者以暴力相威胁的,依照本法第263条的规定定罪处罚。

(二)犯罪构成

1.普通抢劫罪

本罪侵犯的客体是复杂客体,侵犯了人身权利与财产权利。犯罪对象是他人所有的、保管或占有的财物。不管他人对财物拥有是否合法,也不论财物是否是违禁品、毒品、假币、淫秽物品等违禁品,对其实施抢劫,以抢劫罪定罪。

本罪的客观行为是行为人运用强制的方法,使被害人处于不能抵抗的状态。行为人利用此种状况来进行对持有的破坏,建立新的持有关系。也就是依照行为人的想象,此种强制方法是用来破坏持有的手段。行为人采取一种强制手段,强制手段针对的对象是被害人的人身自由,这种自由是反抗的自由和现实的自由。强制手段即暴力、胁迫或者其他方法,这些方法足以压制一般人反抗,使被害人不能反抗、不知反抗和不敢反抗。抢劫罪中的"暴力方法"是对财物的所有人、保管人、占有人不法使用有形力,使被害人不敢反抗的行为,如殴打、捆绑、禁闭等。对妨碍劫取财物的人使用暴力的,也不影响抢劫罪的成立。本罪暴力的对象并不限于财物的直接持有者,对有权处分财物的人以及其他妨碍劫取财物的人使用暴力的,也不影响抢劫罪的成立。暴力所打击的对象一般是针对被害人,即对财物的所有者、保管者或持有者的身体实施暴力。需要说明的是,暴力的对象也可以是财物的间接持有者。抢劫罪中的"胁迫方法"是使用无形强制力,以对人的生命或者身体造成危险为内容,具有当场实现暴力的意思。抢劫罪中的"其他方法"是指其他使被害人不能抗拒的方法,即与暴力、胁迫相类似的,足以压制被害人反抗的行为,如迷倒、麻醉,也包含用灌醉的方式。

案例 2：甲使用暴力殴打乙，将乙强奸，待乙穿好衣服、惊魂未定之际，强行对乙搜身，乙不敢反抗，甲从乙口袋中搜出一个钱包，内有 1000 余元现金以及信用卡若干，非法占为己有。问：甲该当何罪？

答：对案件处理有两种不同意见：一种意见是定强奸罪与抢劫罪；另一种意见是定强奸罪与抢夺罪。本书赞同第一种意见。

抢劫罪中的暴力手段的目的是为了当场取得财物。暴力手段与获得财产必须存在因果关系。

案例 3. 甲暴力威胁乙，让乙给甲财物，乙并不害怕，但出于对甲的怜悯，把钱给了甲。问：甲的行为该当何罪？

答：在此案中，强制手段与获得财物并无因果关系，只能以抢劫罪的未遂论处。

抢劫罪中所要求的时间和空间条件：抢劫罪必须当场施加强制行为，同时还要当场获得财物，强制手段与获得财物都必须发生在同一个时空场合。如果是事后取财，则不成立抢劫。

抢劫罪主观方面是故意且具有获得他人持有之财物或者财产上的不法利益的目的。第一，获得方式包括犯罪人自己去拿以及被害人自己交付。第二，获得对象包括不法利益，例如逼迫被害人写下借据，也是按照抢劫罪来处理的。第三，行为人必须是直接获益。间接获益不包含在内，如逼迫他人卖艺，从中售票得利的，是不能按照抢劫罪来处理的。

2. 转化型抢劫罪

（1）聚众"打砸抢"毁坏或抢走公私财物的，对首要分子定抢劫罪。本规定实际上是一种法律拟制。一般而言，其指聚众最低三人以上结伙或者组成犯罪集团进行"打砸抢"，毁坏或抢走公私财物的行为。本条规定的犯罪主体仅仅限于首要分子。

（2）携带凶器抢夺的，以抢劫罪定罪处罚。携带凶器抢夺是指行为人随身携带枪支、爆炸物、管制刀具等国家禁止个人携带的器械进行抢夺或者为了实施犯罪而携带其他器械进行抢夺的行为。

凶器，是指外观上足以使人产生危险感、不安感，客观上足以对他人的生命、身体、安全构成威胁，具有杀伤危险性的器物，其种类并无限制。①

携带，是指在从事日常生活的住宅或者居室以外的场所，将某种物品带在身上或者置于身边附近，将其置于现实的支配之下的行为。行为人具有随时使用凶器的可能性。否则，不能认定为携带凶器抢夺。携带是一种现实上的支配行为，行为人随时都可以使用自己携带的物品。本种情形在主观方面需要行为人有使用凶器的意识。携带凶器也是一种主

---

① 平野龙一.刑法概说[M].东京：东京大学出版会，1977：171.

客观统一的行为，即要求行为人具有准备使用的意识。准备使用的意识应当包括两种情况：一是行为人在抢夺前为了使用而携带该物品；二是行为人出于其他目的携带可能用于杀伤他人的物品，在现场意识到自己所携带的凶器进而实施抢夺行为。反之，如果行为人并不是为了违法犯罪而携带某种物品，实施抢夺时也没有准备使用的意识，则不宜适用《刑法》第267条第二款。当行为人携带凶器抢夺，在抗拒抓捕时又使用凶器造成他人伤害的，适用《刑法》第267条第二款规定。

（3）事后抢劫。根据《刑法》第269条的规定：犯盗窃、诈骗、抢夺罪，为窝藏赃物、抗拒抓捕或者毁灭罪证而当场使用暴力或者以暴力相威胁的，依照抢劫罪的规定定罪处罚。这种情形在刑法理论上称为事后抢劫或者准抢劫。成立本条规定的转化型抢劫罪需要以下条件：

①先前条件：本罪的先前的行为条件是实施了盗窃、诈骗、抢夺罪，即行为人有犯盗窃罪、诈骗罪、抢夺罪的主观故意和客观行为（实行行为）。只要行为人着手实行的盗窃、诈骗、抢夺行为，具有取得数额较大财物的危险性，行为人主观上具有盗窃、诈骗、抢夺数额较大财物的故意，不管是既遂还是未遂，无论所取得财物的数额大小，都符合"犯盗窃、诈骗、抢夺罪"的条件。① 如果客观上不可能盗窃、诈骗、抢夺数额较大财物的情形，主观上没有盗窃、诈骗、抢夺数额较大财物的故意的情形，就不犯盗窃、诈骗、抢夺罪。在现行刑法下，虽然诈骗罪以数额较大为前提，没有任何例外，但多次盗窃、入户盗窃、携带凶器盗窃、扒窃四种类型的盗窃罪，不以数额较大为前提。

基于罪刑法定原则的限制，犯"盗窃、诈骗、抢夺罪"应该做狭义理解，不包含特殊的盗窃、诈骗、抢夺行为，如盗窃枪支而后抗拒抓捕致人重伤，就应该以盗窃枪支罪和故意伤害罪数罪并罚，而不能转化抢劫罪。

释义2.

第一，在盗窃的预备阶段被发现，为脱逃而实施暴力不能转化为抢劫罪。第二，明显的小偷小摸行为无论如何不能转化为抢劫，因为行为人没有犯盗窃罪的故意。这里的盗窃罪必须是盗窃公私财物数额较大、多次盗窃、入户盗窃、携带凶器盗窃、扒窃等。

已满十四周岁不满十六周岁的人盗窃、诈骗、抢夺他人财物，为窝藏赃物、抗拒抓捕或者毁灭罪证，当场使用暴力或者以暴力威胁的，能否成立事后抢劫？② 根据《关于审理未成年人刑事案件具体应用法律若干问题的解释》第10条规定：已满十四周岁不满十六周岁的人盗窃、诈骗、抢夺他人财物，为窝藏赃物、抗拒抓捕或者毁灭罪证，当场使用暴力，故意伤害致人重伤或者死亡，或者故意杀人的，应当分别以故意伤害罪或者故意杀人罪定罪处罚。已满十六周岁不满十八周岁的人犯盗窃、诈骗、抢夺罪，为窝藏赃物、抗拒抓捕或

---

① 张明楷. 刑法学[M]. 北京：法律出版社，2016：977.
② 张明楷教授从学理分析认为可以成立事后抢劫，但是基于对司法解释的规范立场和法律职业资格考试的需要，本书严格恪守司法解释的立场。

者毁灭罪证而当场使用暴力或者以暴力相威胁的，应当依照刑法第 269 条的规定定罪处罚；情节轻微的，可不以抢劫罪定罪处罚。

②手段条件：本条规定的转化型抢劫罪要求当场使用暴力或者以暴力相胁迫。首先，要求"当场"。当场是指在盗窃、诈骗、抢夺的现场以及行为人刚离开现场即被他人发现并抓获的情形。当场要求盗窃、诈骗、抢夺行为在时间和空间上具有紧密的联结性。同时，这里的使用暴力或者以暴力相胁迫，与前述普通抢劫罪的手段行为应该作相同的解释。

③主观目的：本条规定的目的是指为了窝藏赃物、抗拒抓捕或者毁灭罪证。需要注意的是，毁灭罪证是为了前罪的罪证的湮灭，当然指的是盗窃、诈骗、抢夺罪的罪证湮灭。如果行为人在实行盗窃、诈骗、抢夺的过程中，尚未取得财物时被人发现，为了非法取得财物，而使用暴力或者以暴力相威胁的，应直接认定为抢劫罪，不是转化型抢劫罪。

④时间条件：当场使用暴力或者以暴力胁迫。第一，场所密接性、时间密接性。尚在他人追击中属于"当场"，但是中途偶遇不是"当场"。第二，使用暴力或者以暴力胁迫：与抢劫罪的程度相当，即足以压制被害人反抗。当场使用暴力或者以暴力相胁迫，才能按照抢劫罪来处理，如果是迷倒，就不可以转化。第三，施暴对象包含行为人主观想象上的物的持有者或者为了保护持有的第三人。如误以为同伙是追踪之人而施暴，也转化为抢劫罪。

（三）司法认定

1.抢劫罪的刑罚处罚：抢劫罪中八种加重抢劫情节

（1）入户抢劫。第一，"户"的范围。"入户抢劫"中的"户"是指住所，为实施抢劫行为而进入他人生活的与外界相对隔离的住所，包括封闭的院落、牧民的帐篷、渔民作为家庭生活场所的渔船、为生活租用的房屋等进行抢劫的行为。所以，户具有功能特征，必须是为了日常生活的住所；同时，户还需要具备场所特征，必须是与他人生活的场所或者与外界相对隔离、具有封闭性的住所。一般情况，集体宿舍、旅馆宾馆、临时工棚等不应认定为"户"，但是特定情况下，如果确实具有上述两个特征，也可以认定为"户"。第二，"入户"要求具有目的性，指的是为了抢劫而进入。"入"指的是两个方面：一是身体进入户内。二是暴力发生在户内。但行为人不以实施抢劫等犯罪为目的进入他人住所，而是户内临时起意实施抢劫的，不属于"入户抢劫"。

（2）在公共交通工具上抢劫。"在公共交通工具上抢劫的"既包括在从事旅客运输的各种公共汽车，大、中型出租车，火车，船只，飞机等正在运营中的机动公共交通工具上对旅客、司售、乘务人员实施的抢劫，也包括对运行途中的机动公共交通工具加以拦截后，对公共交通工具上的人员实施的抢劫。公共交通工具本身也表明了它是不特定的人可以使用。其中的出租车只包含大中型出租车，不包含小型出租车。交通工具必须是机动的，必须是机械力，不包含自然力。所以，抢劫人力车的不能认定为在公共交通工具上抢劫，抢劫无机动装置的帆船的也不能认为是在公共交通工具上抢劫。此项的核心是暴力作用在公共交通工具上，与公共安全无关。

（3）抢劫银行或者其他金融机构。抢劫银行或者其他金融机构的，指的是抢劫银行或者其他金融机构的经营资金、有价证券和客户资金等，不包含银行的普通财物。抢劫银行也包含了抢劫运钞车，具体指的是抢劫运钞车里面的钱，如果只抢车，只能成立普通抢劫。如果行为人在银行营业大厅抢劫等候办理业务的客户所携带的资金，不属于本罪加重情节。

（4）持枪抢劫。持枪抢劫是指行为人使用枪支或者向被害人显示持有、佩带的枪支进行抢劫的行为。"枪支"的概念和范围，适用《中华人民共和国枪支管理法》的规定。"枪"是指真枪，不包含假枪在内。拿着仿真枪去抢劫的，只成立普通抢劫，而不得被认为是持枪抢劫。

（5）多次抢劫或者是抢劫数额巨大。多次抢劫指的是抢劫 3 次以上。对于"次"的认定，应以行为人实施的每一次抢劫行为均已经构成犯罪为前提，综合考虑犯罪故意的产生、犯罪行为实施的时间与地点等因素，客观地分析、认定。对于行为人基于一个犯意实施犯罪的，如在同一地点同时对在场的多人实施抢劫的；或基于同一犯意在同一地点实施连续抢劫犯罪的；或在一次犯罪中对一栋居民楼中几户居民连续实施入户抢劫的，一般应认定为一次犯罪。

（6）抢劫致人重伤、死亡。抢劫致人重伤、死亡的属于抢劫罪结果加重犯，致人重伤、死亡既包含故意（包含为劫取而预谋故意杀人，即"图财害命"），也包含过失。但抢劫行为与死亡或重伤之间必须有直接的因果关系。

（7）冒充军警人员抢劫。冒充军警人员抢劫，是指冒充军人或武警人员抢劫，既包括身穿军警制服的抢劫，也包括没有身穿制服但声称自己是军警人员的抢劫；既包括军人冒充警察抢劫，也包括警察冒充军人抢劫。成立本条加重处罚情形，要求足以使受害人误认为行为人是军警人员，如果抢劫人员冒充，但冒充得很假，行为人根本不认为是军警人员的，则不构成冒充军警人员抢劫。

> **释义3.**
>
> 真正的军警人员抢劫是否属于冒充军警人员抢劫？此种情况属于冒充军警人员抢劫。冒充包括假冒与充当，冒充与否实质都是使受害人认为是军警人员抢劫。但是《最高人民法院关于审理抢劫刑事案件适用法律若干问题的指导意见》（法发〔2016〕2号）指出，"军警人员利用真实的身份实施抢劫的，不认定为'冒充军警人员抢劫'。"

（8）抢劫军用物资或者抢险、救灾、救济物资。本情形要注意主客观相一致的要求，即行为人在抢劫的时候就应该知道自己抢劫的是军用物资或者抢险、救灾、救济物资，或者明知里面可能是军用物资或者抢险、救灾、救济物资。如果行为人根本没有认识到，以为抢劫的是普通财物，抢来了以后才发现是军用物资，只能按照普通抢劫罪来处理。当上述数个法定刑升格条件同时符合时，属于法条竞合，择一重处罚。

2. 抢劫罪的犯罪形态

关于普通抢劫罪的既遂与未遂的区分标准，理论上存在不同的观点。有人认为，应以行为人是否占有了他人财物为标准；有人认为，应以行为人是否侵害了他人的人身权利为标准；有人认为，抢劫罪的基本犯以是否占有了他人财物为标准，抢劫致人重伤、死亡的，即使没有占有他人财物也是既遂。[①] 抢劫罪属于侵犯财产的犯罪，理应理解为以行为人取

---

① 张明楷. 刑法学[M]. 北京：法律出版社，2016：987.

得(控制)被害人财产作为既遂标准。但是司法实践中以行为人造成被害人轻伤害或者抢走财物为既遂，即抢劫罪有两个既遂标准。抢劫罪侵犯了两个客体：第一，人身权。第二，财产权。这两个权利有一个被侵犯就构成抢劫罪既遂。《刑法》第263条规定的八种加重处罚情节除"抢劫致人重伤、死亡的"这一结果加重情节之外，其余七种处罚情节同样存在既遂、未遂问题。只要抢劫出现了致人重伤死亡的结果，即使没有抢到财物，也是按加重抢劫既遂论处。成立普通抢劫罪的既遂，要求取得财物与先前的暴力、胁迫等手段之间具有因果关系，即必须基于压制被害人的反抗而取得财物，否则不能认定为抢劫罪的既遂。①

关于事后抢劫的既遂标准，日本理论界存在不同观点：第一种观点(通说)认为，先前的盗窃罪既遂时，才成立事后抢劫罪的既遂。② 第二种观点(多数说)认为，不管盗窃既遂与否，只要行为人出于特定目的实施了暴力、胁迫，就成立事后抢劫罪。③ 第三种观点(有力说)认为，盗窃罪的既遂不等于事后抢劫的既遂，只有行为人最终取得财物时，才成立事后抢劫罪的既遂。第四种观点(少数说)认为，行为人在取得财物的场合，只要为了窝藏赃物而对他人实施暴力、胁迫，就成立事后抢劫的既遂；在行为人出于逃避逮捕或者湮灭罪迹的目的实施暴力、胁迫时，只有通过暴力、胁迫取得财物，才成立事后抢劫既遂。④ 本书同意第一种观点。

3. 抢劫罪的数额的计算

抢劫信用卡后使用、消费的，其实际使用、消费的数额为抢劫数额；抢劫信用卡后未实际使用、消费的，不计数额，根据情节轻重量刑。为抢劫其他财物，劫取机动车当作犯罪工具或者逃跑工具使用的，被劫取机动车的价值计入抢劫数额；为实施抢劫以外的其他犯罪劫取机动车辆的，以抢劫罪和其他犯罪实行数罪并罚。

4. 此罪与彼罪的区别

(1)抢劫罪与故意杀人罪的区别。根据《最高人民法院关于抢劫过程中故意杀人案件如何定罪问题的批复》规定：行为人为劫取财物而预谋故意杀人，或者在劫取财物的过程中，为制服被害人反抗而故意杀人的，以抢劫罪定罪处罚。如果行为人以抢劫财物为目的，以故意杀人为手段将被害人杀死的，仍以抢劫罪一罪定罪处罚。如果在抢劫财物之后，为了逃避侦查、审判等目的而伤害或杀害被害人的，应以抢劫罪与故意伤害罪或故意杀人罪实行并罚。如果本无抢劫之意，基于其他动机故意伤害或者杀死他人后，临时起意，顺手牵羊拿走他人财物的，应以故意伤害罪或故意杀人罪与盗窃罪实行并罚。但是，如果杀人之后，不是临时起意取财，而是事后取财，取财行为则可以以侵占罪论处。

(2)抢劫罪与敲诈勒索罪、招摇撞骗罪的区别。行为人冒充正在执行公务的人民警察抓赌、抓嫖、没收赌资或者罚款的行为，构成犯罪的，以招摇撞骗罪从重处罚；在实施上述行为中使用暴力或者暴力威胁的，以抢劫罪定罪处罚。行为人冒充治安联防队员抓赌、抓嫖、没收赌资或者罚款的行为，构成犯罪的，以敲诈勒索罪定罪处罚；在实施上述行为中使用暴力或者暴力威胁的，以抢劫罪定罪处罚。

① 张明楷. 刑法学[M]. 北京：法律出版社，2016：987.
② 张明楷. 刑法学[M]. 北京：法律出版社，2016：987.
③ 内田文昭. 刑法各论[M]. [出版地不详细]：青林书院新社，1984：284.
④ 张明楷. 刑法学[M]. 北京：法律出版社，2016：988.

（3）抢劫罪与强迫交易罪的区别。从事正常商品买卖、交易或者劳动服务的人，以暴力、胁迫手段迫使他人交出与合理价钱、费用相差不大的钱物，情节严重的，以强迫交易罪定罪处罚；以非法占有为目的，以买卖、交易、服务为幌子，采取暴力、胁迫手段迫使他人交出与合理价钱、费用相差悬殊的钱物的，以抢劫罪定罪处罚。

二、抢夺罪

（一）法条规范

第 267 条　抢夺公私财物，数额较大的，或者多次抢夺的，处三年以下有期徒刑、拘役或者管制，并处或者单处罚金；数额巨大或者有其他严重情节的，处三年以上十年以下有期徒刑，并处罚金；数额特别巨大或者有其他特别严重情节的，处十年以上有期徒刑或者无期徒刑，并处罚金或者没收财产。

携带凶器抢夺的，依照本法第 263 条的规定定罪处罚。

（二）犯罪构成

抢夺罪以非法占有为目的，当场直接夺取他人紧密占有数额较大的财物或者多次抢夺的行为。本罪的客观方面是当场直接夺取他人紧密占有数额较大的财物。抢夺是指公开或者在被害人当场可以得知财物被抢夺的情况下，骤然实施夺取行为，抢夺的本质是"公然夺取"；"乘人不备"不是必备要素，换句话说，即使在被害人高度防备时抢夺的，也不影响抢夺罪的成立。本罪暴力作用的对象必须是对物的强制，这种强制在间接上可能造成他人的伤亡。本罪的对象为他人占有的财物，而且应是数额较大的公私财物。本罪的主观方面是故意，要求具有非法占有目的。

（三）司法认定

1. 本罪与抢劫罪的区别

第一，客体不同：抢夺罪侵犯客体是简单客体，即公私财产所有权。抢劫罪侵犯的是复杂客体，即财产权和人身权利。第二，客观手段不同：抢夺罪不是采用暴力、胁迫等强制方法而是公然夺取财物。而抢劫罪则是采取暴力、胁迫或其他手段迫使被害人交出财物或者直接将财物夺走。第三，行为作用对象不同：抢夺罪行为直接针对物使用暴力，并不直接对被害人使用足以压制反抗的暴力；抢劫罪行为直接针对人使用暴力，直接针对被害人使用足以压制反抗的暴力。

2. 飞车抢夺的定性

2005 年 6 月《最高人民法院关于审理抢劫、抢夺刑事案件适用法律若干问题的意见》：对于驾驶机动车、非机动车（以下简称"驾驶车辆"）夺取他人财物的，一般以抢夺罪从重处罚。但具有下列情形之一，应当以抢劫罪定罪处罚：（1）驾驶车辆，逼挤、撞击或强行逼倒他人以排除他人反抗，乘机夺取财物的；（2）驾驶车辆强抢财物时，因被害人不放手而采取强拉硬拽方法劫取财物的；（3）行为人明知其驾驶车辆强行夺取他人财物的手段会造成他人伤亡的后果，仍然强行夺取并放任造成财物持有人轻伤以上后果的。

三、敲诈勒索罪

(一)法条规范

第274条① 敲诈勒索公私财物，数额较大或者多次敲诈勒索的，处三年以下有期徒刑、拘役或者管制，并处或者单处罚金；数额巨大或者有其他严重情节的，处三年以上十年以下有期徒刑，并处罚金；数额特别巨大或者有其他特别严重情节的，处十年以上有期徒刑，并处罚金。

(二)犯罪构成

敲诈勒索罪是指行为人以非法占有为目的，采取恐吓的方式迫使对方基于有瑕疵的意思表示，交付财物或者处分财产上的利益，且数额较大行为。

敲诈勒索罪的基本结构是：对他们实施威胁—对方产生恐惧心理—对方基于恐惧心理处分财产—行为人或第三人取得财产—被害人遭受财物损失。

本罪的客观行为是使用胁迫手段，使对方产生恐惧的心理，进而取得财产。因为行为人实施了一定的暴力后，就对被害人形成了如果拒不交付财产就可能继续实施暴力的恐吓。本罪中的暴力，不需要足以压制被害人的反抗，只要足以使被害人产生恐惧的心理即可。暴力作用的对象可以是受害人本人，但针对第三者实施时形成对被害人胁迫的，也不影响本罪的成立。敲诈勒索罪中的胁迫，是指以恶害相通告，使对方产生恐惧心理。行为人恐吓的内容一般是非法的，如果是行使自己的权利，则具有正当性。但如果以揭发对方与自己无关的犯罪为由索要钱财的，也成立本罪。

本罪的责任要素除故意以外，还需要具有以非法占有为目的这一条件。

(三)司法认定

1. 本罪成罪标准的修改与认定

本罪经过《中华人民共和国刑法修正案(八)》修改，不再是单独的数额犯。行为人敲诈勒索公私财物数额较大或者多次敲诈勒索的，以犯罪论处。所以，以下两种情况均可以构成本罪：一是敲诈勒索数额较大。根据《最高人民法院、最高人民检察院关于办理敲诈勒索刑事案件适用法律若干问题的解释》(法释〔2013〕10号)的规定，敲诈勒索公私财物价值2000元至5000元以上，应当认定为数额较大。二是多次敲诈勒索。根据前述司法解释，二年内敲诈勒索三次以上的，应当认定为多次敲诈勒索。

2. 本罪既遂与未遂标准

本罪的着手时期为开始实施敲诈勒索行为之时。行为人或者与之有关的第三者占有被害人财物的，为本罪的既遂。如果被害人处于同情而非恐惧提供财物，只构成未遂。敲诈勒索未遂但情节严重的，可以敲诈勒索罪的未遂论处。

3. 此罪与彼罪的区别

(1)敲诈勒索罪与诈骗罪的区别：一般情况下，编造虚假的"恶害"威胁被害人时，如果在谎言中行为人自己冒充"恶害"发出方，则成立敲诈勒索罪；如果行为人冒充麻烦解决者，以解决"恶害"为由骗取钱财的，成立诈骗罪。

(2)敲诈勒索罪与抢劫罪的区别：第一，抢劫罪是以暴力威胁，而本罪对威胁或要挟

---

① 本条为《中华人民共和国刑法修正案(八)》第40条所修改。

的内容基本没有限制。第二，抢劫罪只能是当场进行威胁，不可能通过第三者进行威胁；本罪既可以当场威胁也可以通过第三者进行威胁。第三，抢劫罪如果不满足行为人的要求，暴力威胁内容就当场实现；而本罪如果不满足行为人的要求，威胁内容在将来的某个时间实现或者当场实现非暴力的危害。第四，抢劫罪是当场取财物，不是事后取得财物；本罪既可以当场也可以事后取得财物。一般来说，抢劫罪不可能针对不动产，而敲诈勒索罪有可能针对不动产。

4. 本罪与正当行使权利的区别

行使权利和敲诈勒索罪之间的关系比较复杂，一般涉及三种情形：被害人用恐吓手段从盗窃犯等不法占有者手中取回所有物的；行为人认为自己"吃亏"而提出较高民事赔偿要求的；债权人主张债权时使用了敲诈勒索手段的。

首先，被害人用恐吓手段从盗窃犯等不法占有者手中取回所有物的，主要取决于对侵犯财产罪保护法益的认识，按照所有权及其他本权说，由于私法上认可并值得用刑法加以保护的他人所有权并不存在，不构成本罪。其次，对为行使权利，如行为人认为自己"吃亏"而提出较高民事赔偿要求的，而使用恐吓手段的，实践中通常以无罪处理。最后，债权人主张债权时使用了敲诈勒索手段的，如行为人主张债权并未严重超过限额，即便使用了一定程度的恐吓手段，也通常不认为构成本罪。但是如果债权合法性本身存疑，主张权利的方式违反社会通常观念的，可能被认定为本罪。[1]

> 案例4. 甲到乙的餐馆吃饭，在食物中发现一只苍蝇，遂以向消费者协会投诉为由进行威胁，索要精神损失费3000元。乙迫于无奈给甲3000元。问：如何评价甲的行为？
>
> 答：甲的行为系正当行使权利行为。

> 案例5. 甲到乙的餐馆吃饭，偷偷在食物中投放一只准备好的苍蝇，然后以砸烂座椅进行威胁，索要精神损失费3000元。乙迫于无奈给甲3000元。问：如何评价甲的行为？
>
> 答：甲的行为成立敲诈勒索罪。

四、其他罪名

第268条　【聚众哄抢罪】聚众哄抢公私财物，数额较大或者有其他严重情节的，对首要分子和积极参加的，处三年以下有期徒刑、拘役或者管制，并处罚金；数额巨大或者有其他特别严重情节的，处三年以上十年以下有期徒刑，并处罚金。

---

[1] 周光权. 刑法各论[M]. 北京：中国人民大学出版社，2016：134 - 135.

第三节 窃取、骗取型财产犯罪

典型案例

【基本案情】

许某恶意取款案

2006 年 4 月 21 日晚 10 时，许某来到某银行的 ATM 取款机取款。结果取出 1000 元后，他惊讶地发现银行卡账户里只被扣了 1 元，狂喜之下，许某连续取款 5.4 万元。当晚，许某回到住处，将此事告诉了同伴郭某某。两人随即再次前往提款，之后反复操作多次。后经警方查实，许某先后取款 171 笔，合计 17.5 万元；郭某某则取款 1.8 万元。事后，二人各携赃款潜逃。同年 11 月 7 日，郭某某向公安机关投案自首，并全额退还赃款 1.8 万元。经法院审理后，法院认定其构成盗窃罪，但考虑到其自首并主动退赃，故对其判处有期徒刑一年，并处罚金 1000 元。而潜逃一年的许某，17.5 万元赃款因投资失败而挥霍一空，2007 年 5 月在陕西宝鸡火车站被警方抓获。广州市中级人民法院审理后认为，被告许某以非法侵占为目的，伙同同案人采用秘密手段，盗窃金融机构，数额特别巨大，行为已构成盗窃罪，遂判处无期徒刑，剥夺政治权利终身，并处没收个人全部财产。后迅速成为社会的热点问题。2008 年 2 月 22 日，案件发回广州中级人民法院重审改判 5 年有期徒刑。

【法律问题】许某应成立何罪？

【案例解析】本案最大的争议在于罪与非罪的界限问题，即许某的恶意取款行为究竟是民事不法还是刑事犯罪。辩护律师始终坚持是民事上的不当得利，并非刑事犯罪的辩护意见。许某第一次取款行为是民事上的不当得利，对此并无争议。问题在于：许某明知 ATM 取款机发生故障以后，利用 ATM 取款机的故障恶意取款 170 次，是否还属于民事上的不当得利？这里就需要对不当得利构成要件进行界定。不当得利是债发生的根据，是一个债法概念。其起源于罗马法。一般认为，不当得利必须具备以下条件：①双方当事人必须一方为受益人，他方为受害人。②受益人取得利益与受害人遭受损害之间必须有因果关系。③受益人取得利益没有合法根据，即既没有法律上也没有合同上的根据，或曾有合法根据，但后来丧失了这一合法根据。许某第一次取款行为属于不当得利，即无债清偿的不当得利，与之对应的是受损人可以提起错债索回之诉。在无债清偿的不当得利中，受益人客观是不作为，处于消极的接收地位；在主观上是善意，是受损人之过错导致受益人的获利。许某的第一次行为符合这个特征。后续 170 次取款则与之不同：许某在明知 ATM 取款机存在故障的情况下，出于非法占有的目的恶意取款。在这种情况下，许某是作为，主观上是恶意，已经完全不符合无债务清偿的不当得利的构成要件。

对于本案的刑法定性存在很大争议：第一种观点认为构成侵占罪，即认为在 ATM 取款机出错时，银行虽然没有放弃所有权，但事实上无法占有出款口的资金，且该资金并非基于银行本意而脱离其占有,属于遗忘物。因此,"从出款口拿钱"就只能评价为侵占行为。①
第二种观点认为构成诈骗罪,认为在本案中,行为人利用 ATM 取款机信息识别系统错
误——行为人从 ATM 取款机提取 1000 元却只在行为人的银行账户中扣除 1 元,本质上等
于行为人用 1 元冒充 1000 元和银行进行交易,而银行却错误地相信行为人支付的 1 元就
是 1000 元,从而支付给行为人 1000 元,那么许某所实施的 170 多次非法套取银行 ATM 取
款机钱款的行为就是诈骗罪。② 但是违背了"机器不能被骗"这一命题。第三种意见认为构
成信用卡诈骗罪,认为由于 ATM 取款机故障,许某所用借记卡能够在自己卡中仅存 170 余
元的情况下取出 17 万元的现金,表明其借记卡具有透支功能,如果认为以非法占有为目
的,经发卡银行催收后仍不归还,那就是恶意透支,属于信用卡诈骗罪。第四种意见认为
构成盗窃罪。正如广州市中级人民法院认定的,许某以非法占有为目的,采用秘密手段窃
取银行经营资金的行为,已经构成盗窃罪。在英美刑法中,本案定性没有任何问题,他们
存在三个经典罪名:因取得他人之物而构成的盗窃罪;因不当保管他人托管之物而构成的
侵占罪;因欺诈性地诱使他人脱离自己财产而构成诈骗罪。在英美刑法之中盗窃有三个要
件:第一,被窃物发生位移;第二,取自他人占有;第三,是一种违背所有者意愿的行为。
本案 ATM 取款机是一种人机交易形式,不同于人与人交易形式。因此,ATM 取款机同意
具有特殊性。英美刑法对于盗窃罪的认定可以有效地支撑本案的论证。本书认为本案构成
盗窃罪。

⸺**规范释义**⸺

一、盗窃罪

(一)法条规范

第 264 条③ 盗窃公私财物,数额较大的,或者多次盗窃、入户盗窃、携带凶器盗窃、
扒窃的,处三年以下有期徒刑、拘役或者管制,并处或者单处罚金;数额巨大或者有其他
严重情节的,处三年以上十年以下有期徒刑,并处罚金;数额特别巨大或者有其他特别严
重情节的,处十年以上有期徒刑或者无期徒刑,并处罚金或者没收财产。

第 265 条 以牟利为目的,盗接他人通信线路、复制他人电信码号或者明知是盗接、
复制的电信设备、设施而使用的,依照本法第 264 条的规定定罪处罚。

(二)犯罪构成

盗窃罪是指以非法占有为目的,窃取他人占有的数额较大的财物,或者多次盗窃、入
户盗窃、携带凶器盗窃、扒窃公私财物的行为。

本罪保护的客体是财产的所有权,即对所有权整体的侵犯。其盗窃的对象包括有体物
和财产性利益。盗窃罪的法益首先是财产所有权及其他财产权,其次是需要通过法定程序
改变现状的占有。

---

① 高艳东. 从盗窃到侵占:许某案的法理与规范分析[J]. 中外法学, 2008(3):474.
② 谢望原. 许某案的再思考:刑事司法需要怎么样的解释[M]//谢望原, 付立庆. 许某案深层解读——无情的法律与
理性的诠释. 北京:中国人民大学出版社, 2008.
③ 本条为《中华人民共和国刑法修正案(八)》第 39 条所修改。

本罪的客观行为表现为违背财物占有者的意思，以和平手段将财物转移给自己或者第三人占有的行为。本罪成立的逻辑是：利用窃取方法—破坏原来的占有关系—确立新的占有关系。盗窃的行为方式即窃取①方法，是指违反被害人的意志，将他人占有的财物转移为自己或第三者（包括单位）占有。

1. 窃取行为

窃取行为是使用非暴力胁迫手段排除他人对财物的支配，建立新的支配关系的过程。实际有两种窃取手段：第一种是秘密窃取；第二种是公开盗窃。窃取行为一般情况下是秘密窃取。第一，此处的"秘密"具有相对性和主观性。即行为人采取自认为不被他人发觉的方法占有他人财物，即使客观上已被他人发觉或者注视，也不影响盗窃行为的性质。第二，该秘密窃取行为针对财物所有人、保管人或者持有人。至于在场的其他人发觉不影响盗窃罪的成立。例如在公交车上一盗贼正在窃取一熟睡乘客的财物，其他车上的人都看到了，也属于窃取行为。盗窃也可以是公开盗窃，即只要以平和而非暴力的手段，违反占有者的意思取得财物的，就是盗窃罪中的窃取，而不以实施隐秘方法为必要条件。

2. 破坏原来占有关系

本罪盗窃对象是他人占有（控制）的财物，包括他人占有（控制）并所有的财物，也包括他人虽未所有但占有的财物。这种占有包括事实上的占有，也包括社会观念上的占有。事实上的占有即物理范围的支配，如别人口袋里面的钱包等。社会观念上的占有主要有以下几种情况：①处于他人事实性支配领域之内的财物，即使他人没有现实的握有或者监视，也属于他人占有，如门前停放的上锁的自行车。②处于他人事实性支配领域之外的财物，但在社会观念上可以推定他人的事实性支配，也可以认定存在占有，如没有锁上的汽车，外面他人饲养的宠物。③他人即便失去对财物占有，但如该财物转移至管理者或者第三人无因保管，则可认为属于管理者或者第三者占有，也存在占有，如旅客遗忘在宾馆内的箱子属于旅馆管理者占有。④死者占有，理论界存在争议，死者占有主要有三种情况：一是行为人以抢劫故意杀害他人以后，当场取得他人财物；二是行为人处于其他目的杀害他人后，产生非法占有他人财产目的的意思，取得死者财物；三是无关第三者从死者身上取得财物。第一种情况认定抢劫罪。争议在后两种情况，存在死者占有肯定说与死者占有否定说，死者占有肯定说认为后两种是盗窃罪；死者占有否定说②认定为侵占罪。

3. 确立新的占有关系

新的占有关系一旦确立，就意味着行为人的不法占有目的业已实现。旧的占有关系虽然被打破，但新的占有关系还没有来得及建立的，行为人构成盗窃罪的未遂；完全没有重新设定占有关系的意思时，不构成盗窃罪。原则上，认定盗窃罪既遂时应考虑行为人是否实际取得财物的控制权，即排除他人的占有而将财物处于自己的事实支配之下就是盗窃罪的既遂。在具体案件中，对于确立新的占有关系应该结合财物的性质、形态、他人占有财物的状态、窃取行为的样态与社会生活的一般见解做个别考察。

---

① 窃取：窃取本意在不同立法例国家地区有不同理解。我国是秘密的取走，但在德国、日本并不严格这么解释，一般只要行为人没有使用暴力、胁迫等手段而取走财物，就认为是窃取，因为德、日等国家刑法没有规定抢夺罪，故将公然抢夺财物的行为也解释为窃取，作为盗窃罪处罚，故有"公开盗窃"之说。

② 张明楷教授赞同死者占有否定说，把死者身边的财物解释为遗忘物，定侵占罪。

本罪的主体为一般主体，即年满16周岁，有辨认和控制能力的自然人。

本罪主观方面只能是故意，首先行为人对被窃取之物为他人所占有或者所有具有认识。其次，行为人对将他人占有之物转变为自己占有有所认识，有所追求，即具有盗窃目的。盗窃目的是以非法占有数额较大财物为目的，即按照经济用途而利用、处分财物的意思。如果没有非法占有的目的，可能构成其他犯罪。非法占有目的，是指排除权利人，将他人财物作为自己的所有物（排除意思），并遵从财物的经济用途，对之进行利用或者处分的目的（利用意思）。非法占有虽然是主观要素，但对于是否非法来说，必须进行客观判断，而不是以行为人内心想法为标准。

释义4.

非法占有目的，在国外刑法理论上存在不同的学说：第一种学说认为，非法占有目的，是指排除权利人，将他人财物作为自己的所有物（排除意思），并遵从财物的经济用途，对之进行利用或者处分的目的（利用意思）。第二种学说认为，非法占有目的，是指将自己作为财物的所有权人进行支配的目的（仅有排除的意思即可）。第三种学说认为，非法占有目的，是指遵从财物的经济用途进行利用的意图（仅有利用意思即可）。

同时，以非法使用为目的，未经所有者或者占有者许可窃取他人财物，用后随意丢弃或者归还时已丧失特定价值的行为，在我国司法实践中也得到了认可，如最高人民法院的司法解释认为，以练习开车、游乐等目的，偷开机动车辆、随意抛弃并造成丢失的，就按盗窃罪处理。

案例6. 甲在某一偏僻处，见一女青年乙走来，于是上前抓住乙用力往旁边树林里拖，欲行强奸，乙奋力反抗，甲用拳猛击乙面部，将其击昏，就地进行强奸。强奸后甲看到乙的手提包甩在不远处，捡起后发现包内有手机一部以及现金等财物，据为己有。问：如何评价甲的行为？

答：对案件处理有两种不同意见：一种意见是定强奸罪和抢劫罪，数罪并罚；一种意见是定强奸罪和盗窃罪。本书赞同后一种意见。

（三）司法认定

1. 盗窃罪罪与非罪的标准

《中华人民共和国刑法修正案（八）》对本罪进行了修正，除了窃取公私财物数额较大这种普通盗窃罪以外，还增加几个无须达到"数额较大"标准即可构成本罪的盗窃行为，分别是入户盗窃、携带凶器盗窃、扒窃等特殊盗窃。

（1）窃取公私财物数额较大。根据《最高人民法院、最高人民检察院关于办理盗窃罪刑事案件适用法律若干问题的解释》（法释〔2013〕8 号，以下简称《盗窃案件解释》）的规定：盗窃公私财物价值一千元至三千元以上、三万元至十万元以上、三十万元至五十万元以上的，应当分别认定为《刑法》第264条规定的"数额较大""数额巨大""数额特别巨大"。盗窃毒品等违禁品，应当按照盗窃罪处理，根据情节轻重量刑。不过"数额较大"是一个相对的概念。注意有经济上的地区差异，省高级人民法院可以确立本地区标准报最高人民法院备案。根据司法解释，盗窃接近数额较大的起点，具有下列情形之一的，可追究刑事责任：①以破坏性手段盗窃造成公私财产损失的；②盗窃残疾人、孤寡老人或者丧失劳动能力的人的财物的；③造成严重后果或者其他恶劣情节的。另外，到达数额较大起点，但情节轻微，并具有下列情形之一的，可不做犯罪处理，如16～18周岁未成年人；全部退赔、退款的；主动投案的；被胁迫参加盗窃活动，无分账的；或分的较少的。

（2）多次盗窃。多次盗窃是指三次以上的盗窃行为。按照《盗窃案件解释》，二年内三次以上的，应当认定为多次盗窃。《刑法》第264条中的多次盗窃是为了扩大盗窃罪的处罚范围。第一，多次盗窃以每次行为符合盗窃行为的特征为前提。第二，在同一时间、同一地点针对同一被害人所实施的盗窃，就是一次盗窃。在同一地点盗窃三位被害人财物的，应认定为多次盗窃。第三，对于"次"，应该根据客观行为认定，而不能根据行为人主观心理状态认定。第四，已经受到刑罚处罚的盗窃罪不能计算在内，但是，仅受到治安处罚的盗窃，仍然可计算在内。第五，多次盗窃不以每次盗窃既遂为前提。

（3）入户盗窃。入户盗窃是指非法进入他人户内盗窃。根据《盗窃案件解释》，非法进入他人家庭生活，与外界相对隔离的住所盗窃的，应当认定为入户盗窃。第一，入户盗窃的"户"与入户抢劫的"户"一样解释。第二，入户盗窃并不是非法侵入住宅罪与盗窃罪的结合犯。第三，入户并不是盗窃行为本身的组成部分，而是限定处罚范围的要素，同时为不法提供根据。

（4）携带凶器盗窃。携带凶器盗窃的"凶器"应限制解释，指能够使人产生畏惧心理，具有一定杀伤力的器具。在何种情形下，可以将具有杀伤力的物品认定为凶器？一般应综合考虑以下因素：第一，物品杀伤机能的高低。某种物品的杀伤机能越高，被认定为凶器的可能越大。第二，物品杀伤他人使用的盖然性程度。第三，根据一般的社会观念，该物品所具有的对生命、身体的危险感的程度。第四，物品携带的可能性大小。根据《盗窃案件解释》规定：携带枪支、爆炸物、管制刀具等国家禁止个人携带的器械盗窃，或者为了实施违法犯罪携带其他足以危害他人人身安全的器械盗窃的，应当认定为"携带凶器盗窃"。携带凶器盗窃，不要求行为人显示、暗示凶器，更不要求行为人对被害人使用凶器。针对被害人使用凶器实施暴力，或者使用凶器胁迫被害人，进而取得财物的，成立抢劫罪。

（5）扒窃。扒窃是指在公共交通工具、车站、码头、民用航空站、商场等公共场所，行为人采取秘密窃取方式，获取他人身上财物的行为。扒窃成立盗窃罪，客观上必须具备以下条件：第一，行为发生在公共场所。第二，所窃取的应是他人随身携带的财物，即他人带在身上或者置于身边附近的财物。第三，所窃取的财物应是值得刑法保护的财物。

2. 盗窃罪的着手和既遂标准

（1）盗窃罪的着手判断。只有当盗窃行为具有使他人丧失财产的紧急危险时，才是盗窃罪的着手。在扒窃时，应以行为人的手或者作案工具接触到被害人实际上装有钱包或者现金的口袋外侧为着手；对于侵入无人看守的仓库或者无人的住户房屋，开始侵入时即为着手；如果建筑里面有人，则从进入建筑、物色财物时为着手。

（2）盗窃罪的既遂标准：对于盗窃罪的既遂标准在理论上有接触说、转移说、隐匿说、失控说、控制说、失控加控制说等不同的学说。通说认为，盗窃罪的既遂标准是失控说①，即作为侵犯财产犯罪的盗窃罪，只要所有权人或者合法的占有人失去了对所占有财物的控制，即造成了财产损失，就认定为盗窃罪的既遂。

根据《盗窃案件解释》，盗窃未遂，具有下列情形之一的，应当依法追究刑事责任：第一，以数额巨大的财物为盗窃目标的；第二，以珍贵文物为盗窃目标的；第三，其他情节严重的情形。盗窃既有既遂，又有未遂，分别达到不同量刑幅度的，依照处罚较重的规定处罚；达到同一量刑幅度的，以盗窃罪既遂处罚。

3. 盗窃罪认定数额的计算

根据《盗窃案件解释》，盗窃的数额，按照下列方法认定：

（1）被盗财物有有效价格证明的，根据有效价格证明认定；无有效价格证明，或者根据价格证明认定盗窃数额明显不合理的，应当按照有关规定委托估价机构估价。

（2）盗窃外币的，按照盗窃时中国外汇交易中心或者中国人民银行授权机构公布的人民币对该货币的中间价折合成人民币计算；中国外汇交易中心或者中国人民银行授权机构未公布汇率中间价的外币，按照盗窃时境内银行人民币对该货币的中间价折算成人民币，或者该货币在境内银行、国际外汇市场对美元汇率，与人民币对美元汇率中间价进行套算。

（3）盗窃电力、燃气、自来水等财物，盗窃数量能够查实的，按照查实的数量计算盗窃数额；盗窃数量无法查实的，以盗窃前六个月月均正常用量减去盗窃后计量仪表显示的月均用量推算盗窃数额；盗窃前正常使用不足六个月的，按照正常使用期间的月均用量减去盗窃后计量仪表显示的月均用量推算盗窃数额。

（4）明知是盗接他人通信线路、复制他人电信码号的电信设备、设施而使用的，按照合法用户为其支付的费用认定盗窃数额；无法直接确认的，以合法用户的电信设备、设施被盗接、复制后的月缴费额减去被盗接、复制前六个月的月均电话费推算盗窃数额；合法用户使用电信设备、设施不足六个月的，按照实际使用的月均电话费推算盗窃数额。

（5）盗接他人通信线路、复制他人电信码号出售的，按照销赃数额认定盗窃数额。盗窃行为给失主造成的损失大于盗窃数额的，损失数额可以作为量刑情节考虑。

（6）盗窃不记名、不挂失的有价支付凭证、有价证券、有价票证的，应当按票面数额和盗窃时应得的孳息、奖金或者奖品等可得收益一并计算盗窃数额。

（7）盗窃记名的有价支付凭证、有价证券、有价票证，已经兑现的，按照兑现部分的财物价值计算盗窃数额；没有兑现，但失主无法通过挂失、补领、补办手续等方式避免损失的，按照给失主造成的实际损失计算盗窃数额。

二、诈骗罪

（一）法条规范

第 266 条　诈骗公私财物，数额较大的，处三年以下有期徒刑、拘役或者管制，并处或者单处罚金；数额巨大或者有其他严重情节的，处三年以上十年以下有期徒刑，并处罚

---

① 张明楷教授认为，只要行为人取得（控制）了财物，就是盗窃罪的既遂，即行为事实上占有财物。

金；数额特别巨大或者有其他特别严重情节的，处十年以上有期徒刑或者无期徒刑，并处罚金或者没收财产。本法另有规定的，依照规定。

（二）犯罪构成

诈骗罪指行为人隐瞒真相、捏造事实，使受骗人基于认识错误而处分了被害人的财物，行为人或者其他人因此获得财物，受骗人处分财物意图达到的目的没有实现的情况。诈骗罪的基本构造是：行为人实施诈骗行为—对方（受骗者）产生错误认识—对方基于错误认识处分财产—行为人或第三人取得财产—被害人遭受财产损害。

诈骗罪保护的法益不限于狭义财物所有权，同样包括狭义财物的占有、所有以及财产性利益。诈骗罪的对象既包括财物，也包括财产利益。

诈骗罪的客观行为方式是欺骗行为，即虚构事实、隐瞒真相。欺骗的方式多种多样，既可以是言语欺骗，也可以是文字、图像欺骗；可以是明示的举动欺骗，也可以是默示的举动欺骗。欺骗行为本身可以是作为，也可以是不作为。但是不作为的诈骗罪成立，要行为人应负有告知某种事实的义务为前提。欺骗行为必须达到足以使对方产生错误认识的程度。诈骗罪的欺骗行为的对方（受骗者）必须是具有处分财产的权限或处于可以处分财产地位的人（不必是财物的所有权人或占有人）。本罪的受骗者只能是自然人。"骗取"幼儿、严重精神病患者财物的，成立盗窃罪。法人可以成为诈骗罪的受害人，但法人本身不可能成为诈骗罪的受骗者。机器不能成为诈骗罪的受骗者，因为"机器不能被骗"。

受骗者必须基于认识错误处分财产。受骗者处分财物时要求受骗者具有处分意识，即认识到自己将某种财物转移给行为人或第三者占有，但不要求对财产的数量、价格等具有完全的认识。第一，在受骗者没有认识到财产的真实价值（价格）但认识到处分了该财产时，应认为具有处分意识。第二，在受骗者没有认识到财产的数量但认识到处分了一定的财产时，也宜认定为具有处分意识。第三，在受骗者没有意识到财产的种类而将财产转移给行为人时，不宜认定具有处分意识。第四，在受骗者没有认识到财产的性质而将财产转移给行为人时，也不宜认定具有处分意识。欺骗行为使对方处分财物后行为人或第三人获得财产。获得财产包括两种情况：一是积极财产的增加，如将被害人的财物转移为行为人或第三者占有，或者获取债权等财产性利益。二是消极财产的减少，如免除对方债务。诈骗罪的结果是使被害人财产遭受财产损失。根据我国刑法规定，诈骗公私财物数额较大的，才构成犯罪。根据《最高人民法院、最高人民检察院关于办理诈骗罪刑事案件具体应用法律若干问题的解释》（法释〔2011〕7号，以下简称《诈骗案件解释》），诈骗公私财物价值三千元至一万元以上、三万元至十万元以上、五十万元以上的，应当分别认定为《刑法》第266条规定的"数额较大""数额巨大""数额特别巨大"。

本罪的主观责任要素为故意，还要求具有非法占有目的，这里的非法占有目的可以按照盗窃罪中的非法占有目的理解和认定。

（三）司法认定

1. 特殊诈骗

（1）三角诈骗。通常的诈骗行为只有行为人与被害人。被害人与被骗人是同一人。如果受害人与受骗人并不是同一人，此时的诈骗罪就称为"三角诈骗"。三角诈骗的受骗人仍然需要是具有处分被害人财产的权限或者处于可以处分被害人财产的地位，否则行为人不能成立诈骗罪，而成立盗窃罪的间接正犯。判断受骗人的处分权限和处分地位，需要考察各种因素：①受骗人是否得到了被害人的概括性授权——授权说。②受骗人是否属于受害人阵营。受骗者属于受害一方的，行为人构成诈骗罪；受骗人属于行为人一方的，行为人成立盗窃罪——阵营说。③受骗人是否是财产的占有者或者辅助占有者。这种权限或者地位不仅包括法律上的权限和地位，还包括事实上的权限和地位——效果说。

（2）诉讼诈骗。诉讼诈骗是一种典型的诈骗行为。诉讼诈骗指行为人以提起民事诉讼为手段，提供虚假的陈述、出示虚假证据，使法院做出有利于自己的判决，从而获得财产的行为。诉讼诈骗存在被害人与被骗人相分离的情形。法官是被骗人，被判败诉不得不支付财产的是被害人。诉讼诈骗是否构成诈骗存在争议，一般认为构成诈骗罪。

在虚假诉讼中，少数情形下行为人并不是为了取得财物的，对其行为应该以虚假诉讼罪论处①。但是，虚假诉讼如果以骗取财物为目的，就涉及诉讼诈骗问题，应以诈骗罪论处。

（3）赌博诈骗。赌博诈骗，是指形似赌博的行为，输赢原本没有偶然性，但行为人伪装具有偶然性，诱使对方参与赌博，从而不法取得对方财物的行为。

2. 此罪与彼罪的区别

（1）诈骗罪与特殊诈骗罪。诈骗罪与其他各种具体特殊诈骗罪（如合同诈骗罪、各种金融诈骗罪）之间形成了法条竞合关系，按照特别法条优于普通法条的原则处理。

（2）诈骗罪与盗窃罪的区别。第一，受骗人的资格。诈骗罪中必须有合适的受骗人，欺骗行为的受骗人必须是具有处分财产权限的人。所以，欺骗幼儿、精神病患者（没有处分财产权限）或者机器（不可能存在错误认识）的，不能成立诈骗罪而成立盗窃罪。例如用一根冰棒换取一个小女孩价值15万的金项链的行为，定盗窃罪。第二，交付的意思。欺骗行为使受骗人陷入认识错误后处分财产。如果受骗人不是因为受骗而产生认识错误而处分财产，行为人的行为就不成立诈骗罪。处分财产指将被害人的财产转移为行为人或者第三者占有（取得）。处分财产表现为直接交付、免除债务、设立债权等。处分分为现实上的所有权转移和占有权的完全转移。受骗人处分财产时必须有处分意识，即认识到自己已将某种财产转移给行为人或第三者占有，但是不要求对于财物的价值和数量有完全的认识。

（3）诈骗罪和敲诈勒索罪的区别。第一，行为人仅实施欺骗行为，被害人陷入认识错误并产生恐惧心理而处分财产的，应认定为诈骗罪。如乙与丙因某事发生口角，甲得知此事后找到乙，谎称自己受丙托带口信给乙，如果乙不拿出2000元给丙，丙将派人打乙。乙害怕被打，就托甲将2000元带给丙。甲将钱占为己有。由于甲谎称是丙要打乙，而不是自己打乙，这是一种欺骗而非恐吓，成立诈骗罪。第二，行为人仅实施胁迫行为，被害人虽陷入一定错误认识，但完全或者主要基于恐惧心理处分财产的，应认定为敲诈勒索罪。如甲对乙说，如果不给钱，就让他黑社会大哥教训他，但甲并没有黑社会大哥。此案中，被害人虽然陷入错误认识，但甲的欺骗行为——有黑社会大哥并非乙交付财物的原因，而是甲会让人教训这种恐吓行为导致财物交付，因此，属于敲诈勒索罪。第三，行为同时具有诈骗与恐吓性质，对方也同时陷入认识错误与恐惧心理，这属于诈骗罪与敲诈勒索罪的想象竞合犯，应从一重罪论处。

---

① 《中华人民共和国刑法修正案（九）》第35条增设虚假诉讼罪。

第四节　侵占型、挪用型和毁坏型财产犯罪

典型案例

【基本案情】

李某侵占案

王某打电话找李某说有事商量，李某让王某到自己所租住的住所中。当晚王某携带一个黑色皮箱来到李某家里。二人喝完酒后，王某拿出黑色皮箱中的10万元现金，提出让李某帮忙购买毒品，并承诺事成之后以1万元酬谢李某。李某表示可以帮助王某。王某将10万元留给李某。李某得钱后，就联络朋友打探消息，结果得知近期公安机关正在开展严打行动，很难得到毒品。李某遂转念退掉所租赁房屋，携款潜逃。

【法律问题】如何评价李某的行为？

【案例解析】本案存在争议，由于侵占罪一般观点认为是要合法持有，如果是非法持有状态，则不存在侵占罪的前提。但是本书认为，侵占罪中的占有不以合法占有为必要。无论是否以合法手段获取对他人财物的支配，都应视为行为人对财物的占有状态。故本案构成侵占罪。

规范释义

一、侵占罪

(一)法条规范

第270条　将代为保管的他人财物非法占为己有，数额较大，拒不退还的，处二年以下有期徒刑、拘役或者罚金；数额巨大或者有其他严重情节的，处二年以上五年以下有期徒刑，并处罚金。

将他人的遗忘物或者埋藏物非法占为己有，数额较大，拒不交出的，依照前款的规定处罚。

本条罪，告诉的才处理。

(二)犯罪构成

侵占罪，是指将代为保管的他人财物非法占为己有，数额较大，拒不退还的，或者将他人的遗忘物或者埋藏物非法占为己有，数额较大，拒不交出的行为。

本罪保护的客体是财物的所有权，脱离物的侵占的保护法益是财物所有权；保管物侵占的保护法益是委托关系。侵占罪是将占有的他人财物非法转变为所有或者将脱离他人占有的财物非法转变为所有的行为，故侵占罪保护的法益不包括占有。侵占的对象主要有：

第一，保管物，即事实上或者法律上对他人财物具有支配力；第二，遗忘物，遗忘物包含遗失物；第三，埋藏物。埋藏物是埋藏于地下或者藏于他物之中的财物。埋藏物必须是他人所有（包括国家、单位所有）的财物，且应该是所有人明确的财物。在不属于国家所有又所有人不明情况下，根据存疑有利被告原则，不认定为侵占罪。

本罪的客观行为方式是侵占。侵占罪分为两种：一种是保管物侵占；一种是脱离物的侵占。

1. 保管物侵占

（1）行为主体必须是代为保管他人财物的人或者说是他人财物的占有者。

（2）行为对象是自己代为保管的他人财物。保管物侵占对象是自己代为保管的他人财物。他人财物包括自然人所有的财物也包括单位所有的财物。对自己所有的财物不可能成立侵占罪。无论事实上的支配还是法律上的支配占有，均要求财物所有人与行为人之间存在委托关系这一前提。这里占有包括事实上的占有或者法律上的占有。事实上的占有只要行为人对财物具有事实上的支配即可，不要求物理上的控制。法律上的占有，是指行为人虽然没有事实上占有财物，但在法律上对财物具有支配力。

基于不法原因而委托给付的财物，能否成为本罪的对象？刑法理论上存在争议。例如甲欲向国家工作人员行贿，而将财物委托给乙转交，但乙将该财物据为己有，乙的行为是否构成侵占罪？对此问题存在以下学说：①肯定说认为，虽然甲在民法上没有返还请求权，但并没有因此丧失财物的所有权，相对于乙而言，该财物仍然属于"自己占有的他人财物"；刑法与民法的目的不同，即使上述委托关系在民法上不受保护，也不影响侵占罪的成立。②否定说认为，甲对该财物没有权利请求返还，故可以认为该财物所有权已经不属于甲，因此，乙没有将财物据为己有；甲的委托与乙的收受之间，并不存在一种法律上的委托信任关系。③折中说主张分清不法原因给付与不法原因委托，将不法原因给付物据为己有，不成立犯罪；将不法原因委托物据为己有的，则成立侵占罪。本书赞同否定说。

（3）行为内容为侵占。关于侵占行为的性质，刑法理论存在争议：第一种学说是越权行为说，侵占是指破坏委托信任关系，对委托物实施超越权限的行为。第二种学说是取得行为说，侵占是指将占有变为不法所有的一种取得行为。我国刑法要求"非法占为己有""拒不退还"，所以，采取取得行为说。

2. 脱离物的侵占

脱离物的侵占对象是他人的遗忘物或者埋藏物。遗忘物与遗失物存在区别：第一，前者一经回忆一般都能知道财物所在的位置，也比较容易找回；后者一般不知道失落何处，也不易找回。第二，前者一般尚未完全脱离物主的控制范围；而后者则完全脱离了物主的控制。第三，前者一般脱离物主的时间短；后者一般脱离物主的时间长。所以，有学者认为侵占遗失物的行为不构成侵占罪。但本书认为，不应该区分遗忘物与遗失物，刑法上的遗忘物也应该包含在遗失物之中，侵占两者都构成本罪。埋藏物，是指埋藏于地下或者藏于他物之中的财物。埋藏物必须是他人所有（包括国家、单位所有）的财物，而且是所有权人明确的财物。

脱离物的侵占要求行为人明知是他人的遗忘物或者埋藏物而不法据为己有。"非法占为己有"与"拒不退还"的关系：拒不退还只是非法占为己有的证明要件，并非实体条件，不能理解为非法占为己有后还必须经他人请求拒不退还才构成犯罪。

（三）司法认定

盗窃罪和侵占罪的本质区别是判断作为犯罪对象的财物是否脱离占有以及由谁占有，行为人不可能盗窃自己事实上占有的财物，对自己事实上已经占有的财物只能成立侵占罪。占有是指事实上的支配（与非法占有目的中的占有不是等同概念），不仅包括物理支配范围内的支配，而且包括社会观念上可以推知财物的支配人的状态。具体来说：

（1）利用住宅、机动车等对财物进行的支配。例如，他人住宅内、车内的财物，即使他人完全忘记其存在，也属于他人占有的财物。再如，游人向公园水池内投掷的硬币，属于公园管理者占有的财物。又如，即使房屋主人出差后，由他人看守房屋，但房屋内的财物仍然由房屋主人占有，而非由看守人占有，看守人充其量是占有辅助者。

（2）生活习惯上的支配。虽然财物处于他人事实支配领域之外，但存在可以推知由他人事实上支配的状态时，也属于他人占有的财物。例如，他人门前停放的自行车，即使没有上锁，也应认为由他人占有。再如，排在他人门卜、窗户的任何财物，都由他人占有。又如，在马路上停放的车辆由车主或停车人占有。

（3）对动物的占有取决于动物的习性。主人饲养的、具有回到原处能力或习性的宠物，不管其处于何处，都应认定为饲主占有。

（4）占有发生转移时，原占有者须丧失占有。例如，旅馆房间里的睡衣、拖鞋等，由旅馆主人占有；即使行为人将睡衣穿在身上，该睡衣也由旅馆主人占有，而不是由行为人占有。同样，商店里的衣服，顾客在试穿时，也由店主或店员占有，而不是由顾客占有。又如，乙提着自己的包去甲家做客时，应当认定该包由乙占有，而不是甲占有。房主甲将房屋租给乙居住，但约定乙不得转移、使用衣柜里的财物的，应认为衣柜里的财物属于房主甲占有，而非乙占有。

（5）共同管理财物的情况下，刑法上的占有通常属于上位者。即使下位者事实上握有财物，或者事实上支配财物，也只不过是单纯的监视者或者占有辅助者。因此，下位者基于不法所有的目的取走财物的，成立盗窃罪。但是，如果上位者与下位者具有高度的信赖关系，下位者被授予某种程度的处分权时，就应承认下位者的占有，下位者任意处分财物，就不构成盗窃罪，而构成侵占罪或者职务侵占罪。

二、职务侵占罪

（一）法条规范

第271条 公司、企业或者其他单位的人员，利用职务上的便利，将本单位财物非法占为己有，数额较大的，处五年以下有期徒刑或者拘役；数额巨大的，处五年以上有期徒刑，可以并处没收财产。

国有公司、企业或者其他国有单位中从事公务的人员和国有公司、企业或者其他国有单位委派到非国有公司、企业以及其他单位从事公务的人员有前款行为的，依照本法第382条、第383条的规定定罪处罚。

（二）犯罪构成

本罪的客观方面是利用职务上的便利，侵占本单位财物。利用职务上的便利是利用自己主管、经手、负责单位财物的管理权限。从客观后果来看，单位财物必须是有损失。本罪的成罪要求数额较大，根据司法解释，数额较大以 5000 元到 1 万元为起点。本罪的犯罪主体是公司、企业或者其他单位的人员。

（三）司法认定

（1）根据《刑法》183 条规定：保险公司的工作人员利用职务上的便利，故意编造未曾发生的保险事故进行虚假理赔，骗取保险金归自己所有的，依照本法第 271 条的规定定罪处罚。国有保险公司工作人员和国有保险公司委派到非国有保险公司从事公务的人员有前款行为的，依照本法第 382 条、第 383 条的规定定罪处罚。

（2）村民小组组长利用职务上的便利将村民小组集体财产非法占为己有，数额较大的，定本罪。村民委员会等基层组织人员，利用职务便利侵吞集体财产的，以职务侵占罪论处；但如果协助人民政府从事行政管理工作时，利用职务上便利侵占公共财物的，成立贪污罪。

（3）在国有资本控股、参股的股份有限公司中从事管理工作的人员，除受国家机关、共有公司、企业、事业单位委派从事公务的以外，不属于国家工作人员，对其利用职务之便，将本单位的财物非法据为己有，数额较大的，应以职务侵占罪论处。

三、故意毁坏财物罪

（一）法条规范

第 275 条　故意毁坏公私财物，数额较大或者有其他严重情节的，处三年以下有期徒刑、拘役或者罚金；数额巨大或者有其他特别严重情节的，处三年以上七年以下有期徒刑。

（二）犯罪构成

本罪侵犯的客体是公私财物的所有权。故意毁坏财物罪犯罪对象可以是各种形式的公私财物，包括生产资料、生活资料，动产、不动产等。但是，如果行为人所故意毁坏的是刑法另有规定的某些特定财物，危害其他客体要件的，应按刑法有关规定处理。例如，破坏交通工具、交通设备、易燃易爆设备、广播电视、电信设施等危害公共安全的，按刑法分则第二章有关罪名论处。

本罪在客观方面表现为毁灭或者损坏公私财物数额较大或者有其他严重情节的行为。故意毁坏财物罪中的毁灭，是指用焚烧、摔砸等方法使物品全部丧失其价值或使用价值；损坏，是指使物品部分丧失其价值或使用价值。毁坏公私财物的方法有多种多样。但是，如果行为人使用放火、决水、投毒、爆炸等危险方法破坏公私财物，危害公共安全的，应当以危害公共安全罪中的有关犯罪论处。

故意毁坏公私财物行为，必须达到数额较大或有其他严重情节的才构成犯罪。所谓情节严重，是指毁坏重要物品损失严重的，毁坏手段特别恶劣的；毁坏急需物品引起严重后果的；动机卑鄙企图嫁祸于人的，等等。故意毁坏公私财物，情节较轻的，是一般违反治安管理行为，应按照《中华人民共和国治安管理处罚法》第 49 条规定处罚。

本罪的犯罪主体是一般主体。已满 16 岁的人犯本罪，应当负刑事责任。本罪在主观方面表现为故意。犯罪目的不是非法获取财物而是将财物毁坏。

释义 5.

　　关于故意毁损财物行为的理解有以下几种学说：（1）效用侵害说。该说认为毁损是指损害财物的效用的所有行为。这是从广义上理解毁损概念的主张，在日本处于通说地位。根据此说，不仅直接造成财物全部或者部分毁坏，导致其丧失效用的情形构成对财物的"毁损"，而且财物的外形并未毁坏，只是其效用受损者，也应视为"毁损"。（2）有形侵害说。其认为毁损是指对财物施加有形的作用力，从而使财物的无形价值、效用受损，或者损害物体的完整性的情形。明显没有施加有形力的场合，故意毁坏财物罪不可能成立。（3）物质毁损说。其认为毁损是指对财物的整体或者部分造成物质的破坏或者损坏，从而使此种财物完全不能或部分不能按其本来的用法使用。按照此说，毁损的实质不在于是否对财物施加了有形的作用力，也不在于是否损坏财物的效用，而在于其所采用的手段是否导致财物遭受物质的破坏或损坏，并且使之不能或者很难恢复原状，因而不能按其本来的用法使用。

四、其他罪名

　　第 272 条　【挪用资金罪；挪用公款罪】公司、企业或者其他单位的工作人员，利用职务上的便利，挪用本单位资金归个人使用或者借贷给他人，数额较大、超过三个月未还的，或者虽未超过三个月，但数额较大、进行营利活动的，或者进行非法活动的，处三年以下有期徒刑或者拘役；挪用本单位资金数额巨大的，或者数额较大不退还的，处三年以上十年以下有期徒刑。

　　国有公司、企业或者其他国有单位中从事公务的人员和国有公司、企业或者其他国有单位委派到非国有公司、企业以及其他单位从事公务的人员有前款行为的，依照本法第三百八十四条的规定定罪处罚。

　　第 273 条　【挪用特定款物罪】挪用用于救灾、抢险、防汛、优抚、扶贫、移民、救济款物，情节严重，致使国家和人民群众利益遭受重大损害的，对直接责任人员，处三年以下有期徒刑或者拘役；情节特别严重的，处三年以上七年以下有期徒刑。

　　第 276 条　【破坏生产经营罪】由于泄愤报复或者其他个人目的，毁坏机器设备、残害耕畜或者以其他方法破坏生产经营的，处三年以下有期徒刑、拘役或者管制；情节严重的，处三年以上七年以下有期徒刑。

　　第 276 条之一①　【拒不支付劳动报酬罪】以转移财产、逃匿等方法逃避支付劳动者的劳动报酬或者有能力支付而不支付劳动者的劳动报酬，数额较大，经政府有关部门责令支付仍不支付的，处三年以下有期徒刑或者拘役，并处或者单处罚金；造成严重后果的，处三年以上七年以下有期徒刑，并处罚金。

　　单位犯前款罪的，对单位判处罚金，并对其直接负责的主管人员和其他直接责任人员，依照前款的规定处罚。

---

①　本条为《中华人民共和国刑法修正案（八）》第 41 条所增设。

有前两款行为,尚未造成严重后果,在提起公诉前支付劳动者的劳动报酬,并依法承担相应赔偿责任的,可以减轻或者免除处罚。

◖ **能力应用** ◗━━━━

1.(多选题)根据犯罪构成理论,并结合刑法分则的规定,下列哪些说法是正确的?( )

A.甲某晚潜入胡某家中盗窃贵重物品时,被主人发现。甲夺门而逃,胡某也没有再追赶。甲就躲在胡某家墙根处的草垛里睡了一晚,第二天早上村民高某路过时,发现甲行踪诡秘,就对其进行盘问。甲以为高某发现了自己昨晚的盗窃行为,就对高某进行打击,致其重伤。甲构成盗窃罪、故意伤害罪,应数罪并罚

B.乙在大街上见赵某一边行走一边打手机,即起歹意,从背后用力将其手机抢走。但因用力过猛,致使赵某绊倒摔成重伤。乙同时构成抢夺罪、过失致人重伤罪,但不应数罪并罚

C.丙深夜入室盗窃,被主人李某发现后追赶。当丙跨上李某家院墙,正准备往外跳时,李某抓住丙的脚,试图拉住他。但丙顺势踹了李某一脚,然后逃离现场。丙构成抢劫罪

D.丁骑摩托车在大街上见妇女田某提着一个精致皮包在行走,即起歹意,从背后用力拉皮包带,试图将皮包抢走。田某顿时警觉,拽住皮包带不放。丁见此情景,突然对摩托车加速,并用力猛拉皮包带,田某当即被摔成重伤。丁构成抢劫罪而不构成抢夺罪

2.(多选题)关于侵占罪的认定(不考虑数额),下列哪些选项是错误的?( )

A.甲将他人停放在车棚内未上锁的自行车骑走卖掉。甲的行为构成侵占罪

B.乙下车取自己行李时将后备厢内乘客遗忘的行李箱一并拿走变卖。乙的行为构成侵占罪

C.丙在某大学食堂将学生用于占座的手机拿走卖掉。丙的行为成立侵占罪

D.丁受托为外出邻居看房,将邻居锁在柜里的手提电脑拿走变卖。丁的行为成立侵占罪

【参考答案】

1. ABD

2. ABCD

第七章　妨害社会管理秩序罪

> **知识结构**

$$
妨害社会管理秩序罪
\begin{cases}
犯罪客体：社会管理秩序 \\
犯罪客观方面：违反国家秩序管理法律，妨害国家对社会的管理活动， \\
\qquad\qquad\quad 破坏社会秩序 \\
犯罪主体：一般主体，自然人，少数可以由单位构成 \\
犯罪主观方面：故意，少数犯罪可以由过失构成
\end{cases}
$$

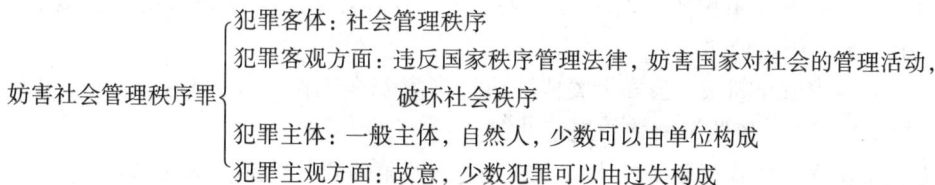

第一节　扰乱公共秩序罪

> **典型案例**

【基本案情】

张某妨害公务案[①]

2018 年 4 月 7 日，某公安局刑警大队民警陆某、王某等五人到某村依法拘留涉嫌盗窃罪的张某。当公安局的警车刚刚开到张某家门口时，张某的父亲张大某纠集本村的村民卢某、刘某等二十余人阻止民警抓捕张某，而且将公安局的警车砸坏，其中有几位村民手持棍棒、铁锹等农具将民警王某打成重伤，张某趁乱逃跑。经法医鉴定，民警王某的伤情为重伤。

【法律问题】如何评价张大某的行为？

【案例解析】本案存在定性争议：第一种意见认为张某的父亲张大某纠集本村村民二十余人对依法执行公务的民警实施暴力行为，意图帮助自己的儿子逃避处罚，并且造成严

---

① 韩玉胜.刑法各论案例分析［M］.北京：中国人民大学出版社，2014：320.

重的后果，对张大某应该以煽动暴力抗拒法律实施罪定罪处罚；第二种意见认为张大某构成妨害公务罪。本书赞同第二种意见。

（ 规范释义 ）

一、妨害公务罪

（一）法条规范

第 277 条① 以暴力、威胁方法阻碍国家机关工作人员依法执行职务的，处三年以下有期徒刑、拘役、管制或者罚金。

以暴力、威胁方法阻碍全国人民代表大会和地方各级人民代表大会代表依法执行代表职务的，依照前款的规定处罚。

在自然灾害和突发事件中，以暴力、威胁方法阻碍红十字会工作人员依法履行职责的，依照第一款的规定处罚。

故意阻碍国家安全机关、公安机关依法执行国家安全工作任务，未使用暴力、威胁方法，造成严重后果的，依照第一款的规定处罚。

暴力袭击正在依法执行职务的人民警察的，依照第一款的规定从重处罚。

（二）犯罪构成

本罪的犯罪客体是国家机关工作人员执行职务的活动。职务活动必须具有合法性，妨害非法性的职务活动，不构成此罪。合法性是指实质上的合法与形式合法。符合以下条件才能认为是依法执行公务：第一，行为属于公家机关工作人员抽象的职务权限或一般的职务权限；第二，具有实施该行为的具体职务权限；第三，职务行为必须符合法律上的重要条件、方式与程序。本罪的行为对象是国家机关工作人员，国家机关工作人员不包含国家的事业单位的工作人员，但包括依法执行行政职务的事业编制人员。例如，司法资格考试是由当地司法局来组织，司法局的官员属于国家机关工作人员，但他们并不监考，而是委托中学老师来监考，虽然中学老师是事业单位人员，但这个时候其依法履行行政职务。所以考生在司法资格考试考场上以暴力或胁迫方式威胁监考老师的，可以按照妨害公务罪论处。妨害公务罪不包含居住在中国的外国公务员、部队中从事公务的人员。

> **释义 1.**
>
> 我国的国家机关包括立法、行政、司法、政协、党的机关和军事机关，本罪的行为对象只包含前五个机关的工作人员，不包含军事机关、部队中从事公务的人员。如果阻碍军人执行职务的，就构成阻碍军人执行职务罪。

本罪的客观构成、行为方式有四种：①以暴力、胁迫方法阻碍国家机关工作人员依法执行职务。②以暴力、胁迫方法阻碍全国人民代表大会和地方各级人民代表依法执行代表

---

① 本条第五款为《中华人民共和国刑法修正案（九）》第 21 条所增设。

职务。③在自然灾害和突发事件中，以暴力、威胁方法阻碍红十字会工作人员依法履行职责。④故意阻碍国家安全机关、公安机关依法执行国家安全工作任务，未使用暴力、威胁方法，造成严重后果的。如果使用了暴力、胁迫阻碍国家安全机关、公安机关依法执行国家安全工作任务，没有造成严重后果的，可构成第一类妨害公务罪。

本罪的主观方面是故意，明知是国家机关工作人员正在依法行使职权而故意阻碍。如果行为人误以为国家机关工作人员的合法执行职务行为是非法的，而使用暴力、胁迫的方法阻碍的，属于事实认识错误，缺乏妨害公务的故意，不构成犯罪。

（三）司法认定

妨害公务罪的罪数问题。妨害公务的行为，如果成为其他犯罪的手段或者结果，成立牵连犯，原则上应从一重罪论处。刑法有特别规定的，按照特别规定处理。在刑法和司法解释中，下列属于有明文规定的情况：

（1）妨害公务罪与走私罪，生产销售伪劣商品的犯罪，以及非法猎捕、杀害珍贵、濒危野生动物罪实行数罪并罚；

（2）在走私、贩卖、运输、制造毒品罪，组织他人偷越国边境罪，运送他人偷越国边境罪过程中妨害公务的，妨害公务行为成为上述犯罪的加重处罚的条件。

二、招摇撞骗罪

（一）法条规范

第 279 条　冒充国家机关工作人员招摇撞骗的，处三年以下有期徒刑、拘役、管制或者剥夺政治权利；情节严重的，处三年以上十年以下有期徒刑。

冒充人民警察招摇撞骗的，依照前款的规定从重处罚。

（二）犯罪构成

招摇撞骗罪，是指为了谋取非法利益，冒充国家机关工作人员进行招摇撞骗的行为。本罪的客体是国家机关的威信及其正常活动。本罪的客观方面表现为实施冒充国家机关工作人员进行招摇撞骗的行为，包括三种情况：一是非国家机关工作人员冒充国家机关工作人员；二是此种国家机关工作人员冒充他种国家机关工作人员；三是职务低的国家机关工作人员冒充职务高的国家机关工作人员。招摇撞骗，是指以国家机关工作人员的名义到处炫耀，取得信任，进行诈骗。

本罪的主观方面是故意，其目的在于非法获取各种利益，包括物质性和非物质性利益。因此冒充国家机关工作人员身份骗取数额较大财物时，以本罪和诈骗罪择一重罪处罚。一般认为是法条竞合。

（三）司法认定

（1）虽然冒充国家机关工作人员招摇撞骗，但取得利益与招摇撞骗行为之间没有因果关系的，只构成本罪的未遂。已经实施招摇撞骗行为，但被害人不是基于被骗，而是因为怜悯而提供利益的，也构成本罪的未遂。

（2）冒充国家司法、行政执法工作人员在走私、赌博、生产伪劣商品的违法犯罪现场，勒令他人交付财物的，构成本罪。如果冒充行为被识破后或者完全不接受后，使用暴力取得财物的，构成抢劫罪，应与招摇撞骗罪并罚。

三、伪造、变造、买卖国家机关公文、证件、印章罪

(一)法条规范

第 280 条第一款①伪造、变造、买卖或者盗窃、抢夺、毁灭国家机关的公文、证件、印章的,处三年以下有期徒刑、拘役、管制或者剥夺政治权利,并处罚金;情节严重的,处三年以上十年以下有期徒刑,并处罚金。

(二)犯罪构成

本罪保护的客体是国家机关公文、证件、印章的公共信用。行为对象是公文、证件和印章。公文,是指以国家机关名义制作的用以指示工作、处理问题或者联系公务的各种书面文件,如命令、决定、判决书。公文必须具有表达意识或观念的内容。如果仅仅伪造的是公文格式、排头、结尾,不构成相应的犯罪。证件,是指国家机关制作、颁发的用以证明身份、权利义务关系或者有关事实的凭证,如法官证、警官证、户口本、营业执照。印章,是刻有国家机关组织名称的公章或者某种特殊用途的专用章,包括印形与印影。

本罪的行为方式包括伪造、变造、买卖。伪造,是指没有制作权限的人,冒用国家机关的名义制作虚假的公文、证件、印章。伪造包括有形伪造和无形伪造。前者是没有制作权限人冒用国家机关的名义制作公文、证件、印章;后者是有制作权限的人擅自以国家机关的名义制作虚假的公文、证件、印章。伪造可以是真实的印章,也可以是虚假的印章,如伪造中国内务部的章,也属于伪造。

(三)司法认定

(1)伪造、变造、买卖公文、证件、印章后,又利用该公文、证件、印章实施其他犯罪的,从一重罪论处。

(2)共同对合与片面对合问题:伪造、变造、买卖国家机关公文、证件、印章罪是共同对合犯,购买者和出售者都构成犯罪,罪名也相同。但伪造公司、企业、事业单位、人民团体印章罪,伪造、变造居民身份证罪是片面对合犯。

(3)伪造、变造、买卖国家机关公文、证件、印章罪的犯罪对象是公文、证件、印章;而伪造公司、企业、事业单位、人民团体印章罪,伪造、变造居民身份证罪的犯罪对象仅是印章。

(4)伪造高等院校印章做学位、学历证明的行为,以伪造事业单位印章罪定罪处罚。

四、聚众斗殴罪

(一)法条规范

第 292 条 聚众斗殴的,对首要分子和其他积极参加的,处三年以下有期徒刑、拘役或者管制;有下列情形之一的,对首要分子和其他积极参加的,处三年以上十年以下有期徒刑:

(1)多次聚众斗殴的;

(2)聚众斗殴人数多,规模大,社会影响恶劣的;

(3)在公共场所或者交通要道聚众斗殴,造成社会秩序严重混乱的;

---

① 本款为《中华人民共和国刑法修正案(九)》第 22 条所修改。

(4)持械聚众斗殴的。

聚众斗殴，致人重伤、死亡的，依照本法第234条、第232的规定定罪处罚。

(二)犯罪构成

本罪的客观方面表现为聚集多人斗殴的行为。本罪为必要共犯，一方面是聚众，即必须在3人以上，虽然要求多人参与，但不要求斗殴的各方都必须在3人以上。聚众斗殴可以分解为"聚众斗"与"聚众殴"。聚众斗殴一般有首要分子，但不要求双方都要有首要分子。要联系本罪的法益认定犯罪，对于没有扰乱公共秩序的聚众斗殴行为，不宜认定为犯罪。本罪不仅仅处罚首要分子，而且处罚其他的积极参加者。

(三)司法认定

根据刑法规定，聚众斗殴致人重伤、死亡的，以故意伤害罪、故意杀人罪定罪处罚。本条规定属于法律拟制。聚众斗殴致人轻伤或者造成他人财产损失，同时触犯故意伤害罪与故意毁损财物罪的，属于想象竞合犯，从一重罪处罚。

五、寻衅滋事罪

(一)法条规范

第293条[①]　有下列寻衅滋事行为之一，破坏社会秩序的，处五年以下有期徒刑、拘役或者管制：

(1)随意殴打他人，情节恶劣的；

(2)追逐、拦截、辱骂、恐吓他人，情节恶劣的；

(3)强拿硬要或者任意损毁、占用公私财物，情节严重的；

(4)在公共场所起哄闹事，造成公共场所秩序严重混乱的。

纠集他人多次实施前款行为，严重破坏社会秩序的，处五年以上十年以下有期徒刑，可以并处罚金。

(二)犯罪构成

刑法规定寻衅滋事罪，旨在保护公共秩序或社会秩序。[②] 寻衅滋事罪的具体类型包括：①随意殴打他人，情节恶劣；②追逐、拦截、辱骂、恐吓他人，情节恶劣的；③强拿硬要或者任意损毁、占用公私财物，情节严重的；④在公共场所起哄闹事，造成公共场所秩序严重混乱的。本罪的主观方面是故意，一般学说认为本罪还要求行为人出于寻求精神刺激、填补精神上空虚、发泄不良情绪等流氓动机。本书观点认为上述动机不影响本罪的故意。

(三)司法认定

(1)随意殴打他人致人轻伤的行为，既符合故意伤害罪的犯罪构成，也符合寻衅滋事罪的犯罪构成。对此，按想象竞合犯从一重罪处罚即可。

(2)在公众场所追逐、拦截妇女的，不管出于什么动机，都应当认定为本罪，而不认定为强制侮辱罪。

---

① 本条为《中华人民共和国刑法修正案(八)》第24条所修改。

② 公共秩序或社会秩序十分抽象，保护法益抽象化，必然导致对构成要件的解释缺乏实质的限制，从而丧失应有的机能。应该联系法条规定的具体类型确定本罪的保护法益。

（3）强拿硬要数额较大财物的行为，完全可能既符合敲诈勒索罪的犯罪构成，也符合寻衅滋事罪的犯罪构成。对此，应从一重罪处罚。如果行为人以聚众方式强拿硬要、任意占用他人财物的，完全可能同时符合寻衅滋事罪与聚众哄抢罪的犯罪构成，以想象竞合犯从一重罪处罚。

（4）寻衅滋事致人死亡的，可能同时触犯故意杀人罪或者过失致人死亡罪，也应从一重罪处罚。

六、组织、领导、参加黑社会性质组织罪

（一）法条规范

第 294 条第一款①　组织、领导黑社会性质的组织的，处七年以上有期徒刑，并处没收财产；积极参加的，处三年以上七年以下有期徒刑，可以并处罚金或者没收财产；其他参加的，处三年以下有期徒刑、拘役、管制或者剥夺政治权利，可以并处罚金。

第四款　犯前三款罪又有其他犯罪行为的，依照数罪并罚的规定处罚。

第五款黑社会性质的组织应当同时具备以下特征：

（1）形成较稳定的犯罪组织，人数较多，有明确的组织者、领导者，骨干成员基本固定；

（2）有组织地通过违法犯罪活动或者其他手段获取经济利益，具有一定的经济实力，以支持该组织的活动；

（3）以暴力、威胁或者其他手段，有组织地多次进行违法犯罪活动，为非作恶，欺压、残害群众；

（4）通过实施违法犯罪活动，或者利用国家工作人员的包庇或者纵容，称霸一方，在一定区域或者行业内，形成非法控制或者重大影响，严重破坏经济、社会生活秩序。

（二）犯罪构成

黑社会性质组织认定，根据全国人民代表大会常务委员会的立法解释，有关黑社会性质的组织的界定有四个标准：①组织性：形成较稳定的犯罪组织，人数较多，有明确的组织者、领导者，骨干成员基本固定；②经济性：有组织地通过违法犯罪活动或者其他手段获取经济利益，具有一定的经济实力，以支持该组织的活动；③犯罪性：以暴力、威胁或者其他手段，有组织地多次进行违法犯罪活动，为非作恶，欺压、残害群众；④控制性或保护伞性：通过实施违法犯罪活动，或者利用国家工作人员的包庇或者纵容，称霸一方，在一定区域或者行业内，形成非法控制或者重大影响，严重破坏经济、社会生活秩序。

本罪的客观方面表现为组织、领导、参加黑社会性质组织进行违法活动的行为。这是一种典型的有组织犯罪，具有组织机构的层次性、组织机构的协调性、组织指令的规范性和组织成员的稳定性。② 本罪并不针对黑社会性质组织具体实施犯罪行为，只处罚组织、领导、参加黑社会性质组织的行为。本罪的主观方面是故意，即明知是黑社会性质组织而故意组织、领导、参加。

---

① 本款为《中华人民共和国刑法修正案（八）》第43条所修改。

② 周光权.刑法各论［M］.北京：中国人民大学出版社，2016：367.

（三）司法认定

组织、领导、参加黑社会性质组织，又利用黑社会性质组织实施其他犯罪的，应当数罪并罚。

七、赌博罪

（一）法条

第 303 条第一款① 以营利为目的，聚众赌博或者以赌博为业的，处三年以下有期徒刑、拘役或者管制，并处罚金。

（二）犯罪构成

赌博罪，是指以营利为目的，聚众赌博或者以赌博为业的行为。该罪侵犯的客体是社会风尚和社会管理秩序。赌博是就偶然的输赢以财物进行赌事与博戏的行为。聚众赌博，是指以公开或秘密的方式为赌博活动提供场所、赌具，组织、招引他人参加赌博。赌博者自己不参赌，但从中渔利的，也成立本罪。以赌博为业，是指以赌博行为所获收入作为主要收入来源，不包括在赌场从事接待等服务业务。赌博罪主观方面是故意，并且必须有营利的目的，不以营利为目的的赌博不构成犯罪，至于是否实际取得利益，在所不问。

（三）司法认定

（1）本罪成罪标准。根据《最高人民法院、最高人民检察院关于办理赌博刑事案件具体应用法律若干问题的解释》（法释〔2005〕3 号，以下简称《赌博刑案解释》）第一条规定：以营利为目的，有下列情形之一的，属于《刑法》第 303 条规定的"聚众赌博"：①组织 3 人以上赌博，抽头渔利数额累计达到 5000 元以上的；②组织 3 人以上赌博，赌资数额累计达到 5 万元以上的；③组织 3 人以上赌博，参赌人数累计达到 20 人以上的；④组织中华人民共和国公民 10 人以上赴境外赌博，从中收取回扣、介绍费的。

（2）根据《赌博刑案解释》第二条规定：以营利为目的，在计算机网络上建立赌博网站，或者为赌博网站担任代理，接受投注的，属于《刑法》第 303 条规定的"开设赌场"。

（3）根据《赌博刑案解释》第三条规定：中华人民共和国公民在我国领域外周边地区聚众赌博、开设赌场，以吸引中华人民共和国公民为主要客源，构成赌博罪的，可以依照刑法规定追究刑事责任。

（4）根据《赌博刑案解释》第四条规定：明知他人实施赌博犯罪活动，而为其提供资金、计算机网络、通讯、费用结算等直接帮助的，以赌博罪的共犯论处。

八、其他罪名

第 278 条 【煽动暴力抗拒法律实施罪】煽动群众暴力抗拒国家法律、行政法规实施的，处三年以下有期徒刑、拘役、管制或者剥夺政治权利；造成严重后果的，处三年以上七年以下有期徒刑。

第 280 条② 【盗窃、抢夺、毁灭国家机关公文、证件、印章罪】伪造、变造、买卖或者盗窃、抢夺、毁灭国家机关的公文、证件、印章的，处三年以下有期徒刑、拘役、管制或者

---

① 本条为《中华人民共和国刑法修正案（六）》第 18 条所修改。
② 本款为《中华人民共和国刑法修正案（九）》第 22 条所修改。

剥夺政治权利,并处罚金;情节严重的,处三年以上十年以下有期徒刑,并处罚金。

【伪造公司、企业、事业单位、人民团体印章罪】伪造公司、企业、事业单位、人民团体的印章的,处三年以下有期徒刑、拘役、管制或者剥夺政治权利,并处罚金。

【伪造、变造、买卖身份证件罪】伪造、变造、买卖居民身份证、护照、社会保障卡、驾驶证等依法可以用于证明身份的证件的,处三年以下有期徒刑、拘役、管制或者剥夺政治权利,并处罚金;情节严重的,处三年以上七年以下有期徒刑,并处罚金。

第280条之一① 【使用虚假身份证件、盗用身份证件罪】在依照国家规定应当提供身份证明的活动中,使用伪造、变造的或者盗用他人的居民身份证、护照、社会保障卡、驾驶证等依法可以用于证明身份的证件,情节严重的,处拘役或者管制,并处或者单处罚金。

有前款行为,同时构成其他犯罪的,依照处罚较重的规定定罪处罚。

第281条 【非法生产、买卖警用装备罪】非法生产、买卖人民警察制式服装、车辆号牌等专用标志、警械,情节严重的,处三年以下有期徒刑、拘役或者管制,并处或者单处罚金。

单位犯前款罪的,对单位判处罚金,并对其直接负责的主管人员和其他直接责任人员,依照前款的规定处罚。

第282条第一款 【非法获取国家秘密罪】以窃取、刺探、收买方法,非法获取国家秘密的,处三年以下有期徒刑、拘役、管制或者剥夺政治权利;情节严重的,处三年以上七年以下有期徒刑。

第二款 【非法持有国家绝密、机密文件、资料、物品罪】非法持有属于国家绝密、机密的文件、资料或者其他物品,拒不说明来源与用途的,处三年以下有期徒刑、拘役或者管制。

第283条② 【非法生产、销售专用间谍器材、窃听、窃照专用器材罪】非法生产、销售专用间谍器材或者窃听、窃照专用器材的,处三年以下有期徒刑、拘役或者管制,并处或者单处罚金;情节严重的,处三年以上七年以下有期徒刑,并处罚金。

单位犯前款罪的,对单位判处罚金,并对其直接负责的主管人员和其他直接责任人员,依照前款的规定处罚。

第284条 【非法使用窃听、窃照专用器材罪】非法使用窃听、窃照专用器材,造成严重后果的,处二年以下有期徒刑、拘役或者管制。

第284条之一③ 【组织考试作弊罪】在法律规定的国家考试中,组织作弊的,处三年以下有期徒刑或者拘役,并处或者单处罚金;情节严重的,处三年以上七年以下有期徒刑,并处罚金。

为他人实施前款犯罪提供作弊器材或者其他帮助的,依照前款的规定处罚。

第284条之一 【非法出售、提供试题答案罪】为实施考试作弊行为,向他人非法出售或者提供第一款规定的考试的试题、答案的,依照第一款的规定处罚。

第284条之一 【代替考试罪】代替他人或者让他人代替自己参加第一款规定的考试

---

① 本条为《中华人民共和国刑法修正案(九)》第23条所增设。
② 本条为《中华人民共和国刑法修正案(九)》第24条所修改。
③ 本条为《中华人民共和国刑法修正案(九)》第25条所增设。

的，处拘役或者管制，并处或者单处罚金。

第285条① 【非法侵入计算机信息系统罪】违反国家规定，侵入国家事务、国防建设、尖端科学技术领域的计算机信息系统的，处三年以下有期徒刑或者拘役。

【非法获取计算机信息系统数据罪，非法控制计算机信息系统罪】违反国家规定，侵入前款规定以外的计算机信息系统或者采用其他技术手段，获取该计算机信息系统中存储、处理或者传输的数据，或者对该计算机信息系统实施非法控制，情节严重的，处三年以下有期徒刑或者拘役，并处或者单处罚金；情节特别严重的，处三年以上七年以下有期徒刑，并处罚金。

【提供侵入、非法控制计算机信息系统程序、工具罪】提供专门用于侵入、非法控制计算机信息系统的程序、工具，或者明知他人实施侵入、非法控制计算机信息系统的违法犯罪行为而为其提供程序、工具，情节严重的，依照前款的规定处罚。

单位犯前三款罪的，对单位判处罚金，并对其直接负责的主管人员和其他直接责任人员，依照各该款的规定进行处罚。

第286条 【破坏计算机信息系统罪】违反国家规定，对计算机信息系统功能进行删除、修改、增加、干扰，造成计算机信息系统不能正常运行，后果严重的，处五年以下有期徒刑或者拘役；后果特别严重的，处五年以上有期徒刑。

违反国家规定，对计算机信息系统中存储、处理或者传输的数据和应用程序进行删除、修改、增加的操作，后果严重的，依照前款的规定处罚。

故意制作、传播计算机病毒等破坏性程序，影响计算机系统正常运行，后果严重的，依照第一款的规定处罚。

单位犯前三款罪的，对单位判处罚金，并对其直接负责的主管人员和其他直接责任人员，依照第一款的规定处罚。

第286条之一② 【拒不履行信息网络安全管理义务罪】网络服务提供者不履行法律、行政法规规定的信息网络安全管理义务，经监管部门责令采取改正措施而拒不改正，有下列情形之一的，处三年以下有期徒刑、拘役或者管制，并处或者单处罚金：

（1）致使违法信息大量传播的；

（2）致使用户信息泄露，造成严重后果的；

（3）致使刑事案件证据灭失，情节严重的；

（4）有其他严重情节的。

单位犯前款罪的，对单位判处罚金，并对其直接负责的主管人员和其他直接责任人员，依照前款的规定处罚。

有前两款行为，同时构成其他犯罪的，依照处罚较重的规定定罪处罚。

第287条 【利用计算机实施犯罪的提示性规定】利用计算机实施金融诈骗、盗窃、贪污、挪用公款、窃取国家秘密或者其他犯罪的，依照本法有关规定定罪处罚。

---

① 本条第二、三款为《中华人民共和国刑法修正案（七）》第9条所增设；第四款为《中华人民共和国刑法修正案（九）》第26条所增设。

② 本条为《中华人民共和国刑法修正案（九）》第29条所增设。

第287条之一① 【非法利用信息网络罪】利用信息网络实施下列行为之一，情节严重的，处三年以下有期徒刑或者拘役，并处或者单处罚金：

（1）设立用于实施诈骗、传授犯罪方法、制作或者销售违禁物品、管制物品等违法犯罪活动的网站、通讯群组的；

（2）发布有关制作或者销售毒品、枪支、淫秽物品等违禁物品、管制物品或者其他违法犯罪信息的；

（3）为实施诈骗等违法犯罪活动发布信息的。

单位犯前款罪的，对单位判处罚金，并对其直接负责的主管人员和其他直接责任人员，依照第一款的规定处罚。

有前两款行为，同时构成其他犯罪的，依照处罚较重的规定定罪处罚。

第287条之二② 【帮助信息网络犯罪活动罪】明知他人利用信息网络实施犯罪，为其犯罪提供互联网接入、服务器托管、网络存储、通讯传输等技术支持，或者提供广告推广、支付结算等帮助，情节严重的，处三年以下有期徒刑或者拘役，并处或者单处罚金。

单位犯前款罪的，对单位判处罚金，并对其直接负责的主管人员和其他直接责任人员，依照第一款的规定处罚。

有前两款行为，同时构成其他犯罪的，依照处罚较重的规定定罪处罚。

第288条③ 【扰乱无线电管理秩序罪】违反国家规定，擅自设置、使用无线电台（站），或者擅自使用无线电频率，干扰无线电通讯秩序，情节严重的，处三年以下有期徒刑、拘役或者管制，并处或者单处罚金；情节特别严重的，处三年以上七年以下有期徒刑，并处罚金。

单位犯前款罪的，对单位判处罚金，并对其直接负责的主管人员和其他直接责任人员，依照前款的规定处罚。

第289条 【对聚众"打砸抢"行为的处理规定】聚众"打砸抢"，致人伤残、死亡的，依照本法第234条、第232条的规定定罪处罚。毁坏或者抢走公私财物的，除判令退赔外，对首要分子，依照本法第263条的规定定罪处罚。

第290条④ 【聚众扰乱社会秩序罪】聚众扰乱社会秩序，情节严重，致使工作、生产、营业和教学、科研、医疗无法进行，造成严重损失的，对首要分子，处三年以上七年以下有期徒刑；对其他积极参加的，处三年以下有期徒刑、拘役、管制或者剥夺政治权利。

【聚众冲击国家机关罪】聚众冲击国家机关，致使国家机关工作无法进行，造成严重损失的，对首要分子，处五年以上十年以下有期徒刑；对其他积极参加的，处五年以下有期徒刑、拘役、管制或者剥夺政治权利。

【扰乱国家机关工作秩序罪】多次扰乱国家机关工作秩序，经行政处罚后仍不改正，造成严重后果的，处三年以下有期徒刑、拘役或者管制。

【组织、资助非法聚集罪】多次组织、资助他人非法聚集，扰乱社会秩序，情节严重

---

① 本条为《中华人民共和国刑法修正案（九）》第29条所增设。

② 本条为《中华人民共和国刑法修正案（九）》第29条所增设。

③ 本条为《中华人民共和国刑法修正案（九）》第30条所修改。

④ 本条第一款为《中华人民共和国刑法修正案（九）》第31条所修改；第三、四款为《中华人民共和国刑法修正案（九）》第31条所增设。

的，依照前款的规定处罚。

第 291 条　【聚众扰乱公共场所秩序、交通秩序罪】聚众扰乱车站、码头、民用航空站、商场、公园、影剧院、展览会、运动场或者其他公共场所秩序，聚众堵塞交通或者破坏交通秩序，抗拒、阻碍国家治安管理工作人员依法执行职务，情节严重的，对首要分子，处五年以下有期徒刑、拘役或者管制。

第 291 条之一第一款　【投放虚假危险物质罪；编造、故意传播虚假恐怖信息罪】投放虚假的爆炸性、毒害性、放射性、传染病病原体等物质，或者编造爆炸威胁、生化威胁、放射威胁等恐怖信息，或者明知是编造的恐怖信息而故意传播，严重扰乱社会秩序的，处五年以下有期徒刑、拘役或者管制；造成严重后果的，处五年以上有期徒刑。

第二款　【编造、故意传播虚假信息罪】编造虚假的险情、疫情、灾情、警情，在信息网络或者其他媒体上传播，或者明知是上述虚假信息，故意在信息网络或者其他媒体上传播，严重扰乱社会秩序的，处三年以下有期徒刑、拘役或者管制；造成严重后果的，处三年以上七年以下有期徒刑。

第 294 条第二款　【入境发展黑社会组织罪】境外的黑社会组织的人员到中华人民共和国境内发展组织成员的，处三年以上十年以下有期徒刑。

第三款【包庇、纵容黑社会性质组织罪】国家机关工作人员包庇黑社会性质的组织，或者纵容黑社会性质的组织进行违法犯罪活动的，处五年以下有期徒刑；情节严重的，处五年以上有期徒刑。

第四款犯前三款罪又有其他犯罪行为的，依照数罪并罚的规定处罚。

第 295 条①　【传授犯罪方法罪】传授犯罪方法的，处五年以下有期徒刑、拘役或者管制；情节严重的，处五年以上十年以下有期徒刑；情节特别严重的，处十年以上有期徒刑或者无期徒刑。

第 296 条　【非法集会、游行示威罪】举行集会、游行、示威，未依照法律规定申请或者申请未获许可，或者未按照主管机关许可的起止时间、地点、路线进行，又拒不服从解散命令，严重破坏社会秩序的，对集会、游行、示威的负责人和直接责任人员，处五年以下有期徒刑、拘役、管制或者剥夺政治权利。

第 297 条　【非法携带武器、管制刀具、爆炸物参加集会、游行、示威罪】违反法律规定，携带武器、管制刀具或者爆炸物参加集会、游行、示威的，处三年以下有期徒刑、拘役、管制或者剥夺政治权利。

第 298 条　【破坏集会、游行、示威罪】扰乱、冲击或者以其他方法破坏依法举行的集会、游行、示威，造成公共秩序混乱的，处五年以下有期徒刑、拘役、管制或者剥夺政治权利。

第 299 条　【侮辱国旗、国徽罪】在公众场合故意以焚烧、毁损、涂划、玷污、践踏等方式侮辱中华人民共和国国旗、国徽的，处三年以下有期徒刑、拘役、管制或者剥夺政治权利。

在公共场合，故意篡改中华人民共和国国歌歌词、曲谱，以歪曲、贬损方式奏唱国歌，或者以其他方式侮辱国歌，情节严重的，依照前款的规定处罚。

---

① 本条为《中华人民共和国刑法修正案(八)》第44条所修改。

第300条① 【组织、利用会道门、邪教组织、利用迷信破坏法律实施罪】组织、利用会道门、邪教组织或者利用迷信破坏国家法律、行政法规实施的，处三年以上七年以下有期徒刑，并处罚金；情节特别严重的，处七年以上有期徒刑或者无期徒刑，并处罚金或者没收财产；情节较轻的，处三年以下有期徒刑、拘役、管制或者剥夺政治权利，并处或者单处罚金。

【组织、利用会道门、邪教组织、利用迷信致人重伤、死亡罪】组织、利用会道门、邪教组织或者利用迷信蒙骗他人，致人重伤、死亡的，依照前款的规定处罚。

犯第一款罪又有奸淫妇女、诈骗财物等犯罪行为的，依照数罪并罚的规定处罚。

第301条 【聚众淫乱罪】聚众进行淫乱活动的，对首要分子或者多次参加的，处五年以下有期徒刑、拘役或者管制。

【引诱未成年人聚众淫乱罪】引诱未成年人参加聚众淫乱活动的，依照前款的规定从重处罚。

第302条② 【盗窃、侮辱、故意毁坏尸体、尸骨、骨灰罪】盗窃、侮辱、故意毁坏尸体、尸骨、骨灰的，处三年以下有期徒刑、拘役或者管制。

第303条第二款 【开设赌场罪】设赌场的，处三年以下有期徒刑、拘役或者管制，并处罚金；情节严重的，处三年以上十年以下有期徒刑，并处罚金。

第304条 【故意延误投递邮件罪】邮政工作人员严重不负责任，故意延误投递邮件，致使公共财产、国家和人民利益遭受重大损失的，处二年以下有期徒刑或者拘役。

第二节 妨害司法罪

〔 **典型案例** 〕━━━━━━━

【基本案情】

张某辩护人妨害作证案③

被告人张某担任陈某的一审辩护人。陈某被指控盗窃5次，盗窃财物价值人民币1万余元，其中1998年12月30日晚盗窃涉案价值3000余元。张在会见陈时，陈称1998年12月30日晚，自己与李某一起打牌，未参与盗窃。张通过陈的姐姐陈某某将李某叫到陈家中，告知李某如能作证可以减轻陈的罪责。接着以只要回答"是"或"不是"的形式，对李某进行诱导式询问，并制作一份调查材料，故意将调查人写成"张某、何某两人"，调查地点写成"李某家"。后陈在庭审中翻供，辩称自己1998年12月30日当晚与李某在一起打牌，

---

① 本条为《中华人民共和国刑法修正案(九)》第33条所修改。
② 本条为《中华人民共和国刑法修正案(九)》第34条所修改。
③ 最高人民法院.刑事审判参考(第12辑)[M].北京：法律出版社，2001.

未作案，导致休庭。此后，张及其同事徐某再次会见陈，并将李某的证词内容告诉了陈。该案继续开庭时，陈根据被告人张告知的李某证言继续坚持翻供。一审判决未采纳李某的证言，陈上诉，二审期间，因张制作的李某的证词，使审判活动不能正常进行。

柯城区法院认为：张为使陈的盗窃数额从巨大降为较大，减轻陈的罪责，采用诱导设问的方式，引诱证人李某作伪证，其行为妨害了刑事诉讼的正常进行，构成辩护人妨害作证罪，依据《刑法》第306条第一款的规定，判决张犯辩护人妨害作证罪，判处有期徒刑1年。张提出上诉。衢州市中级人民法院认为：原审判决据以认定被告人张某对证人李某进行调查时诱导李某作伪证这一事实的证据，只有李某的证言，缺乏当时其他在场人的佐证。被告人张某归案后及在一、二审期间又均予以了否认，故认定该事实的证据不足。凭现有证据和已得到证明的事实，难以认定被告人张某主观上有妨害作证的直接故意。原判认定事实证据不足，判决上诉人张某无罪。

【法律问题】张某的行为应如何认定？

【案例解析】关于本案，《刑事审判参考》提供的裁判理由如下：

辩护人妨害作证罪是1997年刑法增设的罪名。根据《刑法》第306条第一款的规定，辩护人妨害作证罪，是指辩护人在刑事诉讼中威胁、引诱证人违背事实改变证言或者作伪证的行为。根据《中华人民共和国刑事诉讼法》第37条规定，辩护人的责任是根据事实和法律，提出犯罪嫌疑人、被告人无罪，罪轻或者减轻、免除其刑事责任的材料和意见，维护犯罪嫌疑人、被告人的合法权益。因此，仅凭辩护人调查取证的积极态度和某些取证行为来推断辩护人的主观故意，容易得出片面的结论。

针对上述特点，在审判实践中，应注意严格区别与把握辩护人依法履行法定职责与妨害作证行为的界限。虽然豁免辩护人履行职责中一切不当行为的法律责任是不适当的，但不恰当地扩大辩护人应负法律责任的范围，势必会限制甚至变相剥夺辩护人行使辩护权利，从而妨害律师履行职务，影响刑事诉讼任务与目的的实现。《刑法》第306条第二款规定，辩护人提供、出示、引用的证人证言或者其他证据失实，不是有意伪造的，不属于伪造证据。其中，"有意"应理解为仅限于直接故意，即辩护人明知自己的妨害作证行为会妨害刑事诉讼的正常进行，而积极追求这种结果的发生。认定辩护人是否具有妨害作证的主观上的直接故意，应注意：一是要结合个案的外部条件和辩护人的职责义务，判断辩护人是否存在"明知"的充分条件。本案中，被告人张某将其制作的关于李某的调查笔录提交法庭，客观上妨害了陈某盗窃案的正常审判活动，但是，只有认定张某主观上具有妨害作证的直接故意时，才能追究其刑事责任。为此，必须证明张某明知陈某就其第三次盗窃所作的翻供陈述是虚假的，且明知1998年12月30日晚陈某、李某并不在一起打扑克牌。但从本案现有证据看，没有证据表明陈某翻供时有充分条件可以使张某断定该翻供陈述是违背事实的，同样，被告人张某向证人李某取证时，亦无充足证据证明张某明知李某所作的是虚假证言。二是要从辩护人的客观行为入手，分析其是否具有明知。从客观行为上看，被告人张某向陈某某、李某介绍陈某盗窃案的情况及说明李某作证的重要性并非违法，即使不当，也不能由此认定系张某故意劝诱李某作伪证。被告人张某将调查地点、调查人故意作了与实际情况不符的记载，亦不足以成为张某引诱李某作伪证的证据。被告人张某在会见陈某时将李某的证言告诉陈，虽不能排除张某有串供的动机，但不能由此反推出张某此前及在调查李某时就已明知李某所作的是虚假证言。因此，从主客、观两方面分析，凭现有证据认定被告人张某具有妨害作证的直接故意，证据是不充分的。现有证据也不能排除李某所作证言与事实不符是由于被告人张某调查取证方式不当所致，或者是由于证人记忆模糊而对证言内容真实性采取放任态度所致。综上，根据现有证据和已查明的事实，难以认定被告人张某具有妨害作证的直接故意，为此，衢州市中级人民法院采纳一审辩护人的辩护意见，以认定的事实证据不足、适用法律不当为由，撤销原判，宣告被告人张某无罪。

(规范释义)

一、伪证罪

（一）法条规范

第 305 条　在刑事诉讼中，证人、鉴定人、记录人、翻译人对与案件有重要关系的情节，故意作虚假证明、鉴定、记录、翻译，意图陷害他人或者隐匿罪证的，处三年以下有期徒刑或者拘役；情节严重的，处三年以上七年以下有期徒刑。

（二）犯罪构成

本罪的客观方面表现为在刑事诉讼中，对与案件有重要关系的情节，故意作虚假证明、鉴定、记录、翻译。行为人必须有积极提供虚假证明、鉴定、记录、翻译的行为，才能构成本罪。"虚假"一般包括两种情况：一是捏造或者夸大事实以陷人入罪；二是掩盖或者缩小事实以开脱罪责。伪证的行为方式没有限制，如在口头陈述中作虚假陈述，在文字鉴定中作虚假的鉴定，不记录或者擅自增添重要事实，在笔译或者口译中作虚假翻译等。但是单纯的保持沉默而不陈述的行为，不成立伪证罪。

> **释义 2.**
>
> 　关于证人作虚假证明中的"虚假"的含义[1]，国外刑法理论有不同学说。①主观说认为：证人应当原封不动地陈述自己的记忆与实际体验，对证人证言的真实性、可靠性的判断则是法官的任务。因此，按照自己的记忆与实际体验陈述的，即使与客观事实不符合，也不是虚假；反之，不按照自己的记忆与实际体验陈述的，即使与客观事实相符合，也是虚假的。②客观说认为：只有陈述的内容与客观事实不相符合的，才是虚假的。③折中说认为，违反自己体验的陈述，在行为（作证）时能评价为违反了客观事实时，才成立伪证罪。现行通说为主观说。

　"案件有重要关系的情节，故意作虚假证明、鉴定、记录、翻译"，这里的案件仅仅限于刑事案件。本罪必须在刑事诉讼中才成立。一般是在立案侦查后、审判终结前的过程中作伪证。

---

[1]　张明楷.刑法学（下）[M].北京：法律出版社，2016：1082.

本罪的犯罪主体是特殊主体，只能是证人、鉴定人、记录人、翻译人。本罪的主观方面为故意，要求有陷害他人或者隐匿罪证的意图，且行为人对于证明、鉴定、记录、翻译的虚假性是明知的。

(三)司法认定

(1)伪证罪的既遂标准。伪证罪的既遂标准取决于如何认识伪证罪的保护法益。倘若认为本罪的保护法益是刑事诉讼过程的纯洁性，则本罪是实害犯；若认为本罪的保护法益是刑事诉讼的客观公正，则本罪是抽象危险犯。本书赞同后一种观点。一个证人就同一事实在两次讯问程序中作相反的证明的，必然有一次构成伪证罪。

(2)虽然刑事诉讼法规定凡是知道案件情况的人都有作证的义务，但如果知道案件情况但拒不作证的，即使具有隐匿罪证的意图，也不能认定为伪证罪。因为不作证不等于作虚假证明。

(3)犯罪嫌疑人、被告人作虚假陈述的，因为缺乏期待可能性，没有被刑法规定为本罪的主体。问题是如果犯罪嫌疑人、被告人教唆证人等为自己作伪证的，是否成立伪证罪的教唆犯？本属持否定说。由于犯罪嫌疑人、被告人自己作虚假陈述的行为并不成立伪证罪，而教唆是比实行更轻的参与形式，故教唆他人为自己作伪证的，不应该以伪证罪的教唆犯论处。

(4)诬告陷害导致他人被立案侦查，然后在刑事诉讼中故意作虚假证明，意图陷害他人的，虽然出于一个意图，但由于实施了两个行为，具有数个故意，且侵害不同的法益，应当实行数罪并罚。

二、辩护人、诉讼代理人毁灭证据、伪造证据、妨害作证罪

(一)法条规范

第306条　在刑事诉讼中，辩护人、诉讼代理人毁灭、伪造证据，帮助当事人毁灭、伪造证据，威胁、引诱证人违背事实改变证言或者作伪证的，处三年以下有期徒刑或者拘役；情节严重的，处三年以上七年以下有期徒刑。

辩护人、诉讼代理人提供、出示、引用的证人证言或者其他证据失实，不是有意伪造的，不属于伪造证据。

(二)犯罪构成

本罪的客观方面表现为在刑事诉讼中，辩护人、诉讼代理人毁灭、伪造证据，帮助当事人毁灭、伪造证据，威胁、引诱证人违背事实改变证言或者作伪证的行为。本罪的行为方式有三种：一是毁灭、伪造证据；二是帮助当事人毁灭、伪造证据；三是威胁、引诱证人违背事实改变证言或者作伪证。

本罪为身份犯，行为主体仅仅限于辩护人、诉讼代理人。显然，并不是说"律师"实施本罪的行为均构成犯罪，而是说，只有当律师等人在担任刑事案件的辩护人、诉讼代理人的过程中，利用其辩护或者代理业务实施本罪行为的，才能以本罪论处。本罪的主观责任形式为故意。

三、妨害作证罪

(一)法条规范

第 307 条第一款　以暴力、威胁、贿买等方法阻止证人作证或者指使他人作伪证的，处三年以下有期徒刑或者拘役；情节严重的，处三年以上七年以下有期徒刑。

第三款　司法工作人员犯前两款罪的，从重处罚。

(二)犯罪构成

妨害作证罪的客体是司法活动的客观公正性。本罪客观方面指以暴力、威胁、贿买等方法阻止证人作证或者指使他人作伪证的行为。第一，证人，不应限于狭义的证人，而应包括被害人、鉴定人、翻译人(限于对证人证言、被害人陈述的翻译)。从用语本来含义讲，"证人"概念原本可以包括狭义的证人、被害人、鉴定人、翻译人，将上述人员称作证人，不会侵犯国民的预测可能性。从实质意义而言，行为人以暴力威胁、贿买等方法阻止被害人、鉴定人、翻译人与行为人以暴力威胁、贿买等方法阻止狭义证人作证，对于司法活动客观公正性的妨碍，没有实质区别。同理，指使他人作伪证罪中的"他人"，同样不限于狭义的证人，同样包括被害人、鉴定人、翻译人。第二，阻止证人作证，指阻止广义的证人就其所了解的案件情况向司法机关做出口头或者书面陈述。本罪发生的时间没有限制，即可以发生在终审判决前，也可以发生在终审判决后。本罪的主观责任形式是故意，行为人的动机不影响本罪的成立。

(三)司法认定

(1)妨害作证罪的既遂问题。妨害作证罪虽然是危险犯，但是并非只要行为人以暴力、威胁、贿买等方法阻止证人作证或指使他人作伪证就构成本罪的既遂。本书观点认为，行为人以暴力、威胁、贿买等方法阻止证人作证或指使他人作伪证，但证人依然作证或者他人未作伪证的，应该认定为本罪的未遂，只有客观上阻止了证人作证或者使他人作出伪证，才成立本罪的既遂。

(2)在刑事诉讼中，辩护人、诉讼代理人威胁、引诱证人作伪证的，成立《刑法》第 306 条规定的辩护人、诉讼代理人妨害作证罪。证人因辩护人、诉讼代理人的威胁、引诱而作伪证的，成立伪证罪；证人与辩护人诉讼代理人就伪证罪成立共犯，对共同造成结果承担责任。

行为人以暴力、威胁、贿买等方法阻止刑事诉讼中作为司法工作人员的勘验人、检查人依法进行勘验、检查的，也符合本罪的构成要件(可能同时触犯其他犯罪)。行为人以暴力、威胁方法阻止司法工作人员进行勘验、检查的，是本罪与妨害公务罪的想象竞合。行为人以贿买方法阻止司法工作人员进行勘验、检查的，成立行贿罪与本罪的想象竞合；司法工作人员接受贿赂的，成立受贿罪；如果司法工作人员同时触犯《刑法》第 399 条第一款、第 2 款，则根据刑法规定从一重罪处罚。如果行为人以暴力、威胁、贿赂等方法阻止司法工作人员从事勘验、检查，司法工作人员因徇私而不从事勘验、检查，导致有罪证据流失的，符合徇私枉法罪的犯罪构成的，对司法工作人员应以徇私枉法罪论处，如果阻止者符合徇私枉法罪的教唆犯成立条件的，应以徇私枉法罪的教唆犯论处。行为人指使作为司法工作人员的勘验人、检查人作虚假勘验、检查，后者接受指使作虚假勘验、检查，触犯徇私枉法罪的，行为人是妨害作证罪的正犯与徇私枉法罪的教唆犯的想象竞合，应从一重罪处罚。

四、帮助毁灭、伪造证据罪

(一)法条规范

第 307 条第二款　帮助当事人毁灭、伪造证据，情节严重的，处三年以下有期徒刑或者拘役。

第三款　司法工作人员犯前两款罪的，从重处罚。

(二)犯罪构成

本罪是指帮助诉讼活动的当事人毁灭、伪造证据，情节严重的行为。

> **释义3.**
>
> 隐灭证据的犯罪曾经是作为共犯处理的。在中世纪的德国，将这种行为作为正犯的加重行为而与正犯科处同一期罚，加罗林纳刑法典与普鲁士普通邦法，通常也是将这种行为作为共犯的一种进行处罚的，即使在 19 世纪，也有不少学者认为这种行为是事后从犯。大陆法系国家刑法现在一般将它作为独立的犯罪处理，不再认为是共犯的一种。①

本罪客观要件的内容为帮助诉讼活动的当事人毁灭、伪造证据。毁灭、伪造的是他人作为当事人的案件的证据，即行为人所毁灭、伪造的必须是案件的证据。毁灭、伪造自己是当事人的案件的证据的，因为缺乏期待可能性，而没有被刑法规定为犯罪，在此意义上说，该构成要件要素是客观的责任要素。当事人毁灭、伪造证据，包括刑事诉讼与其他诉讼当事人的证据。本案中的"证据"应做扩大解释，包括证据与证据资料。行为人毁灭证据，不限于从物理上使证据消灭，而是包括妨碍证据显现，使证据的证明价值减少、消失的一切行为。伪造证据，一般是指制造出不真实的证据。本罪的主观责任形式是故意。

(三)司法认定

(1)本罪的既遂形态。本罪属于危险犯，不要求产生已经妨害司法活动的客观公正性的侵害结果，只要求具有妨害司法活动的客观公正性的现实危险。从理论上说，本罪也可能存在未遂形态。但是，由于本罪以情节严重为前提，如果行为人已经着手实施帮助毁灭、伪造证据的行为，但意志以外的原因未能毁灭、伪造证据的，很难认定为情节严重。

(2)在刑事诉讼中，辩护人、诉讼代理人指使他人帮助当事人毁灭、伪造证据的，或者与他人共同帮助当事人毁灭、伪造证据的，辩护人、诉讼代理人成立《刑法》第306条规定的辩护人、诉讼代理人毁灭、伪造证据罪，他人成立帮助毁灭、伪造证据罪。

(3)本罪以下情况因为缺乏期待可能性而不构成证据犯罪：

①行为人作为刑事案件被告人，为自己的犯罪事实毁灭、伪造证据、作伪证或者要求他人为自己作伪证的，由于不能期待其作出不利于自己的行为，多属于缺乏期待可能性的情况，不单独构成证据犯罪。

---

① 张明楷.刑法学(下)[M].北京：法律出版社，2016：1087.

②诉讼中的当事人为自己的利益妨害作证或自己毁灭、伪造证据的，也属于缺乏期待可能性的情况，不单独构成证据犯罪。

③共犯人阻止同案犯作证或者指使同案犯作假证的（即同案犯的串供行为），也属于缺乏期待可能性的情况，不单独构成证据犯罪。

（四）总结

证据性犯罪之间的区别如表 7 – 1 所示。

表 7 – 1　证据性犯罪之间的区别

罪名	时空条件	主体	行为方式
伪证罪	刑事诉讼	证人（包含被害人）、鉴定人、记录人、翻译人	作虚假证明、鉴定、记录、翻译
辩护人、诉讼代理人毁灭证据、伪造证据、妨害作证罪	刑事诉讼	辩护人、诉讼代理人（不限于律师）	①毁灭、伪造证据；②帮助当事人毁灭、伪造证据；③威胁、引诱证人违背事实改变证言作伪证
妨害作证罪	各类诉讼中或诉讼前	一般主体	阻止证人作证或者指使他人作伪证
帮助毁灭、伪造证据罪	各类诉讼中或诉讼前	一般主体	帮助（唆使）当事人毁灭、伪造证据

五、虚假诉讼罪

（一）法条规范

第 307 条之一① 　以捏造的事实提起民事诉讼，妨害司法秩序或者严重侵害他人合法权益的，处三年以下有期徒刑、拘役或者管制，并处或者单处罚金；情节严重的，处三年以上七年以下有期徒刑，并处罚金。

单位犯前款罪的，对单位判处罚金，并对其直接负责的主管人员和其他直接责任人员，依照前款的规定处罚。

有第一款行为，非法占有他人财产或者逃避合法债务，又构成其他犯罪的，依照处罚较重的规定定罪从重处罚。

司法工作人员利用职权，与他人共同实施前三款行为的，从重处罚；同时构成其他犯罪的，依照处罚较重的规定定罪从重处罚。

（二）犯罪构成

本罪保护的法益是司法秩序。本罪的客观方面表现为捏造的事实提起民事诉讼，实施犯罪行为的人，通常是一方当事人，但也存在原、被告双方勾结，共同伪造证据欺骗法院，损害第三人利益的情形。本罪行为只能发生在民事诉讼中。在刑事诉讼中实施类似行为

---

① 　本条为《中华人民共和国刑法修正案（九）》第 35 条所增设。

的，可能构成诬告陷害罪等犯罪。在行政诉讼中以捏造的事实提起诉讼，妨碍司法的，由人民法院根据诉讼规则对当事人进行处罚，不构成本罪。本罪的典型形式是以提起民事诉讼为手段，提供虚假的陈述、出示虚假的证据，使法院作出有利于自己的判决，从而获得他人的财物。本罪的主观方面是故意，行为人对于事实和证据属于捏造有认识，对行为可能妨害司法秩序、侵害他人利益持希望或者放任的心态。

（三）司法认定

（1）行为人通过伪造证据等方法提起民事诉讼欺骗法官、导致法官作出错误判决，使得他人交付财物或处分财产、行为人非法占有他人财产或逃避合法债务的，应以诈骗罪论处。这是典型的三角诈骗。

（2）国家工作人员利用职务上的便利，通过虚假民事诉讼非法占有公共财物的，应该以贪污罪论处。

六、窝藏、包庇罪

（一）法条规范

第310条 明知是犯罪的人而为其提供隐藏处所、财物，帮助其逃匿或者作假证明包庇的，处三年以下有期徒刑、拘役或者管制；情节严重的，处三年以上十年以下有期徒刑。

犯前款罪，事前通谋的，以共同犯罪论处。

（二）犯罪构成

本罪的保护法益国家的刑事司法作用，即行为因对犯罪者提供庇护，对发挥司法作用有实际的阻碍。本罪的行为对象是"犯罪的人"，既包括实际犯罪的人，也包括被司法机关作为犯罪嫌疑人、被告人而追究的人。但是根据《刑法》第362条的特别规定，也有对非犯罪对象构成本罪的情况：如果旅馆业、饮食服务业、出租汽车业等单位的人员，在公安机关查处卖淫嫖娼活动时，为卖淫嫖娼人员通风报信、情节严重的行为，依法也以本罪论处。本罪的行为内容为窝藏和包庇。为犯罪人化装、为他指路、为他提供住所或者提供财产都属于窝藏。此处的帮助不是共犯意义上的帮助，即使犯罪人没有打算逃匿，但行为人将犯罪人灌醉后送往外地的，也属于"帮助其逃匿"。包庇只有一种情况，就是作假证明，掩盖罪证，包括冒充犯罪的人。

（三）司法认定

1. 本罪存在特殊包庇情形

旅馆业、饮食服务业、文化娱乐业、出租汽车业等单位的人员，在公安机关查处卖淫嫖娼活动时，为违法犯罪分子通风报信，情节严重的，按包庇罪定罪处罚。

2. 法条竞合

一些包庇犯罪行为被单独规定为独立的犯罪。本罪与包庇毒品犯罪分子罪（《刑法》第349条），包庇、纵容黑社会性质组织罪（《刑法》第294条），帮助犯罪分子逃避处罚罪（《刑法》第417条）之间是一般法和特殊法关系，优先适用特殊法。

3. 正确区分本罪与事前有通谋的共同犯罪

本罪的犯罪故意是在他人犯罪后产生，即只有在于犯罪人没有事前通谋的情况下实施窝藏、包庇的行为才成立本罪。如果行为人事前与犯罪人通谋，成立共同犯罪。

七、掩饰、隐瞒犯罪所得、犯罪所得收益罪

(一)法条规范

第 312 条① 明知是犯罪所得及其产生的收益而予以窝藏、转移、收购、代为销售或者以其他方法掩饰、隐瞒的,处三年以下有期徒刑、拘役或者管制,并处或者单处罚金;情节严重的,处三年以上七年以下有期徒刑,并处罚金。

单位犯前款罪的,对单位判处罚金,并对其直接负责的主管人员和其他直接责任人员,依照前款的规定处罚。

(二)犯罪构成

本罪保护的客体是国家对犯罪所得、犯罪所得收益的司法追查权。本罪最终保护的客体是司法秩序。本罪的行为对象是通过犯罪行为所获得的财物以及犯罪所取得的收益。犯罪所得,指犯罪所得的赃物,也就是通过犯罪所获得的财物,犯罪工具不是犯罪所得。犯罪所得的收益,是指利用犯罪所得的赃物获得的利益,比如行为人贪污后将钱款放入银行所得的利息。对于犯罪所得及其收益的范围的理解:第一,没有达到法定年龄、没有责任能力的人,实施符合构成要件的不法行为(如盗窃)所取得的财物,也应该认定为"犯罪"所得。第二,对于有些数额犯罪,没有达到司法解释所要求数额的,不能作为犯罪所得认定。第三,犯罪所得及其收益中的"犯罪"应是已经既遂或者虽然未遂但已经终结的犯罪。

本罪的主观方面是故意,行为人必须明知是犯罪所得及其产生的收益,而予以窝藏、转移、收购、代为销售或者以其他方法掩饰、隐瞒。明知是赃物,包括明知肯定是赃物与明知可能是赃物。本罪中明知是赃物的认定可以采取推定的方法,即从行为人已经实施的行为及相关事实中,推断出行为人是否明知是赃物。本罪的犯罪主体是自然人和单位,除对单位判处罚金外,只能对明知是赃物的直接负责的主管人员与直接责任人员追究刑事责任。

(三)司法认定

本罪与共犯的区别在于,行为人是否在本犯既遂前故意参与,如果在本犯既遂前故意参与的,应认定为本犯的共同犯罪。如甲得知乙受委托占有丙的财物,乙与甲共谋将该财物出卖给他人的,二人构成侵占罪的共犯。在本犯既遂后参与的,构成掩饰、隐瞒犯罪所得、犯罪所得收益罪。

八、脱逃罪

(一)法条规范

第 316 条第一款 依法被关押的罪犯、被告人、犯罪嫌疑人脱逃的,处五年以下有期徒刑或者拘役。

(二)犯罪构成

本罪的行为主体是依法被关押的罪犯、犯罪嫌疑人或被告人。无罪的人被错判或者错

---

① 本款为《中华人民共和国刑法修正案(六)》第 19 条所修改。本条的第二款为《中华人民共和国刑法修正案(七)》第 10 条所增设。

抓的，如果完全是因为司法机关的错误，则其逃脱行为不应构成脱逃罪；如果司法机关在关押的当时符合法定的程序和实体条件，就属于依法关押，被关押的罪犯、被告人、犯罪嫌疑人即使本身确实无罪，其脱逃行为也构成脱逃罪。本罪的客观行为是脱逃，即脱离监管机关的控制，逃离关押场所。脱离的方式没有限制，可以是和平的，也可以是采取暴力胁迫的，可以是以作为的方式脱离监管，也可以是以不作为的方式拒绝接受监管，如依法暂时离开监管场所，故意不按时返回监狱的，也成立脱逃罪。

（三）司法认定

（1）脱逃罪的行为方式。脱逃罪可以以作为方式和不作为方式实行。作为方式即以积极的方式逃出了羁押、监管场所，摆脱了看管人员控制；不作为的方式即依法应当返回羁押场所继续羁押而逾期不返回的。（如羁押场所因其表现良好而给予其三天假期，期限已满，仍不返回羁押场所）。

（2）脱逃罪的既遂与未遂的界限。行为人实施脱逃的目的在于逃离羁押或者改造场所，以达到逃避关押、改造的目的。因此，脱逃行为是否得逞，主要应看行为人是否逃出了羁押、改造场所，是否摆脱了看管人员的控制，已经逃离羁押或改造场所的范围，摆脱了看守人员监视控制的，就是脱逃既遂；实施脱逃，如果在羁押改造场所内被发现，或者虽然逃出了羁押改造场所的范围，但在看守人员直接监视下被抓回的，是脱逃未遂。区别既遂与未遂，是裁量刑罚的一个依据。如果查明行为人脱离劳改场所，确实是偷干其他的事情，并无脱逃意图的，如在农田劳动的犯人，晚间溜出劳改场所，去偷附近农民种植的瓜果等，不宜作为脱逃罪论处，可视其情节给予纪律或者其他处罚。

九、其他罪名

第308条　【打击报复证人罪】对证人进行打击报复的，处三年以下有期徒刑或者拘役；情节严重的，处三年以上七年以下有期徒刑。

第308条之一①　【泄露不应公开的案件信息罪】司法工作人员、辩护人、诉讼代理人或者其他诉讼参与人，泄露依法不公开审理的案件中不应当公开的信息，造成信息公开传播或者其他严重后果的，处三年以下有期徒刑、拘役或者管制，并处或者单处罚金。

有前款行为，泄露国家秘密的，依照本法第398条的规定定罪处罚。

【披露、报道不应公开的案件信息罪】公开披露、报道第一款规定的案件信息，情节严重的，依照第一款的规定处罚。

单位犯前款罪的，对单位判处罚金，并对其直接负责的主管人员和其他直接责任人员，依照第一款的规定处罚。

第309条②　【扰乱法庭秩序罪】有下列扰乱法庭秩序情形之一的，处三年以下有期徒刑、拘役、管制或者罚金：

（1）聚众哄闹、冲击法庭的；

（2）殴打司法工作人员或者诉讼参与人的；

（3）侮辱、诽谤、威胁司法工作人员或者诉讼参与人，不听法庭制止，严重扰乱法庭秩

---

① 本条为《中华人民共和国刑法修正案（九）》第36条所增设。

② 本条为《中华人民共和国刑法修正案（九）》第37条所修改。

序的;

(4)有毁坏法庭设施,抢夺、损毁诉讼文书、证据等扰乱法庭秩序行为,情节严重的。

第311条① 【拒绝提供间谍犯罪、恐怖主义犯罪、极端主义犯罪证据罪】明知他人有间谍犯罪或者恐怖主义、极端主义犯罪行为,在司法机关向其调查有关情况、收集有关证据时,拒绝提供,情节严重的,处三年以下有期徒刑、拘役或者管制。

第313条② 【拒不执行判决、裁定罪】对人民法院的判决、裁定有能力执行而拒不执行,情节严重的,处三年以下有期徒刑、拘役或者罚金;情节特别严重的,处三年以上七年以下有期徒刑,并处罚金。

单位犯前款罪的,对单位判处罚金,并对其直接负责的主管人员和其他直接责任人员,依照前款的规定处罚。

第314条 【非法处置查封、扣押、冻结的财产罪】隐藏、转移、变卖、故意毁损已被司法机关查封、扣押、冻结的财产,情节严重的,处三年以下有期徒刑、拘役或者罚金。

第315条 【破坏监管秩序罪】依法被关押的罪犯,有下列破坏监管秩序行为之一,情节严重的,处三年以下有期徒刑:

(1)殴打监管人员的;

(2)组织其他被监管人破坏监管秩序的;

(3)聚众闹事,扰乱正常监管秩序的;

(4)殴打、体罚或者指使他人殴打、体罚其他被监管人的。

第316条 【脱逃罪;劫夺被押解人员罪】依法被关押的罪犯、被告人、犯罪嫌疑人脱逃的,处五年以下有期徒刑或者拘役。

劫夺押解途中的罪犯、被告人、犯罪嫌疑人的,处三年以上七年以下有期徒刑;情节严重的,处七年以上有期徒刑。

第317条 【组织越狱罪】组织越狱的首要分子和积极参加的,处五年以上有期徒刑;其他参加的,处五年以下有期徒刑或者拘役。

【暴动越狱罪;聚众持械劫狱罪】暴动越狱或者聚众持械劫狱的首要分子和积极参加的,处十年以上有期徒刑或者无期徒刑;情节特别严重的,处死刑;其他参加的,处三年以上十年以下有期徒刑。

---

① 本条为《中华人民共和国刑法修正案(九)》第38条所修改。
② 本条为《中华人民共和国刑法修正案(九)》第39条所修改。

第三节 妨害国(边)境管理罪

> **典型案例**

【基本案情】

何某等组织他人偷越国(边)境案①

2015 年 4 月,何某得知宋某能够骗取塞浦路斯共和国签证,并变更身份非法留滞该国打工的信息后,指使王某以每人 6000 元人民币的收费标准组织人员准备前往该国。王某又将此情况告知师某,师某表示本人愿意前往,并先后交给何某、王某共计人民币 5300元,后该三人先后介绍王某某等七人前往塞浦路斯共和国。何某将师某等八人签证材料交给宋某,由宋某伪造了八人为天津泰鑫国际贸易有限公司员工的身份材料,以奖励员工出国旅游的名义,骗取了塞浦路斯共和国驻北京大使馆的签证。后师某作为领队带领其余七人及宋某组织的 21 人共计 28 人前往塞浦路斯共和国,到达该国后,上述 28 人在机场分头逃逸,造成恶劣影响。

【法律问题】何某、王某、宋某、师某的行为如何认定?

【案例解析】何某、王某、宋某、师某的行为构成组织他人偷越国(边)境罪,并且按照他们在共同犯罪中的作用分别予以处罚。

> **规范释义**

一、组织他人偷越国(边)境罪

(一)法条规范

第 318 条 组织他人偷越国(边)境的,处二年以上七年以下有期徒刑,并处罚金;有下列情形之一的,处七年以上有期徒刑或者无期徒刑,并处罚金或者没收财产:

(1)组织他人偷越国(边)境集团的首要分子;

(2)多次组织他人偷越国(边)境或者组织他人偷越国(边)境人数众多的;

(3)造成被组织人重伤、死亡的;

(4)剥夺或者限制被组织人人身自由的;

(5)以暴力、威胁方法抗拒检查的;

(6)违法所得数额巨大的;

(7)有其他特别严重情节的。

---

① 韩玉胜.刑法各论案例分析[M].北京:中国人民大学出版社,2014:362.

犯前款罪，对被组织人有杀害、伤害、强奸、拐卖等犯罪行为，或者对检查人员有杀害、伤害等犯罪行为的，依照数罪并罚的规定处罚。

（二）犯罪构成

本罪的客观方面表现为组织他人偷越国（边）境的行为。组织，是指领导、策划、指挥他人偷越国（边）境，或在首要分子指挥下，采取动员、欺骗、拉拢、串联、介绍他人偷越国（边）境，以及创造必要条件，安排偷越的时间、地点、路线何交通工具等。他人，是指行为人以外的任何人，不论性别、年龄和国籍。偷越，是指不具备合法出入国（边）境条件而擅自出入国（边）境。本罪的主体是一般主体，为组织他人偷越国（边）境通风报信、充当打手或者明知是组织他人偷越国（边）境的，而为其介绍的偷越者的，成立本罪的共犯。本罪的主观方面是故意。组织者是否有营利目的，是否实际获得利益，均在所不问。

（三）司法认定

（1）本罪的既遂问题。他人在行为人的煽动、拉拢、诱惑、串联或者安排下被组织起来，组织者即构成本罪既遂。至于被组织者在行为人的安排下，组织他人偷越国（边）境是否成功，都不影响本罪的既遂。

（2）组织他人偷越国（边）境的过程之中过失造成被组织者重伤、死亡的，剥夺或者限制被组织人人身自由的，以暴力、威胁方法抗拒检查的，只构成本罪而不再构成过失致人重伤、死亡罪、非法拘禁罪、妨害公务罪。但实施组织他人偷越国（边）境行为，对被组织人有杀害、伤害、强奸、拐卖等行为，或者对检查人员有杀害、伤害等行为，应数罪并罚。

二、其他罪名

第 319 条 【骗取出境证件罪】 以劳务输出、经贸往来或者其他名义，弄虚作假，骗取护照、签证等出境证件，为组织他人偷越国（边）境使用的，处三年以下有期徒刑，并处罚金；情节严重的，处三年以上十年以下有期徒刑，并处罚金。

单位犯前款罪的，对单位判处罚金，并对其直接负责的主管人员和其他直接责任人员，依照前款的规定处罚。

第 320 条 【提供伪造、变造的出入境证件罪；出售出入境证件罪】 为他人提供伪造、变造的护照、签证等出入境证件，或者出售护照、签证等出入境证件的，处五年以下有期徒刑，并处罚金；情节严重的，处五年以上有期徒刑，并处罚金。

第 321 条 【运送他人偷越国（边）境罪】 运送他人偷越国（边）境的，处五年以下有期徒刑、拘役或者管制，并处罚金；有下列情形之一的，处五年以上十年以下有期徒刑，并处罚金：

（1）多次实施运送行为或者运送人数众多的；

（2）所使用的船只、车辆等交通工具不具备必要的安全条件，足以造成严重后果的；

（3）违法所得数额巨大的；

（4）有其他特别严重情节的。

在运送他人偷越国（边）境中造成被运送人重伤、死亡，或者以暴力、威胁方法抗拒检查的，处七年以上有期徒刑，并处罚金。

犯前两款罪，对被运送人有杀害、伤害、强奸、拐卖等犯罪行为，或者对检查人员有杀害、伤害等犯罪行为的，依照数罪并罚的规定处罚。

第 322 条① 　【偷越国（边）境罪】违反国（边）境管理法规，偷越国（边）境，情节严重的，处一年以下有期徒刑、拘役或者管制，并处罚金；为参加恐怖活动组织、接受恐怖活动培训或者实施恐怖活动，偷越国（边）境的，处一年以上三年以下有期徒刑，并处罚金。

第 323 条 　【破坏界碑、界桩罪；破坏永久性测量标志罪】故意破坏国家边境的界碑、界桩或者永久性测量标志的，处三年以下有期徒刑或者拘役。

第四节　妨害文物管理罪

典型案例

【基本案情】

郑某倒卖文物案②

2018 年 3 月，郑某到一家煤厂买煤时，无意中发现了一个八棱形的石柱，便以 300 元的价格买下来，拉回自己家中。第二天一早，郑某将购得的这个八棱形石柱以 700 元的价格卖出，同时，又将自家原本存放的另外两件石刻，以 500 元的价格出售给一外地男子，并帮助这名男子雇用了一辆货车运输。当天 10 点左右，货车司机在驾车将这 3 件石刻运往朝阳区吕家营的途中，被民警查获。

经北京市文物鉴定委员会鉴定：涉案的八棱形石柱为辽金时期佛顶尊胜陀罗尼经幢，另外两件石刻为明清时期方须弥座下半部、清代园须弥座残件，均属文物，其中尼经幢为三级珍贵文物。同时，经鉴定，涉案文物市场价格为 30 万元。

【法律问题】对郑某的行为如何认定？

【案例解析】郑某的行为构成倒卖文物罪。本案属于以牟利为目的，倒卖国家禁止经营的文物，情节严重的行为，符合倒卖文物罪的犯罪构成。

规范释义

一、倒卖文物罪

（一）法条规范

第 326 条 　以牟利为目的，倒卖国家禁止经营的文物，情节严重的，处五年以下有期徒刑或者拘役，并处罚金；情节特别严重的，处五年以上十年以下有期徒刑，并处罚金。

单位犯前款罪的，对单位判处罚金，并对其直接负责的主管人员和其他直接责任人

---

① 　本条为《中华人民共和国刑法修正案（九）》第 40 条所修改。

② 　韩玉胜.刑法各论案例分析［M］.北京：中国人民大学出版社，2014：373.

员，依照前款的规定处罚。

（二）犯罪构成

本罪的行为对象必须是国家禁止经营的文物，包括国家保护的具有科学价值的古人类化石和古脊椎动物化石。本罪的客观行为是"倒卖"，即买进后卖出的行为（只买不卖的不构成，只卖不买的不构成）。所以，行为人将自有文物出售的，不成立本罪。如果是盗窃珍贵文物又出售的，该出售行为不属于本罪的倒卖，不另定倒卖文物罪，只成立盗窃罪。本罪的主观方面是故意，并且具有牟利的目的。

> **释义4.**
>
> 牟利不等于营利，相同点都是利，但是手法不一样，营利是经营行为，牟利是只要获取利益，如副教授抄袭他人作品评上教授是牟利，构成侵犯著作权罪则是营利。

（三）司法认定

（1）本罪成罪的关键是行为人须有倒卖文物的行为。

倒卖文物的行为须注意两点：其一，须有倒卖文物的行为。所谓倒卖文物，是指违反国家文物管理法规，倒手买卖国家禁止经营的文物的行为，具体表现有二：①无权经营文物的单位和个人擅自收购或者销售文物；②经国家批准的文物经营单位，超越经营范围，经营国家禁止经营的文物。其二，倒卖的对象限于国家禁止经营的文物，即根据文物保护法的规定，不允许个人和未经批准的单位非法经营的文物，包括一、二、三级珍贵文物与禁止经营的一般文物。倒卖不属于国家禁止经营的文物的，不构成本罪。

（2）倒卖文物必须达到情节严重的程度，方能构成本罪。

情节严重，主要是指倒卖珍贵文物的、倒卖文物非法获利数额较大的、倒卖文物数量较大或者次数较多的、造成文物流失难以返回的、造成其他严重后果的等。

二、盗掘古文化遗址、古墓葬罪

（一）法条规范

第328条① 盗掘具有历史、艺术、科学价值的古文化遗址、古墓葬的，处三年以上十年以下有期徒刑，并处罚金；情节较轻的，处三年以下有期徒刑、拘役或者管制，并处罚金；有下列情形之一的，处十年以上有期徒刑或者无期徒刑，并处罚金或者没收财产：

（1）盗掘确定为全国重点文物保护单位和省级文物保护单位的古文化遗址、古墓葬的；

（2）盗掘古文化遗址、古墓葬集团的首要分子；

（3）多次盗掘古文化遗址、古墓葬的；

（4）盗掘古文化遗址、古墓葬，并盗窃珍贵文物或者造成珍贵文物严重破坏的。

盗掘国家保护的具有科学价值的古人类化石和古脊椎动物化石的，依照前款规定

---

① 本条为《中华人民共和国刑法修正案（八）》第45条所修改，废除了本罪的死刑。

处罚。

（二）犯罪构成

本罪的行为对象是具有历史、文化、科学价值的古文化遗址、古墓葬。古墓葬，指辛亥革命以前的墓葬和辛亥革命后与著名历史事件有关的名人墓葬、遗址和纪念地，包括革命烈士墓地。本罪的客观行为是盗掘，盗指盗窃，掘指的是开挖，即未经文物主管部门批准私自挖掘。

（三）司法认定

在盗掘古文化遗址、古墓葬过程中，同时盗窃珍贵文物或者造成珍贵文物严重破坏的，属于盗掘古文化遗址、古墓葬罪的结果加重犯。但是在盗掘古文化遗址、古墓葬后，故意毁坏古文化遗址和古墓葬以及珍贵文物的，则应以盗掘古文化遗址、古墓葬罪和故意损坏名胜古迹罪或者故意损毁文物罪并罚。

三、其他罪名

第324条　【故意损毁文物罪；故意损毁名胜古迹罪；过失损毁文物罪】故意损毁国家保护的珍贵文物或者被确定为全国重点文物保护单位、省级文物保护单位的文物的，处三年以下有期徒刑或者拘役，并处或者单处罚金；情节严重的，处三年以上十年以下有期徒刑，并处罚金。

故意损毁国家保护的名胜古迹，情节严重的，处五年以下有期徒刑或者拘役，并处或者单处罚金。

过失损毁国家保护的珍贵文物或者被确定为全国重点文物保护单位、省级文物保护单位的文物，造成严重后果的，处三年以下有期徒刑或者拘役。

第325条　【非法向外国人出售、赠送珍贵文物罪】违反文物保护法规，将收藏的国家禁止出口的珍贵文物私自出售或者私自赠送给外国人的，处五年以下有期徒刑或者拘役，可以并处罚金。

单位犯前款罪的，对单位判处罚金，并对其直接负责的主管人员和其他直接责任人员，依照前款的规定处罚。

第327条　【非法出售、私赠文物藏品罪】违反文物保护法规，国有博物馆、图书馆等单位将国家保护的文物藏品出售或者私自送给非国有单位或者个人的，对单位判处罚金，并对其直接负责的主管人员和其他直接责任人员，处三年以下有期徒刑或者拘役。

第328条第二款　【盗掘古人类化石、古脊椎动物化石罪】盗掘国家保护的具有科学价值的古人类化石和古脊椎动物化石的，依照前款的规定处罚。

第329条　【盗窃、抢夺国有档案罪；擅自出卖、转让国有档案罪】抢夺、窃取国家所有的档案的，处五年以下有期徒刑或者拘役。

违反档案法的规定，擅自出卖、转让国家所有的档案，情节严重的，处三年以下有期徒刑或者拘役。

有前两款行为，同时又构成本法规定的其他犯罪的，依照处罚较重的规定定罪处罚。

第五节　危害公共卫生罪

【典型案例】

【基本案情】

毛某医疗事故案

毛某系南京市某医院儿科医生，已于 2000 年取得医师资格证和医师执业资格证。毛某对于儿科很有研究。2018 年 3 月 12 日，陈某带着八个月的婴儿前往该医院治疗疾病，婴儿因为呕吐、腹泻一天，值班医生毛某正值夜班，为了打发时间，毛某就在电脑上忙着"偷菜"（一款网络游戏），婴儿在治疗期间，毛某多次返回电脑偷菜，让护士徐某对其检查，导致毛某对婴儿疾病诊断有误且治疗不及时。由于毛某忙着"偷菜"的行为导致婴儿失去了最佳的治疗时间，凌晨四点婴儿心脏衰竭而死亡。

【法律问题】 如何评价毛某的行为？

【案例解析】 本案毛某构成医疗事故罪。毛某作为医务人员由于玩电脑游戏"偷菜"而导致对婴儿疾病诊断有误且治疗不及时，属于严重不负责任，造成就诊人死亡，符合医疗事故罪的构成要件。

【规范释义】

一、医疗事故罪

（一）法条规范

第 335 条　医务人员由于严重不负责任，造成就诊人死亡或者严重损害就诊人身体健康的，处三年以下有期徒刑或者拘役。

（二）犯罪构成

本罪的客观行为是在诊疗或护理过程中严重不负责任，造成就诊人死亡或者严重损害就诊人身体健康。严重不负责任，是指医务人员在诊疗护理过程之中，违反诊疗护理规章制度和技术操作规程，不履行或者不正确履行诊疗护理职责。行为既可以是作为，也可以是不作为。本罪的主体是医务人员。包括医疗防疫人员、药剂人员、护理人员和其他从事诊疗护理的专业技术人员。本罪的主观方面是过失，既包括疏忽大意的过失，也包括过于自信的过失。

（三）司法认定

（1）本罪成罪要求"严重不负责任"。根据《最高人民检察院、公安部关于公安机关管辖的刑事案件立案追诉标准的规定（一）》，具有下列情形之一的，属于本条规定的"严重不负责任"：①擅离职守的；②无正当理由拒绝对危急就诊人实行必要的医疗救治的；③未经批准擅自开展试验性医疗的；④严重违反查对、复核制度的；⑤使用未经批准使用的药品、消毒药剂、医疗器械的；⑥严重违反国家法律法规及有明确规定的诊疗技术规范、常规的；⑦其他严重不负责任的情形。

本条规定的"严重损害就诊人身体健康"，是指造成就诊人严重残疾、重伤、感染艾滋病、病毒性肝炎等难以治愈的疾病或者其他严重损害就诊人身体健康的后果。

（2）正确区分医疗事故罪、医疗意外事故与一般医疗事故的界限。医疗意外事故，是指由于医务人员不能预见或者不可抗拒的原因导致就诊人死亡或者严重损害就诊人身体健康的事故。在这种情况下，由于医务人员主观上没有过失，故不能认定为本罪。一般医疗事故，是指医务人员虽然有不负责任的行为，也造成了一定的结果，但没有造成刑法所规定的致人死亡或严重损害人身健康的情况。一般医疗事故因为不符合医疗事故罪的结果要件，故不成立犯罪。

> **释义5.**
>
> 　　要正确区分本罪中的责任事故与技术事故。构成医疗事故罪必须是责任事故。责任事故是指行为人严重不负责任，能办的事情竟然办不到。如为了看足球而延误治疗的，或者在做手术的时候竟然抽烟的等。技术事故是指现有的医疗水平或者技术条件达不到诊疗护理的要求。

二、非法行医罪

（一）法条规范

第336条　未取得医生执业资格的人非法行医，情节严重的，处三年以下有期徒刑、拘役或者管制，并处或者单处罚金；严重损害就诊人身体健康的，处三年以上十年以下有期徒刑，并处罚金；造成就诊人死亡的，处十年以上有期徒刑，并处罚金。

未取得医生执业资格的人擅自为他人进行节育复通手术、假节育手术、终止妊娠手术或者摘取宫内节育器，情节严重的，处三年以下有期徒刑、拘役或者管制，并处或者单处罚金；严重损害就诊人身体健康的，处三年以上十年以下有期徒刑，并处罚金；造成就诊人死亡的，处十年以上有期徒刑，并处罚金。

（二）犯罪构成

本罪的行为主体必须是未取得医生执业资格的人。根据司法解释的相关规定，具有下列情形之一的，应认定为"未取得医生执业资格的人非法行医"：①未取得或者以非法手段取得医师资格从事医疗活动的；②个人未取得《医疗机构执业许可证》开办医疗机构的；③被依法吊销医师执业证书期间从事医疗活动的；④未取得乡村医生执业证书，从事乡村医疗活动的；⑤家庭接生员实施家庭接生以外的医疗行为的。本罪的客观行为内容为从事医疗活动。此处的"医疗行为"，指必须由医生从事，否则便会有危险的行为。行为人从事按摩、针灸等行为，不是医疗行为。本罪的主观方面是故意，即明知自己没有医师执业资格而行医。本罪不需要以营利为目的，免费为他人诊疗的，也可以成立本罪。

（三）司法认定

（1）非法行医罪属于职业犯。由于此罪是危害公共卫生的犯罪，如果行为人只是针对特定的人从事医疗活动，就不能危害公共卫生制度，有行为人将行医当作一项业务，具有反复、多次故意而实施时，才能危害公共制度。

（2）由于本罪侵犯的客体是公共卫生制度，取得患者（被害人）的承诺不影响本罪的成立。

（3）实施非法行医犯罪，同时构成生产、销售假药罪，生产、销售劣药罪，诈骗罪等其他犯罪的，依照刑法处罚较重的规定定罪处罚。

三、其他罪名

第 330 条　**【妨害传染病防治罪】**违反传染病防治法的规定，有下列情形之一，引起甲类传染病传播或者有传播严重危险的，处三年以下有期徒刑或者拘役；后果特别严重的，处三年以上七年以下有期徒刑：

（1）供水单位供应的饮用水不符合国家规定的卫生标准的；

（2）拒绝按照卫生防疫机构提出的卫生要求，对传染病病原体污染的污水、污物、粪便进行消毒处理的；

（3）准许或者纵容传染病病人、病原携带者和疑似传染病病人从事国务院卫生行政部门规定禁止从事的易使该传染病扩散的工作的；

（4）拒绝执行卫生防疫机构依照传染病防治法提出的预防、控制措施的。

单位犯前款罪的，对单位判处罚金，并对其直接负责的主管人员和其他直接责任人员，依照前款的规定处罚。

甲类传染病的范围，依照《中华人民共和国传染病防治法》和国务院有关规定确定。

第 331 条　**【传染病菌种、毒种扩散罪】**从事实验、保藏、携带、运输传染病菌种、毒种的人员，违反国务院卫生行政部门的有关规定，造成传染病菌种、毒种扩散，后果严重的，处三年以下有期徒刑或者拘役；后果特别严重的，处三年以上七年以下有期徒刑。

第 332 条　**【妨害国境卫生检疫罪】**违反国境卫生检疫规定，引起检疫传染病传播或者有传播严重危险的，处三年以下有期徒刑或者拘役，并处或者单处罚金。

单位犯前款罪的，对单位判处罚金，并对其直接负责的主管人员和其他直接责任人员，依照前款的规定处罚。

第 333 条　**【非法组织卖血罪；强迫卖血罪；故意伤害罪】**非法组织他人出卖血液的，处五年以下有期徒刑，并处罚金；以暴力、威胁方法强迫他人出卖血液的，处五年以上十年以下有期徒刑，并处罚金。

有前款行为，对他人造成伤害的，依照本法第 234 条的规定定罪处罚。

第 334 条　**【非法采集、供应血液、制作、供应血液制品罪；采集、供应血液、制作、供应血液制品事故罪】**非法采集、供应血液或者制作、供应血液制品，不符合国家规定的标准，足以危害人体健康的，处五年以下有期徒刑或者拘役，并处罚金；对人体健康造成严重危害的，处五年以上十年以下有期徒刑，并处罚金；造成特别严重后果的，处十年以上有期徒刑或者无期徒刑，并处罚金或者没收财产。

经国家主管部门批准采集、供应血液或者制作、供应血液制品的部门，不依照规定进行检测或者违背其他操作规定，造成危害他人身体健康后果的，对单位判处罚金，并对其直接负责的主管人员和其他直接责任人员，处五年以下有期徒刑或者拘役。

第335条 【医疗事故罪】医务人员由于严重不负责任，造成就诊人死亡或者严重损害就诊人身体健康的，处三年以下有期徒刑或者拘役。

第336条 【非法行医罪；非法进行节育手术罪】未取得医生执业资格的人非法行医，情节严重的，处三年以下有期徒刑、拘役或者管制，并处或者单处罚金；严重损害就诊人身体健康的，处三年以上十年以下有期徒刑，并处罚金；造成就诊人死亡的，处十年以上有期徒刑，并处罚金。

未取得医生执业资格的人擅自为他人进行节育复通手术、假节育手术、终止妊娠手术或者摘取宫内节育器，情节严重的，处三年以下有期徒刑、拘役或者管制，并处或者单处罚金；严重损害就诊人身体健康的，处三年以上十年以下有期徒刑，并处罚金；造成就诊人死亡的，处十年以上有期徒刑，并处罚金。

第337条① 【妨害动植物防疫、检疫罪】违反有关动植物防疫、检疫的国家规定，引起重大动植物疫情的，或者有引起重大动植物疫情危险，情节严重的，处三年以下有期徒刑或者拘役，并处或者单处罚金。

单位犯前款罪的，对单位判处罚金，并对其直接负责的主管人员和其他直接责任人员，依照前款的规定处罚。

第六节　破坏环境资源保护罪

典型案例

【基本案情】

某造纸厂污染环境罪②

杨某系山东省某造纸厂负责人，其所管理的造纸厂受到当地政府的重点扶持，经济效益较好，企业规模不断扩大。2017年杨某所在的造纸厂响应国家号召，率先花巨资从国外引进大型污水处理设备。杨某所在企业的举动一度成为山东省的热点，杨某本人也因此而受到了山东省某市领导的普遍关注。2018年，杨某所在的造纸厂为了提高生产效率，革新了生产方法和流程，新的生产方法导致生产污水中所含有挥发酚含量大幅增加。而造纸厂污水处理器的操作人员由于没有及时得到新的污水化学成分分析，仍然采用原来的化学标准对污水进行净化，然后依照经验，将净化的污水直接排入附近的河流。不久，附近居民

---

① 本条为《中华人民共和国刑法修正案（七）》第11条所修改。
② 韩玉胜.刑法各论案例分析[M].北京：中国人民大学出版社，2014：385.

陆续反映饮水中有浓厚异味，部分群众出现中毒的症状。经查，污水事故系该造纸厂污水净化不彻底导致。

【法律问题】该造纸厂的行为是否构成犯罪？

【案例解析】该造纸厂的行为构成污染环境罪。本案造纸厂的行为违反国家规定，排放、倾倒或者处置有放射性的废物、含传染病病原体的废物、有毒物质或者其他有害物质，严重污染环境，构成污染环境罪。

规范释义

一、污染环境罪

（一）法条规范

第338条① 违反国家规定，排放、倾倒或者处置有放射性的废物、含传染病病原体的废物、有毒物质或者其他有害物质，严重污染环境的，处三年以下有期徒刑或者拘役，并处或者单处罚金；后果特别严重的，处三年以上七年以下有期徒刑，并处罚金。

（二）犯罪构成

本罪的客体是维持人类存续的生态环境。本罪的犯罪对象是环境。本罪客观方面是违反国家规定，排放、倾倒或者处置有放射性的废物、含传染病病原体的废物、有毒物质或者其他有害物质，严重污染环境的行为。违反国家规定主要指违反《中华人民共和国大气污染防治法》《中华人民共和国固体废物污染环境防治法》《中华人民共和国环境保护法》等法律、行政法规等。本罪的犯罪主体可以是自然人、也可以是单位。本罪为过失犯。

（三）司法认定

（1）本罪与妨害公务罪存在数罪并罚的问题。如果阻挠环境监督检查或者突发环境事件调查，构成妨害公务罪的，以污染环境罪与妨害公务罪数罪并罚。

（2）本罪的共犯问题。如果行为人明知他人无经营许可证或者超出经营许可范围，向其提供或者委托其收集、贮存、利用、处置危险废物，严重污染环境的，以污染环境罪的共同犯罪论处。

（3）本罪择一重罪与酌情从宽处罚的问题。违反国家规定，排放、倾倒、处置含有毒害性、放射性、传染病病原体等物质的污染物，同时构成污染环境罪、非法处置进口的固体废物罪、投放危险物质罪等犯罪的，依照处罚较重的犯罪定罪处罚。

实施《刑法》第338条、第339条规定的犯罪行为，但及时采取措施，防止损失扩大、消除污染，积极赔偿损失的，可以酌情从宽处罚。

二、盗伐林木罪，滥伐林木罪

（一）法条规范

第345条第一款 盗伐森林或者其他林木，数量较大的，处三年以下有期徒刑、拘役或者管制，并处或者单处罚金；数量巨大的，处三年以上七年以下有期徒刑，并处罚金；数

---

① 本条为《中华人民共和国刑法修正案（八）》第46条所修改。

量特别巨大的，处七年以上有期徒刑，并处罚金。

第四款　盗伐、滥伐国家级自然保护区内的森林或者其他林木的，从重处罚。

(二)犯罪构成

本罪的客观方面是盗伐森林或者其他林木，数量较大的行为。盗伐是指未经国家林业行政管理部门或者法律规定的其他主管部门批准，未取得采伐许可证，擅自砍伐林木。盗伐林木必须数量较大，才构成本罪。数量较大以2～5立方米或者幼树100～200株为起点。对于1年内多次盗伐林木的，应累计未经处理的盗伐数量。

(三)司法认定

(1)盗伐林木罪是无证(无权)砍伐林木，侵犯所有权；滥伐林木罪是虽持证但违规砍伐，侵犯林业管理制度。

(2)将国家、集体、他人所有并已经伐倒的树木窃为己有，以及偷砍他人房前屋后、自留地种植的零星树木，数额较大的，以盗窃罪定罪处罚。

(3)林木权属争议一方在林木权属确权之前，擅自砍伐森林或者其他林木，数量较大的，以滥伐林木罪论处。

三、其他罪名

第339条① 【非法处置进口的固体废物罪】违反国家规定，将境外的固体废物进境倾倒、堆放、处置的，处五年以下有期徒刑或者拘役，并处罚金；造成重大环境污染事故，致使公私财产遭受重大损失或者严重危害人体健康的，处五年以上十年以下有期徒刑，并处罚金；后果特别严重的，处十年以上有期徒刑，并处罚金。

【擅自进口固体废物罪】未经国务院有关主管部门许可，擅自进口固体废物用作原料，造成重大环境污染事故，致使公私财产遭受重大损失或者严重危害人体健康的，处五年以下有期徒刑或者拘役，并处罚金；后果特别严重的，处五年以上十年以下有期徒刑，并处罚金。

以原料利用为名，进口不能用作原料的固体废物、液态废物和气态废物的，依照本法第152条第二款、第三款的规定定罪处罚。

第340条 【非法捕捞水产品罪】违反保护水产资源法规，在禁渔区、禁渔期或者使用禁用的工具、方法捕捞水产品，情节严重的，处三年以下有期徒刑、拘役、管制或者罚金。

第341条 【非法猎捕、杀害珍贵、濒危野生动物罪；非法收购、运输、出售珍贵濒危野生动物、珍贵、濒危野生动物制品罪】非法猎捕、杀害国家重点保护的珍贵、濒危野生动物的，或者非法收购、运输、出售国家重点保护的珍贵、濒危野生动物及其制品的，处五年以下有期徒刑或者拘役，并处罚金；情节严重的，处五年以上十年以下有期徒刑，并处罚金；情节特别严重的，处十年以上有期徒刑，并处罚金或者没收财产。

违反狩猎法规，在禁猎区、禁猎期或者使用禁用的工具、方法进行狩猎，破坏野生动物资源，情节严重的，处三年以下有期徒刑、拘役、管制或者罚金。

第342条② 【非法占用农用地罪】违反土地管理法规，非法占用耕地、林地等农用地，改变被占用土地用途，数量较大，造成耕地、林地等农用地大量毁坏的，处五年以下有

---

① 本条为《中华人民共和国刑法修正案(四)》第5条所修改。

② 本条为《中华人民共和国刑法修正案(二)》所修改。

期徒刑或者拘役，并处或者单处罚金。

第343条① 【非法采矿罪】违反矿产资源法的规定，未取得采矿许可证擅自采矿，擅自进入国家规划矿区、对国民经济具有重要价值的矿区和他人矿区范围采矿，或者擅自开采国家规定实行保护性开采的特定矿种，情节严重的，处三年以下有期徒刑、拘役或者管制，并处或者单处罚金；情节特别严重的，处三年以上七年以下有期徒刑，并处罚金。

【破坏性采矿罪】违反矿产资源法的规定，采取破坏性的开采方法开采矿产资源，造成矿产资源严重破坏的，处五年以下有期徒刑或者拘役，并处罚金。

第344条② 【非法采伐、毁坏国家重点保护植物罪；非法收购、运输、加工、出售国家重点保护植物、国家重点保护植物制品罪】违反国家规定，非法采伐、毁坏珍贵树木或者国家重点保护的其他植物的，或者非法收购、运输、加工、出售珍贵树木或者国家重点保护的其他植物及其制品的，处三年以下有期徒刑、拘役或者管制，并处罚金；情节严重的，处三年以上七年以下有期徒刑，并处罚金。

第345条③ 【盗伐林木罪】盗伐森林或者其他林木，数量较大的，处三年以下有期徒刑、拘役或者管制，并处或者单处罚金；数量巨大的，处三年以上七年以下有期徒刑，并处罚金；数量特别巨大的，处七年以上有期徒刑，并处罚金。

【滥伐林木罪】违反森林法的规定，滥伐森林或者其他林木，数量较大的，处三年以下有期徒刑、拘役或者管制，并处或者单处罚金；数量巨大的，处三年以上七年以下有期徒刑，并处罚金。

【非法收购、运输盗伐、滥伐的林木罪】非法收购、运输明知是盗伐、滥伐的林木，情节严重的，处三年以下有期徒刑、拘役或者管制，并处或者单处罚金；情节特别严重的，处三年以上七年以下有期徒刑，并处罚金。

盗伐、滥伐国家级自然保护区内的森林或者其他林木的，从重处罚。

第七节　走私、贩卖、运输、制造毒品罪

典型案例

【基本案情】

吴某贩卖毒品案④

吴某自高中毕业以后，生活无着落，以偷卖假烟为生。因烟草质量低劣，吴某的生意

---

① 本条为《中华人民共和国刑法修正案（八）》第47条所修改。
② 本条为《中华人民共和国刑法修正案（四）》第6条所修改。
③ 本条为《中华人民共和国刑法修正案（四）》第7条所修改。
④ 韩玉胜.刑法各论案例分析[M].北京：中国人民大学出版社，2014：396.

很差。2005 年 12 月的一天，吴某通过朋友李某了解到：如果在假烟中掺有微量毒品，就会吸引大批吸毒人员购买香烟，可以短期内获得暴利。吴某于是就找到王某，购买了 50 克海洛因粉末掺在烟草中向吸毒人员出售。掺毒品香烟被销售一空后，吴某又多次向王某购买毒品掺杂进香烟出售。后吴某被工商行政管理部门工作人员查获，工作人员在对香烟进行鉴定时发现假烟中含有海洛因粉末，遂将该案移交公安局缉毒总队立案侦查。

【法律问题】吴某的行为是否构成犯罪？贩卖毒品罪是否必须以牟利为要件？

【案例分析】吴某的行为构成贩卖毒品罪。贩卖毒品罪是指明知是毒品而有偿转让的行为，或者以贩卖为目的而非法收购毒品的行为。在本案中，吴某以牟取暴利为目的，将毒品掺杂在所出售的香烟里，其主观上有贩卖毒品的故意。客观上吴某又多次向王某购买毒品掺杂进香烟进行出售，其行为客观上已经构成贩卖毒品的行为，且侵犯了国家对毒品的管理制度。根据 2000 年《最高人民法院关于审理毒品案件定罪量刑标准有关问题的解释》，吴某的行为已构成贩卖毒品罪既遂。

规范释义

一、走私、贩卖、运输、制造毒品罪

（一）法条规范

第 347 条 走私、贩卖、运输、制造毒品，无论数量多少，都应当追究刑事责任，予以刑事处罚。

走私、贩卖、运输、制造毒品，有下列情形之一的，处十五年有期徒刑、无期徒刑或者死刑，并处没收财产：

（1）走私、贩卖、运输、制造鸦片一千克以上、海洛因或者甲基苯丙胺五十克以上或者其他毒品数量大的；

（2）走私、贩卖、运输、制造毒品集团的首要分子；

（3）武装掩护走私、贩卖、运输、制造毒品的；

（4）以暴力抗拒检查、拘留、逮捕，情节严重的；

（5）参与有组织的国际贩毒活动的。

走私、贩卖、运输、制造鸦片二百克以上不满一千克、海洛因或者甲基苯丙胺十克以上不满五十克或者其他毒品数量较大的，处七年以上有期徒刑，并处罚金。

走私、贩卖、运输、制造鸦片不满二百克、海洛因或者甲基苯丙胺不满十克或者其他少量毒品的，处三年以下有期徒刑、拘役或者管制，并处罚金；情节严重的，处三年以上七年以下有期徒刑，并处罚金。

单位犯第二款、第三款、第四款罪的，对单位判处罚金，并对其直接负责的主管人员和其他直接责任人员，依照各该款的规定处罚。

利用、教唆未成年人走私、贩卖、运输、制造毒品，或者向未成年人出售毒品的，从重处罚。

对多次走私、贩卖、运输、制造毒品，未经处理的，毒品数量累计计算。

（二）犯罪构成

本罪的行为对象是毒品。毒品，是指国家规定进行管制的能够形成瘾癖的麻醉药品和精神药品，比如鸦片、海洛因、冰毒等。由于少量的毒品也有显著的药理作用，所以走私、贩卖、运输、制造毒品的，无论数量多少，都应追究刑事责任，予以刑事处罚。本罪的客观行为包括走私、贩卖、运输、制造。走私毒品，是指违反毒品管理法规和海关监管，非法运输、携带、邮寄毒品进出国（边）境的行为。如果携带毒品没有采取逃避海关监管的，只构成运输毒品或非法持有毒品罪。贩卖毒品，是指明知是毒品而非法出售，或者以销售为目的而购买毒品的行为。贩卖次数多少、数量大小以及是否有营利目的，都不影响本罪成立。运输毒品，是指明知是毒品而非法运载毒品的行为。运输毒品只限制在国内，而且必须是与走私、贩卖、制造有关联的运输行为。制造毒品，是指非法利用毒品原植物直接提炼或者用化学方法加工、配制毒品，或者以改变毒品成分和效用为目的，用混合等物理方法加工、配制毒品的行为。本罪的主体是一般主体。本罪的主观方面为故意，即明知自己走私、贩卖、运输、制造的是毒品，但不需要以营利为目的。

（三）司法认定

（1）本罪是选择性罪名，针对不同的毒品分别实施走私、贩卖、运输、制造行为的，以走私、贩卖、运输、制造毒品罪一罪处理。

（2）本罪既遂认定问题。第一，走私毒品既遂采取到达说，即毒品到达我国的领土（包括港口，但不包括领空）时为既遂。贩卖毒品的既遂，应以毒品实际转移给对方时为既遂，至于能否获得对价不影响既遂。运输毒品的既遂，如果以行为人为了运输而开始搬运毒品时为着手，进入运输状态为既遂；如果采用邮寄的方式，将装有毒品的邮袋交付邮局后，即为既遂。制造毒品的既遂，以实际上制造出毒品（包括粗制毒品和半成品）时为既遂。

（3）在走私、贩卖、运输、制造毒品的过程中以暴力、胁迫方式抗拒检查、拘留、逮捕的，以走私、贩卖、运输、制造毒品罪加重处罚。利用、教唆未成年人走私、贩卖、运输、制造毒品或者向未成年人出售毒品的，从重处罚。根据《刑法》第155条的规定，直接向走私人非法收购走私进口的毒品，或者在内海、领海运输、收购、贩卖毒品的，也属于走私毒品罪。

（4）根据《刑法》第357条第二款的规定：毒品的数量以查证属实的走私、贩卖、运输、制造毒品的数量计算，不以纯度折算。在对毒品犯罪量刑时，原则上只考虑毒品的数量，不应以纯度折算毒品。

二、非法持有毒品罪

（一）法条规范

第348条　非法持有鸦片一千克以上、海洛因或者甲基苯丙胺五十克以上或者其他毒品数量大的，处七年以上有期徒刑或者无期徒刑，并处罚金；非法持有鸦片二百克以上不满一千克、海洛因或者甲基苯丙胺十克以上不满五十克或者其他毒品数量较大的，处三年以下有期徒刑、拘役或者管制，并处罚金；情节严重的，处三年以上七年以下有期徒刑，并处罚金。

（二）犯罪构成

本罪的行为对象是毒品。本罪的客观行为是持有毒品。非法，是指违反国家毒品管理法规，非法持有毒品数量较大的行为。持有，是指行为人对毒品事实上的支配，既包括行为人自己携带、储藏毒品，也包括行为人利用他人实现对毒品的支配，或者与他人共同支配毒品的情况。持有的毒品必须达到一定数量，才成立非法持有毒品罪。行为人因走私、贩卖、运输、制造毒品罪而持有毒品的，属于走私、贩卖、运输、制造毒品罪的当然内容，不能认定为非法持有毒品罪，也不能并罚。吸毒者非法持毒，或本人用于吸食毒品而托购、代购毒品，数量达到《刑法》第348条规定的标准的，托购者和代购者都构成非法持有毒品罪。本罪的主观方面是故意，即行为人必须明知是毒品而持有。如果误将毒品当作白面而持有，不成立犯罪。

三、其他罪名

第349条　【包庇毒品犯罪分子罪；窝藏、转移、隐瞒毒品、毒赃罪】包庇走私、贩卖、运输、制造毒品的犯罪分子的，为犯罪分子窝藏、转移、隐瞒毒品或者犯罪所得的财物的，处三年以下有期徒刑、拘役或者管制；情节严重的，处三年以上十年以下有期徒刑。

缉毒人员或者其他国家机关工作人员掩护、包庇走私、贩卖、运输、制造毒品的犯罪分子的，依照前款的规定从重处罚。

犯前两款罪，事先通谋的，以走私、贩卖、运输、制造毒品罪的共犯论处。

第350条① 　【非法生产、买卖、运输制毒物品、走私制毒物品罪】违反国家规定，非法生产、买卖、运输醋酸酐、乙醚、三氯甲烷或者其他用于制造毒品的原料、配剂，或者携带上述物品进出境，情节较重的，处三年以下有期徒刑、拘役或者管制，并处罚金；情节严重的，处三年以上七年以下有期徒刑，并处罚金；情节特别严重的，处七年以上有期徒刑，并处罚金或者没收财产。

明知他人制造毒品而为其生产、买卖、运输前款规定的物品的，以制造毒品罪的共犯论处。

单位犯前两款罪的，对单位判处罚金，并对其直接负责的主管人员和其他直接责任人员，依照前两款的规定处罚。

第351条　【非法种植毒品原植物罪】非法种植罂粟、大麻等毒品原植物的，一律强制铲除。有下列情形之一的，处五年以下有期徒刑、拘役或者管制，并处罚金：

（1）种植罂粟五百株以上不满三千株或者其他毒品原植物数量较大的；

（2）经公安机关处理后又种植的；

（3）抗拒铲除的。

非法种植罂粟三千株以上或者其他毒品原植物数量大的，处五年以上有期徒刑，并处罚金或者没收财产。

非法种植罂粟或者其他毒品原植物，在收获前自动铲除的，可以免除处罚。

第352条　【非法买卖、运输、携带、持有毒品原植物种子、幼苗罪】非法买卖、运输、携带、持有未经灭活的罂粟等毒品原植物种子或者幼苗，数量较大的，处三年以下有期徒刑、拘役或者管制，并处或者单处罚金。

第353条　【引诱、教唆、欺骗他人吸毒罪；强迫他人吸毒罪】引诱、教唆、欺骗他人吸食、注射毒品的，处三年以下有期徒刑、拘役或者管制，并处罚金；情节严重的，处三年以上七年以下有期徒刑，并处罚金。

强迫他人吸食、注射毒品的，处三年以上十年以下有期徒刑，并处罚金。

引诱、教唆、欺骗或者强迫未成年人吸食、注射毒品的，从重处罚。

第354条　【容留他人吸毒罪】容留他人吸食、注射毒品的，处三年以下有期徒刑、拘

---

① 　本条第一、二款为《中华人民共和国刑法修正案（九）》第41条所修改。

役或者管制,并处罚金。

第 355 条 【非法提供麻醉药品、精神药品罪】依法从事生产、运输、管理、使用国家管制的麻醉药品、精神药品的人员,违反国家规定,向吸食、注射毒品的人提供国家规定管制的能够使人形成瘾癖的麻醉药品、精神药品的,处三年以下有期徒刑或者拘役,并处罚金;情节严重的,处三年以上七年以下有期徒刑,并处罚金。向走私、贩卖毒品的犯罪分子或者以牟利为目的,向吸食、注射毒品的人提供国家规定管制的能够使人形成瘾癖的麻醉药品、精神药品的,依照本法第 347 条的规定定罪处罚。

单位犯前款罪的,对单位判处罚金,并对其直接负责的主管人员和其他直接责任人员,依照前款的规定处罚。

第八节 组织、强迫、引诱、容留、介绍卖淫罪

典型案例

【基本案情】

赵某组织、强迫卖淫罪①

2016 年至 2018 年间,赵某纠集无业人员朱某、张某、李某等二十余名打手,组织吴某、王某、安某等 70 余名卖淫女大肆在自己开办的洗浴城内卖淫,谋取暴利,其中吴某、王某、安某系赵某从人贩子手中购得,为了使她们丧失贞操观念,赵某、朱某等人将 3 人多次强奸。吴某迫于赵某的淫威,渐渐放弃了抵抗,开始卖淫赚钱。王某始终以死相逼,拒绝提供性服务,因此而招来了赵某等人不断的毒打,王某迫于无奈,跳楼逃走,当场摔死。安某亦始终不肯卖淫,但不料赵某、朱某将其打晕后送给嫖客,导致安某被强奸。

【法律问题】对赵某、朱某、张某、李某的行为如何定性?

【案例解析】本罪就赵某行为如何定性存在分歧。第一种意见认为,赵某只构成组织卖淫罪,其中为了顺利地组织卖淫,对被控制妇女实施了强奸和暴力行为。根据《刑法》第 358 条的规定,以暴力或者强奸的方式组织卖淫的,应该以组织卖淫罪认定,以暴力或者强奸的方式组织卖淫作为从重处罚的情节。第二种意见认为,赵某的行为构成组织卖淫罪,本案强奸的行为不能被组织卖淫罪所吸收,因为吸收的前提是行为人通过强奸、暴力使被害人屈服,从而使被害人自愿或者一定程度上自愿卖淫。本案属于行为人始终不同意卖淫,在行为人的帮助下被嫖客强奸的,构成单独的强奸罪。赵某的行为应该构成组织卖淫罪与强奸罪数罪并罚。本书赞同第二种意见。另外,本案中,张某、李某的行为构成协助组织卖淫罪,朱某的行为构成协助组织卖淫罪和强奸罪,数罪并罚。

---

① 韩玉胜.刑法各论案例分析[M].北京:中国人民大学出版社,2014:408.

规范释义

一、组织卖淫罪

（一）法条规范

第358条第一款①　组织、强迫他人卖淫的，处五年以上十年以下有期徒刑，并处罚金；情节严重的，处十年以上有期徒刑或者无期徒刑，并处罚金或者没收财产。

组织、强迫未成年人卖淫的，依照前款的规定从重处罚。

犯前两款罪，并有杀害、伤害、强奸、绑架等犯罪行为的，依照数罪并罚的规定处罚。

（二）犯罪构成

组织卖淫罪是以招募、雇用、强迫、引诱、容留等手段，控制多人从事卖淫活动的行为。本罪的客观方面表现为组织他人卖淫。本罪的犯罪主体是卖淫的组织者，可以是一人，也可以是数人。被组织的他人应该是3人以上的多人，既包括女性，也包括男性。组织者自己参与卖淫活动的，也不影响本罪的成立。

（三）司法认定

组织他人卖淫，又引诱、容留、介绍被组织的人卖淫，由于引诱、容留、介绍都视为组织行为的组成部分，只构成组织卖淫罪。如果这些行为是被组织者以外的其他人实施的，仍应分别定罪，实行数罪并罚。如果组织、强迫卖淫，并有伤害、强奸、绑架等犯罪行为的，依照数罪并罚的规定处罚。

二、其他罪名

第358条　【组织卖淫罪；强迫卖淫罪】组织、强迫他人卖淫的，处五年以上十年以下有期徒刑，并处罚金；情节严重的，处十年以上有期徒刑或者无期徒刑，并处罚金或者没收财产。

组织、强迫未成年人卖淫的，依照前款的规定从重处罚。

犯前两款罪，并有杀害、伤害、强奸、绑架等犯罪行为的，依照数罪并罚的规定处罚。

【协助组织卖淫罪】为组织卖淫的人招募、运送人员或者有其他协助组织他人卖淫行为的，处五年以下有期徒刑，并处罚金；情节严重的，处五年以上十年以下有期徒刑，并处罚金。

第359条　【引诱、容留、介绍卖淫罪；引诱幼女卖淫罪】引诱、容留、介绍他人卖淫的，处五年以下有期徒刑、拘役或者管制，并处罚金；情节严重的，处五年以上有期徒刑，并处罚金。

【引诱幼女卖淫罪】引诱不满十四周岁的幼女卖淫的，处五年以上有期徒刑，并处罚金。

第360条②　【传播性病罪】明知自己患有梅毒、淋病等严重性病卖淫、嫖娼的，处五年以下有期徒刑、拘役或者管制，并处罚金。

---

① 本条为《中华人民共和国刑法修正案（九）》第42条所修改。
② 本条为《中华人民共和国刑法修正案（九）》第43条所修改。

第361条 【特定单位的人员组织、强迫、引诱、容留、介绍卖淫的处理规定】旅馆业、饮食服务业、文化娱乐业、出租汽车业等单位的人员，利用本单位的条件，组织、强迫、引诱、容留、介绍他人卖淫的，依照本法第358条、第359条的规定定罪处罚。

前款所列单位的主要负责人，犯前款罪的，从重处罚。

第362条 【包庇罪】旅馆业、饮食服务业、文化娱乐业、出租汽车业等单位的人员，在公安机关查处卖淫、嫖娼活动时，为违法犯罪分子通风报信，情节严重的，依照本法第310条的规定定罪处罚。

第九节　制作、贩卖、传播淫秽物品罪

典型案例

【基本案情】

廖某传播淫秽物品案①

廖某曾经在日本生活了10年，两年前回国以后在苏州某旅行社当导游。2002年，廖某通过搜索引擎看到了"无名小站"这一黄色淫秽网站，刚开始他只是注册了普通会员，后来这一网站被关掉。2013年3月份，廖某又意外搜索到了该网站，他就以同样的注册网名登录，并开始浏览内容和发帖。

2013年3月底，网站上赫然刊登招聘版主的广告，廖某一阵欢喜，连忙递交了申请，没有想到居然被批准了，廖某成为"六品会员"，当起了版主，可以对会员的发帖进行管理。后来因为跟上级管理员比较熟悉，廖某被提升为"四级会员"。廖某利用版主的身份在网站上大肆发表淫秽文章、图片和视频等淫秽物品。

【法律问题】廖某构成何罪？

【案例解析】本案廖某构成传播淫秽物品罪。

规范释义

一、传播淫秽物品罪

（一）法条规范

第364条第一款 传播淫秽的书刊、影片、音像、图片或者其他淫秽物品，情节严重的，处二年以下有期徒刑、拘役或者管制。

第四款 向不满十八周岁的未成年人传播淫秽物品的，从重处罚。

---

① 韩玉胜.刑法各论案例分析［M］.北京：中国人民大学出版社，2014：419.

（二）犯罪构成

传播淫秽物品罪，是指不以牟利为目的，在社会上传播淫秽书刊、影片、音像、图片或者其他淫秽物品，情节严重的行为。本罪的客观方面是传播。所谓传播，是指使淫秽物品的内容在公共场所或不特定多数人能够任意进入的场所扩散的一切行为。传播的方式有交换、散发、播放、讲解等。传播是公然进行的，还是私下实施的，都在所不问。不是在公共场所或者针对不特定的多数人传播的，而是在特定的范围内（如亲朋好友之间）传播的，不构成本罪。本罪的犯罪主体包括自然人和单位。

（三）司法认定

（1）在互联网上犯传播淫秽物品罪的三种形式：第一，在互联网上建立淫秽网站、网页。所建立的网站、网页上主要内容为淫秽书刊、影片、音像、图片。有关人体生理、医学知识的科学著作不属淫秽物品，包含有色情内容的有艺术价值的文学、艺术作品不视为淫秽物品。第二，在互联网上提供淫秽站点链接服务。行为人自己建立的网站、网页虽不属淫秽网站、网页，但在其网站、网页上与淫秽网站、网页之间制作链接服务。第三，在互联网上传播淫秽书刊、影片、音像、图片，即在互联网上以制作、复制、刊载、发送邮件等形式散布淫秽书刊、影片、音像、图片。

（2）本罪的共犯问题。根据《最高人民法院关于审理非法出版物刑事案件具体应用法律若干问题的解释》，出版单位与他人事前通谋，向其出售、出租或者以其他形式转让该出版单位的名称、书号、刊号、版号，他人实施本罪的行为，对该出版单位应当以共犯论处。

二、其他罪名

第363条　【制作、复制、出版、贩卖、传播淫秽物品牟利罪】以牟利为目的，制作、复制、出版、贩卖、传播淫秽物品的，处三年以下有期徒刑、拘役或者管制，并处罚金；情节严重的，处三年以上十年以下有期徒刑，并处罚金；情节特别严重的，处十年以上有期徒刑或者无期徒刑，并处罚金或者没收财产。

【为他人提供书号出版淫秽书刊罪】为他人提供书号，出版淫秽书刊的，处三年以下有期徒刑、拘役或者管制，并处或者单处罚金；明知他人用于出版淫秽书刊而提供书号的，依照前款的规定处罚。

第364条　【组织播放淫秽音像制品罪】组织播放淫秽的电影、录像等音像制品的，处三年以下有期徒刑、拘役或者管制，并处罚金；情节严重的，处三年以上十年以下有期徒刑，并处罚金。

制作、复制淫秽的电影、录像等音像制品组织播放的，依照第二款的规定从重处罚。

向不满十八周岁的未成年人传播淫秽物品的，从重处罚。

第365条　【组织淫秽表演罪】组织进行淫秽表演的，处三年以下有期徒刑、拘役或者管制，并处罚金；情节严重的，处三年以上十年以下有期徒刑，并处罚金。

⟨ **能力应用** ⟩

关于罪数的判断，下列哪一选项是正确的？（　　　　）

A.甲为冒充国家机关工作人员招摇撞骗而盗窃国家机关证件，并持该证件招摇撞骗。

甲成立盗窃国家机关证件罪和招摇撞骗罪，数罪并罚

B.乙在道路上醉酒驾驶机动车，行驶 20 公里后，不慎撞死路人张某。因已发生实害结果，乙不构成危险驾驶罪，仅构成交通肇事罪

C.丙以欺诈手段骗取李某的名画。李某发觉受骗，要求丙返还，丙施以暴力迫使李某放弃。丙构成诈骗罪与抢劫罪，数罪并罚

D.已婚的丁明知杨某是现役军人的配偶，却仍然与之结婚。丁构成重婚罪与破坏军婚罪的想象竞合犯

【参考答案】

A

解析：关于 A 项，甲的前行为（盗窃国家机关证件罪）与后行为（招摇撞骗罪）之间存在手段与目的的关联，但不宜认定为是牵连犯。刑法理论上对牵连犯是主张从一重罪处罚，但牵连犯毕竟实施了两个犯罪行为，以一罪论处在一定程度上有悖于罪刑相适应原则。所以，刑法理论与审判实践中严格限制牵连犯的成立范围。在牵连关系的认定中，犯罪人主观上具有将一方作为另一方的手段或者结果的意图还不够，数行为之间，在其类型上即社会生活的一般经验上，必须具有通常应当看作为手段、结果的关系的"客观说"成为通说；在客观上还需存在目的行为与方法或手段行为的牵连（即主从关系）或者原因行为与结果行为的牵连（即高度伴随性）。本案中，盗窃国家机关证件并不是招摇撞骗罪的必经手段，两行为之间不具有高度伴随性，不宜认为二者具有牵连关系，应并罚。故 A 选项正确。

关于 B 项，危险驾驶罪与交通肇事罪不是对立关系。任何交通肇事罪都必然经历过"危险驾驶"的行为。从这一意义上看，行为人的行为既触犯了危险驾驶罪，也触犯了交通肇事罪。但由于行为人仅实施了一个行为，故只能适用重罪（交通肇事罪）。《刑法》第 133条之一第三款规定：有前两款行为（危险驾驶行为），同时构成其他犯罪的，依照处罚较重的规定处罚。严重的危险驾驶行为造成严重后果的，完全可能同时触犯交通肇事罪，应择一重罪处罚。故 B 选项错误。

关于 C 项，丙的行为既侵犯了被害人的财产权，又侵犯了被害人的人身权。如果认定丙的行为以诈骗罪与抢劫罪并罚，这就是对丙的行为侵犯被害人财产权进行了双重评价，既评价为诈骗罪，也评价为抢劫罪，这显然是不合适的。丙的前后行为如果进行"整体评价"的话，既侵犯财产，又侵犯人身，侵犯人身权利的目的也是为了免除财产义务的返还，成立抢劫罪。如果丙的前后行为进行"分别判断"的话，前行为成立诈骗罪，后行为成立故意伤害罪，应并罚。故 C 选项错误。

关于 D 项，重婚罪与破坏军婚罪之间属于法条竞合。法条竞合是必然的竞合，法条本身的竞合。即便不看具体案件，我们都应该知道，这两法条之间存在一定的重合。破坏军婚罪属于特别法，应优先适用。而想象竞合是偶然的竞合，竞合的两罪之间毫无关联，只是出现了具体的案件才导致两罪之间偶然存在一些竞合。例如，盗窃正在使用中的电线，既触犯了盗窃罪，也触犯了破坏电力设备罪，但盗窃罪、破坏电力设备罪完全是风马牛不相及的两罪，只是因为行为人的行为（盗窃正在使用中的电线）才使得两罪之间存在竞合，一行为会同时触犯这两罪。故 D 选项错误。

综上，本题正确答案是 A 项。

第八章 贪污贿赂罪

知识结构

贪污贿赂罪 { 犯罪客体：职务行为的廉洁性、不可收买性
客观方面：实施侵犯职务行为廉洁性的行为，包括作为与不作为
犯罪主体：国家工作人员
主观方面：故意

第一节 贪污犯罪

典型案例

【基本案情】

张某、吴某贪污案[①]

张某于2013年3月至2016年2月在某市审计局主管的资产评估事务所担任出纳期间，累计坐支现金1457871元，用于炒股。2016年春节后，因事务所人员分流，张某不再担任该所出纳，无钱归还被其坐支的公款，便与吴某商议，提议以放火的手段，将其掌管的账目烧毁，以防止事情败露。2016年2月某日晚2人携带汽油、手套、打火机等作案工具，窜到事务所财务办公室，点燃了办公桌，烧毁了由张某掌管的2015年12月至2016年1月的账目及其他办公设备。经物价部门认定，火灾造成的直接经济损失达18798元。

【法律问题】请根据刑法知识，评析本案相关问题。

【案例解析】本案具体有两个问题需要分析：

（1）关于本罪的行为性质。本案中，张某在挪用公款后实施了放火行为，对其是以挪用公款和放火罪实施数罪并罚处理，还是以贪污罪定罪处罚，是本案争议的关键问题。第

---

① 韩玉胜.刑法各论案例分析[M].北京：中国人民大学出版社，2014：441.

一种意见认为，张某前后有两种不同的犯意，挪用公款在先，后产生放火的犯意，且其烧毁的只是最后两个月的出纳账，其行为属于两个不同的犯罪构成，应当以两个不同的罪名即挪用公款罪和放火罪追究其刑事责任。第二种意见认为，张某挪用公款后在无法归还的情况下为达到长期占有公款、掩盖自身犯罪事实的目的，伙同他人放火烧毁账簿，其犯意已经由挪用转化为侵吞、占有公款，因此符合贪污罪的主、客观构成要件，应以贪污罪追究其刑事责任。本书赞同第二种意见。

（2）关于贪污罪共犯问题。本案中吴某系非国家工作人员，其在得知张某挪用公款的犯罪事实后，和张某一起放火毁灭罪证。该行为是帮助毁灭证据罪还是贪污罪共犯？本书认为，应属贪污罪共犯，而非帮助毁灭证据罪。

【规范释义】

一、贪污罪

（一）法条规范

第 382 条　国家工作人员利用职务上的便利，侵吞、窃取、骗取或者以其他手段非法占有公共财物的，是贪污罪。

受国家机关、国有公司、企业、事业单位、人民团体委托管理、经营国有财产的人员，利用职务上的便利，侵吞、窃取、骗取或者以其他手段非法占有国有财物的，以贪污论。

与前两款所列人员勾结，伙同贪污的，以共犯论处。

第 383 条[①]　对犯贪污罪的，根据情节轻重，分别依照下列规定处罚：

（1）贪污数额较大或者有其他较重情节的，处三年以下有期徒刑或者拘役，并处罚金。

（2）贪污数额巨大或者有其他严重情节的，处三年以上十年以下有期徒刑，并处罚金或者没收财产。

（3）贪污数额特别巨大或者有其他特别严重情节的，处十年以上有期徒刑或者无期徒刑，并处罚金或者没收财产；数额特别巨大，并使国家和人民利益遭受特别重大损失的，处无期徒刑或者死刑，并处没收财产。

对多次贪污未经处理的，按照累计贪污数额处罚。

犯第一款罪，在提起公诉前如实供述自己罪行、真诚悔罪、积极退赃，避免、减少损害结果的发生，有第一项规定情形的，可以从轻、减轻或者免除处罚；有第二项、第三项规定情形的，可以从轻处罚。

犯第一款罪，有第三项规定情形被判处死刑缓期执行的，人民法院根据犯罪情节等情况可以同时决定在其死刑缓期执行二年期满依法减为无期徒刑后，终身监禁，不得减刑、假释。

第 394 条　国家工作人员在国内公务活动或者对外交往中接受礼物，依照国家规定应当交公而不交公，数额较大的，依照本法第 382 条、第 383 条的规定定罪处罚。

---

① 本条为《中华人民共和国刑法修正案（九）》第 44 条所修改。

（二）犯罪构成

贪污罪是指国家工作人员利用职务上的便利，侵吞、窃取、骗取或者以其他手段非法占有公共财产的行为。

本罪的客体是，职务行为廉洁性以及公共财产的所有权。本罪的行为对象是公共财产，具体包括：①国有财产；②劳动群众集体所有的财产；③用于扶贫和其他公益事业的社会捐助或者专项基金的财产；④在国家机关、国有公司、企业、集体企业和人民团体管理、使用或者运输的私人财产，以公共财产论。

> **释义 1.**
>
> 公共财物不等于国有财物，委派到非国有单位从事公务的人员，可能贪污的是国有财物以外的公共财物。同时，不要求单位对财物的占有具备合法性，即便是"黑吃黑"也可以构成贪污罪。如贪污国有企业收受的回扣，成立贪污罪。

本罪的客观方面表现为利用职务上的便利，侵吞、窃取、骗取或者以其他手段非法占有公共财产的行为。本罪的行为方式主要有：①用职务之便。具体指利用职务上主管、管理、经营、经手公共财物的权力和方便条件。如果是利用熟悉作案环境、易于接近作案目标、凭借工作人员身份进入某单位等便利条件非法占有公私财物的，不成立贪污罪。②采取侵吞、窃取、骗取等方式将公共财产转为私人不法所有，还包括不法处分。行为人将财产不法所有：第一种表现为行为人在法律上或事实上不法所有该财产，如甲将公款存入自己的存折；第二种表现为行为人在事实上或者法律上处分了公共财产，如将公款赠与他人。侵吞，是指将自己因职务而占有、管理的财产据为己有或者使第三者所有，对犯罪手法没有限制，如交警将罚款据为己有。窃取，是指当行为人和他人共同占有公共财产时，行为人利用职务上的便利，违反所有者的意思，以和平的方式取得公共财产。骗取，是指假借职务上的合法形式，采用欺骗手段使得具有处分权的受骗人基于错误认识而处分财产，行为人进而取得该财产。如国有保险公司工作人员，利用职务上的便利，故意编造虚假的保险事故，进行虚假理赔，骗取保险金归自己所有的行为，属于骗取。其他手段，如挪用公款潜逃，潜逃说明了行为人不想归还财产的主观故意，又如《刑法》第394条所描述行为。

本罪的犯罪主体是国家工作人员，而国家工作人员的主要特征是从事公务。从事公务是指代表国家机关、国有公司、企业、事业单位、人民团体等履行组织、领导、监督、管理等职责。"公务"主要表现为与职权相联系的公共事务以及监督、管理国有财产的职务活动。如国家机关工作人员依法履行职责，国有公司的董事、经理、监事、会计、出纳人员等管理、监督国有财产等活动，属于从事公务。那些不具备职权内容的劳务活动、技术服务工作，如售票员、售货员等所从事的工作，一般不认为是公务。国家工作人员具体包括以下四类人员：

第一，国家机关工作人员。国家机关工作人员是在国家机关中从事公务的人员，包括各级国家权力机关、行政机关、司法机关和军事机关中从事公务的人员，即"公务员"。根据立法解释，在依照法律、法规规定行使国家行政管理职权的组织中从事公务的人员，或者在受国家机关委托代表国家行使职权的组织中从事公务的人员，或者虽未列入国家机关编制但在国家机关中从事公务的人员，在代表国家机关行使职权时，视为国家机关工作人员。在乡镇以上中国共产党机关、人民政协机关中从事公务的人员，司法实践中也应视为国家机关工作人员。

第二，国有公司、企业、事业单位、人民团体中从事公务的人员。国有公司、企业是指国有独资的公司、企业。在国有公司控股、参股的股份有限公司中从事管理工作的人员，不能一律认定为国家工作人员。

第三，国有机关、国有公司、企业、事业单位委派到非国有公司、企业、事业单位、社会团体从事公务的人员。

第四，其他依照法律从事公务的人员。依照法律，从事公务的人员应当具有两个特征：一是在特定条件下行使国家管理职能；二是依照法律规定从事公务。具体包括：①依法履行职责的各级人民代表大会代表；②依法履行审判职责的人民陪审员；③协助乡镇政府、街道办事处从事行政管理工作的村民委员会、居民委员会等农村和城市基层组织人员；④其他法律授权从事公务的人员。根据立法解释，村民委员会等基层组织人员协助人民政府从事行政管理工作，利用职务上的便利贪污公共财产的，应以贪污罪论处。通过伪造国家机关公文、证件担任了国家工作人员的，也能成为贪污罪的主体（形式上是国家工作人员，不要求实质上是国家工作人员）。

> **释义2.**
>
> 在主体方面，贪污罪比挪用公款罪多了"受委托管理、经营国有财产的人员"。如果受委托管理、经营国有财产的人员挪用国有财产的，不能认定为挪用公款罪，只能认定为挪用资金罪；受委托管理、经营国有财产的人员收受贿赂的，不能构成受贿罪，只能构成非国家工作人员受贿罪。
>
> 本罪的主观方面是故意，而且具有非法占有公共财产的目的。

（三）司法认定

1.本罪的既遂与未遂认定问题

本罪以行为人是否实际控制财物作为既遂与未遂标准，行为人控制公共财物后，是否将财物据为己有，不影响贪污罪的既遂认定。公共财物尚未实际转移的，或者尚未被行为人实际控制就被查获的，应当认定为贪污罪的未遂。

2.关于共同犯罪即伙同贪污的认定

《刑法》第382条第三款规定，伙同国家工作人员贪污的，以共犯论处。实践中，发生了大量国家工作人员和非国家工作人员相互勾结，共同取得公共财物的案件。但是，对类似案件如何处理，一直有争议。例如，负责拆迁的国家工作人员甲明知乙虚构拆迁面积，为尽快完成拆迁任务或者谋取个人利益，而按照虚构后的面积给予乙补偿，乙由此多得50万元补偿款，后送给甲10万元。有的司法机关对甲、乙均定贪污罪；有的司法机关对甲定受贿罪，对乙定诈骗罪、行贿罪；有的司法机关则对甲定滥用职权罪，对乙定诈骗罪、行贿罪。①

"伙同国家工作人员贪污的，以共犯论"的规定，考虑了身份犯(义务犯)的法理，即有身份的人和无身份的人共同犯罪的，是否实施了某种实行行为、是否存在行为的支配性并不重要，关键要考虑有身份者是否履行其义务。按照这一原理，前例中，对甲、乙应以贪污罪共犯论处，其中，甲贪污的数额是50万元(分得赃款10万元)；乙构成贪污罪共犯(犯罪数额50万元，分得赃款40万元)、诈骗罪的想象竞合犯，最终以重罪贪污罪共犯(从犯)处理。因此，在伙同贪污的场合，在定罪时需要遵循以下原则：①国家工作人员参与作假并收受财物，若没有对国家工作人员身份、职务的利用，犯罪就完全不可能实施的，则国家工作人员与无身份者构成贪污罪共犯，其收受财物行为的实质是共同贪污后的分赃，不再定受贿罪。②仅仅将参与作假的国家工作人员收受少量财物的行为认定为受贿罪，会评价不足，放纵罪犯，也不利于保护公共财物。③如果有身份者和无身份者事前勾结，无身份者已经告知对方有关真相，国家工作人员谈不上被骗，因此，认定取得财物的非国家工作人员构成诈骗罪就是不合适的。④国家工作人员在履行职责过程中，伙同他人伪造或使用虚假材料骗取公共财物的，构成滥用职权罪和贪污罪的想象竞合犯，应以重罪(通常是贪污罪)处理。如果仅定滥用职权罪，没有周延地保护法益，没有对行为进行充分评价，并不合适。②

3. 共犯的量刑

在共同贪污中，个人贪污数额，不是泛指整个共同犯罪的数额，也不是指分赃数额，而是指个人应当承担责任的数额。对此，应根据刑法总则关于各共犯人承担责任的原则确定。2003年11月13日最高人民法院《全国法院审理经济犯罪案件工作座谈会纪要》指出：《刑法》第383条第1款规定的个人贪污数额，在共同贪污犯罪案件中应理解为个人所参与或者组织、指挥共同贪污的数额，不能只按个人实际分得的赃款数额来认定。例如，甲、乙、丙共同贪污150万元的，由于主犯按其所参与的全部犯罪承担责任，故主犯甲的贪污数额按150万元计算；如果从犯乙参与贪污100万元，则其个人贪污数额为100万元；如果从犯丙参与贪污50万元，则其个人贪污数额为50万元，即从犯以其参与的贪污数额作为其个人贪污数额，并依照《刑法》第27条第二款的规定，从轻、减轻处罚或者免除处罚。③

4. 刑罚适应

(1)量刑规定。

根据《刑法》第383条规定，对犯贪污罪的，根据情节轻重，分别按照下列规定处罚：①贪污数额较大或者有其他较重情节的，处三年以下有期徒刑或者拘役，并处罚金。②贪污数额巨大或者有其他严重情节的，处三年以上十年以下有期徒刑，并处罚金或者没收财产。③贪污数额特别巨大或者有其他特别严重情节的，处十年以上有期徒刑或者无期徒刑，并处罚金或者没收财产；数额特别巨大，并使国家和人民利益遭受特别重大损失的，处无期徒刑或者死刑，并处没收财产。上述量刑标准采用数额加情节的方式，不是单纯考

---

① 周光权.刑法各论[M].北京：中国人民大学出版社，2016：465.
② 周光权.刑法各论[M].北京：中国人民大学出版社，2016：465.
③ 周光权.刑法各论[M].北京：中国人民大学出版社，2016：465.

虑犯罪数额，能够较为全面地反映个案中贪污行为的社会危害性，相对合理和符合审判需要，能够尽量减少实践中贪污十几万元、数十万元和贪污上百万元、上千万元的案件判处刑期差别不大，甚至有的判处相同刑罚，无法合理拉开有关犯罪的量刑档次的现象，有利于惩治贪腐犯罪和实现量刑均衡。犯罪情节是一个综合性概念，包括犯罪数额、犯罪手段、犯罪后果以及赃款赃物的去向、社会影响等多种因素，实践中，具有以下情形之一的，可以在数额达到一定标准的基础上，认定行为人具有其他较重情节、其他严重情节或者其他特别严重情节：①曾因贪污、受贿受过纪律、行政处分或者刑事处罚的；②贪污救灾、抢险、防汛、优抚、扶贫、移民、救济、防疫、社会捐助等特定款物的；③将贪污款物用于违法犯罪活动的；④公共财物被犯罪人挥霍或者转移到境外的，或者拒不交代赃款、赃物去向，致使其无法追缴的；⑤造成恶劣社会影响或者其他严重后果的。

死刑适用条件是贪污犯罪数额特别巨大，并使国家和人民利益遭受特别重大损失。就贪污罪而言，这里的使国家和人民利益遭受特别重大损失，主要是指贪污款项被挥霍或者转移、隐匿，从而无法追回，使国家和人民利益遭受特别重大损失。①

（2）特别从宽处罚措施。

犯贪污罪，在提起公诉前如实供述自己罪行，真诚悔罪、积极退赃，避免、减少损害结果的发生，有《刑法》第383条第一款第一项规定情形的，可以从轻、减轻或者免除处罚；有前条第二项、第三项规定情形的，可以从轻处罚。值得注意的是，对于贪污数额较大或者有其他较重情节，行为人在提起公诉前如实供述自己罪行，真诚悔罪，积极退赃，避免、减少损害结果的发生的，从宽幅度很大，可以直至免除处罚。但是对于贪污行为达到第二档、第三档法定情形的，即使行为人如实供述自己罪行、真诚悔罪、积极退赃，避免、减少损害结果的发生，也不得对其减轻或者免除处罚，只可以在相应的幅度范围内从轻处罚。这里的从宽处罚，有时间限制，即被提起公诉以前；有条件限制，即具有如实供述自己罪行、真诚悔罪、积极退赃，避免、减少损害结果的发生等从轻处罚的情形，实际上是两大类：①在如实供述自己罪行、真诚悔罪的前提下积极退赃，这里的核心应该是积极退赃。换言之，贪污罪是在渎职的同时不法取得公共财物的行为，部分具有侵害他人财产占有权的性质。因此，贪污犯罪后拒绝退赃的，其认罪态度好、悔罪程度深可能都是假象，原则上不考虑从宽处罚。②采取有效措施避免、减少损害结果的发生。②

（3）终身监禁。

犯贪污罪被判处死刑缓期执行的，人民法院根据犯罪情节等情况可以同时决定在其死刑缓期执行二年期满依法减为无期徒刑后，终身监禁，不得减刑、假释。终身监禁不是一个新增加的刑种，而是无期徒刑的执行方式之一，是死刑的替代措施。③

二、挪用公款罪

（一）法条规范

第384条　国家工作人员利用职务上的便利，挪用公款归个人使用，进行非法活动的，

---

① 周光权.刑法各论[M].北京：中国人民大学出版社，2016：466.
② 周光权.刑法各论[M].北京：中国人民大学出版社，2016：466.
③ 周光权.刑法各论[M].北京：中国人民大学出版社，2016：466.

或者挪用公款数额较大、进行营利活动的，或者挪用公款数额较大、超过三个月未还的，是挪用公款罪，处五年以下有期徒刑或者拘役；情节严重的，处五年以上有期徒刑。挪用公款数额巨大不退还的，处十年以上有期徒刑或者无期徒刑。

挪用用于救灾、抢险、防汛、优抚、扶贫、移民、救济款物归个人使用的，从重处罚。

(二)犯罪构成

挪用公款罪是指国家工作人员，利用职务上的便利，挪用公款归个人使用，进行非法活动的，或者挪用公款数额较大、进行营利活动的，或者挪用数额较大、超过三个月未还的行为。本罪的客体是公款的占有权、使用权、收益权以及职务行为的廉洁性。本罪的行为对象是公款。公款包括公共款项、国有款项、特定款项(用于救灾、抢险、防汛、优抚、移民、救济的款项)。但是公款不包含公物也不等于现金，挪用特定款物、公有国库券、金融凭证、有价证券的，也可以成立本罪。除此以外，挪用单位的电视机、空调、座椅等的不构成非罪。

本罪的客观方面表现为利用职务上的便利，挪用公款归个人使用的行为。本罪有三种行为方式：①超期未还型。该类型有三个要素——挪用公款归个人使用、数额较大、超过三个月未还。数额较大起点是5万~200万元。所生利息不能计算在内，但可以作为非法所得予以追缴。如挪用公款用于建造私房、购置家具和其他生活用品、办理婚丧、支付医疗费等。②营利活动型。该类型有两个要素——数额较大、进行营利活动。数额较大的标准同超期未还型。进行营利活动指法律法规允许的牟利活动，以及归还由于进行营利活动而所产生的欠款。如开公司、炒股等，也包括挪用公款放进银行赚取利息的。③非法活动型。该类型有一个要素——挪用公款进行非法活动。非法包括一般违法和犯罪，如挪用公款进行贩毒、赌博、嫖娼等都可以构成本罪。尽管无数额限制，但根据司法解释，以3万~100万元为追究刑事责任起点。本罪中的挪用，是指未经合法批准或者违反财经纪律，擅自使公款脱离单位的行为。

根据立法解释：挪用公款"归个人使用"包括：第一，将公款供本人、亲友或者其他自然人使用的。第二，以个人名义将公款供其他单位(包括国有单位和私有单位)使用的。这包括挪用人私自将自己经手或管理的公款以个人名义借给其他单位使用，也包括虽然通过集体决定的方式，但行为人以自己名义，而不是以单位名义将公款借给其他单位使用。第三，个人决定以单位名义将公款供其他单位使用，谋取个人利益的。谋取个人利益既包含事先约定谋取个人利益实际未获取的情况，也包含事先没有约定但实际已获得个人利益的情况。"谋取个人利益"既包括物质利益，也包括非物质利益，既可以是不正当利益，也可以是正当利益。

本罪的行为主体是国家工作人员。本罪和贪污罪主体有重合之处，但有区别，不包括受委托管理、经营国有财产的人员(可构成挪用资金罪)。本罪是自然人犯罪，单位不构成。

(三)司法认定

(1)国有单位领导向其主管的具有法人资格的下级单位借公款归个人使用，构成挪用公款罪。

(2)挪用有价证券、金融凭证用于质押行为性质的认定：以挪用公款罪定罪，挪用公款数额以实际或者可能承担的风险数额计算。

(3)挪用公款罪与贪污罪的区别。下列行为，以贪污罪论处：①携带挪用的公款潜逃的；

②挪用后采用虚假发票平账、销毁有关账目等手段，使所挪用的公款已经难以在单位财务账目上反映出来，且没有归还行为的；③截取单位收入不入账，非法占有，使所占有的公款难以在单位财务账目上反映出来，且没有归还行为的；④有证据表明行为人有能力归还所挪用的公款而拒不归还，并隐瞒挪用公款的去向的。

以下情形以挪用公款罪论处：《刑法》第 185 条第二款规定：国有商业银行、证券交易所、期货交易所、证券公司、期货经纪公司、保险公司或者其他国有金融机构的工作人员和国有商业银行、证券交易所、期货交易所、证券公司、期货经纪公司、保险公司或者其他国有金融机构委派到前款规定中的非国有机构从事公务的人员有前款行为的，依照本法第 384 条的规定定罪处罚。

（4）本罪共犯的问题。挪用公款给他人使用，使用人与挪用人共谋，指使或者参与策划取得挪用款的，以挪用公款罪的共犯定罪处罚。

（5）本罪数罪并罚问题。因挪用公款索取、收受贿赂构成犯罪的，挪用公款进行非法活动构成其他犯罪的，如非法经营罪、赌博罪等，依照数罪并罚的规定处罚。

三、巨额财产来源不明罪

（一）法条规范

第 395 条第一款①　国家工作人员的财产、支出明显超过合法收入，差额巨大的，可以责令该国家工作人员说明来源，不能说明来源的，差额部分以非法所得论，处五年以下有期徒刑或者拘役；差额特别巨大的，处五年以上十年以下有期徒刑。财产的差额部分予以追缴。

（二）犯罪构成

本罪的客观行为表现为：财产、支出明显超过合法收入，差额巨大，在有关机关责令行为人说明来源时，行为人不能说明其来源。但是，财产、支出明显超过合法收入，并不是本罪的实行行为，只是本罪的前提条件。所以，本罪是真正不作为犯。本罪的实行行为是不能说明财产来源。"不能说明"包括以下情况：①行为人拒不说明财产来源；②行为人无法说明财产的具体来源；③行为人所说的财产来源经司法机关查证并不属实；④行为人所说的财产来源因线索不具体等原因，司法机关无法查实，但能排除存在来源合法的可能性或者合理性的。

本罪的行为主体只限于国家工作人员。国家工作人员退休或者辞职以后，检察机关发现其有巨额财产来源不明，行为人不能说明其来源的，由于不具有国家工作人员身份，不应以本罪论处。

本罪的主观方面是故意，不是过失，也不是所谓的严格责任。有学者认为，行为人完全可能忘记了财产来源因而不能说明，如果将此认定为犯罪，便属于严格责任。但本罪的"说明"不等于证明，因为不要求行为人说明每一笔财产的具体来源，只要行为人说明财产来源的渠道、途径即可。

---

① 本款为《中华人民共和国刑法修正案（七）》第 14 条所修改。

释义3①

在《中华人民共和国刑法修正案(七)》之前,《刑法》第395条第一款关于巨额财产来源不明罪的规定是:"国家工作人员的财产、支出明显超过合法收入,差额巨大的,可以责令该国家工作人员说明来源,本人不能说明其来源是合法的,差额部分以非法所得论……"《中华人民共和国刑法修正案(七)》将其"不能说明其来源是合法的"修改为"不能说明其来源的"。于是产生一个问题,行为人拥有巨额财产,本人说明了其非法来源的,如何处理?这种情况处理原则如下:第一,行为人说明了巨额财产来源于一般违法行为,按照一般违法行为证明标准查证属实的,不能认定为本罪,只能按照一般违法行为处理。第二,行为人说明了巨额财产来源于犯罪行为(完全履行说明义务),但按照犯罪的证明标准不能查证属实的,应认定为本罪,这种情况下,对"不能说明其来源的"应限制解释为"不能说明其来源合法"。

(三)司法认定

(1)本罪是真正的不作为犯,不是所谓的复行为犯。本罪客观行为表现为,财产、支出明显超过合法收入,差额巨大,在有关机关责令行为人说明来源时,行为人不能说明其来源。但是,财产、支出明显超过合法收入,不是本罪的实行行为,只是本罪的前提条件。本罪是真正的不作为犯。有观点认为,本罪的实行行为国家工作人员非法持有来源不明的巨额财产(持有说),但这一学说存在明显缺陷。第一,从《刑法》第395条第一款表述可以看出,国家工作人员虽然持有来源不明的巨额财产,但如果能说明其来源的,不可能成立本罪。第二,持有型犯罪只限于行为人所持有的违禁品之类的物品,正因为如此,持有行为本身具有违法性。

(2)本罪与贪污罪、受贿罪的界限。巨额财产来源不明罪与贪污罪和受贿罪有着密切的联系,很多巨额财产来源不明就是没有被查明证实的贪污罪和受贿罪。但巨额财产来源不明罪作为一个独立的罪名有着自己的犯罪构成。首先,贪污罪和受贿罪的犯罪主体的范围要比巨额财产来源不明罪大一些,除国家机关工作人员,还包括国有公司、企业、事业单位其他经手管理公共财产的人员和其他依法从事公务的人员。在犯罪的客观方面,巨额财产来源不明罪只要求行为人拥有超过合法收入的巨额财产,而且行为人不能说明、司法机关又不能查明其来源即可。也就是说,行为人拥有的来源不明的巨额财产既可能是来自贪污、受贿,也可能是来自走私、贩毒、盗窃、诈骗等行为,这些都不影响构成巨额财产来源不明罪。

四、其他罪名

第395条第二款　【隐瞒境外存款罪】国家工作人员在境外的存款,应当依照国家规定申报。数额较大、隐瞒不报的,处二年以下有期徒刑或者拘役;情节较轻的,由其所在单位或者上级主管机关酌情给予行政处分。

---

① 　张明楷.刑法学[M].北京:法律出版社,2017:987.

第 396 条 【私分国有资产罪】国家机关、国有公司、企业、事业单位、人民团体，违反国家规定，以单位名义将国有资产集体私分给个人，数额较大的，对其直接负责的主管人员和其他直接责任人员，处三年以下有期徒刑或者拘役，并处或者单处罚金；数额巨大的，处三年以上七年以下有期徒刑，并处罚金。

【私分罚没财物罪】司法机关、行政执法机关违反国家规定，将应当上缴国家的罚没财物，以单位名义集体私分给个人的，依照前款的规定处罚。

第二节 贿赂犯罪

典型案例

【基本案情】

陈某受贿案[①]

被告人陈某原系中国电子物资总公司某分公司总经理。1992 年年初，陈根据能源化工处处长兼庐海公司经理李某某提出的承包经营方案，在未通知公司其他领导，而仅与公司党委书记、副总经理徐某(另案处理)、财务处处长吴某及李某某四人共同研究的情况下，制订了《关于能源化工处、庐海实业有限公司试行新的奖励办法的通知》。后陈又主持制订《业务处室六项费用承包核算办法实施细则》。依据上述两项规定，李某某于 1992 年提取超额利润提成 21 万余元，1993 年提取超额利润提成 160 万余元。在李承包经营期间，陈以公司总经理身份及公司名义对李的经营业务予以关照。李为感谢陈，于 1993 年春节前，送陈人民币 3 万元，1994 年春节前后又两次送给陈人民币 30 万元、港币 15 万元。

安徽省合肥市中级人民法院认为，陈系国有公司总经理，是领导和管理国有企业相关事务的工作人员，其主持制订上述两项文件，是其正当的职务行为，不是为李谋取利益。现有证据无法证实陈主观上具有权钱交易的受贿故意。陈的行为在客观上给李带来一定的个人利益，李在事后付陈钱财表示感谢而陈予以收受，这是一种事后收受财物的行为。故认定陈的行为构成受贿罪的证据不足，判决陈无罪。

一审宣判后，安徽省合肥市检察院提起抗诉。安徽省高级人民法院经审理后认为，原判认定事实不清，裁定发回重审。合肥市中级人民法院重审时认为：陈身为国家工作人员，利用职务便利，根据下属部门承包经营人李某某的建议，制订新的承包经营政策，协调、帮助李某某承包经营。在李某某获取巨额利润后，非法收受李某某所送 33 万元人民币、15 万元港币，其行为侵害国家工作人员公务活动的廉洁性，已构成受贿罪，依法应予惩处，判决被告人陈某有期徒刑 10 年。

---

① 最高人民法院. 刑事审判参考(第 8 辑)[M]. 北京：法律出版社，2000.

【法律问题】没有事先约定的事后受财行为是否构成受贿罪?

【案例解析】对此存在以下两种观点:

一是肯定说。肯定说认为,只要行为人认识到他人交付的财物是对自己职务行为的不正当报酬,就可能成立受贿罪。换言之,当国家工作人员事前实施某种职务行为(不管是否正当合法),客观上为他人谋取了利益时,他人向国家工作人员交付的财物,就是对国家工作人员职务行为的不正当报酬;国家工作人员明知该财物是对自己职务行为的不正当报酬而收受,就具有了受贿罪的故意。

二是否定说。否定说认为,事前没有贿赂的约定,由于行为人正当行使职务行为在客观上对他人形成利益;为此受益人在事后向行为人交付财物表示感谢而行为人予以收受的所谓事后受财行为,由于行为人主观上虽有收受财物的故意但没有为他人谋取利益作为交换条件而收取他人财物的故意,因此不构成受贿罪。①

在上述两种观点中,对于事前约定事后收受财物或者事前虽无约定事后索要财物以及事前违背职责为他人谋取利益事后收受财物,均应以受贿罪论处,并无异议。争议问题在于:没有事前约定的事后收受他人财物行为是否构成受贿罪?本书认为,没有事前约定的事后收受他人财物行为构成受贿罪。

规范释义

一、受贿罪

(一)法条规范

第 385 条 国家工作人员利用职务上的便利,索取他人财物的,或者非法收受他人财物,为他人谋取利益的,是受贿罪。

国家工作人员在经济往来中,违反国家规定,收受各种名义的回扣、手续费,归个人所有的,以受贿论处。

第 386 条 对犯受贿罪的,根据受贿所得数额及情节,依照本法第 383 条的规定处罚。索贿的从重处罚。

第 388 条 国家工作人员利用本人职权或者地位形成的便利条件,通过其他国家工作人员职务上的行为,为请托人谋取不正当利益,索取请托人财物或者收受请托人财物的,以受贿论处。

(二)犯罪构成

本罪的客体历来存在重大争议。关于本罪立法形式,存在两种立场:一是起源于罗马法立场,受贿罪保护法益是职务行为的不可收买性。不管其职务行为是否正当合法,只要他要求、约定或者收受与职务行为有关的不正当报酬,就构成本罪。二是起源于日耳曼法立场,是职务行为的纯洁性和公正性、职务行为的不可侵犯性。根据这一立场,只有当公务员实施违法或不正当的职务行为,从而要求、约定或者收受与职务行为有关的不正当报酬,才构成本罪。以这一立场为基础,形成诸多学说。①信赖说:德国信赖说认为,受贿

---

① 陈兴良.刑法疏议[M].北京:中国人民公安大学出版社,1997:629.

罪的法益是国民对职务行为的公正性信赖，而不包括职务行为公正性本身，换句话说，即使职务行为是公正的，贿赂行为也会使国民对职务行为公正性产生怀疑。日本信赖说认为，受贿罪的法益是职务行为的公正性以及国民对职务公正性的信赖。②纯洁性说：受贿罪的法益是职务行为的公正性（或不可侵犯性）。但有缺陷，按此学说，公务员就过去的职务行为收受报酬的，以及就正当合法的职务行为收受报酬的，不成立受贿罪。③国家意志篡改说：受贿罪的法益是国家意志，即使国家意志受到无端阻挠与违法篡改。受贿使国家公务员与行贿者之间形成不法约定，自然不能客观公平、公正执行公务，无异于篡改国家意志。④不可收买性说（无报酬性说）：受贿罪的法益是职务行为的无报酬性、不可收买性。⑤折中说：受贿罪的法益是职务行为的不可收买性以及职务行为公正性。⑥清廉义务说：受贿罪的法益是公务员应当具有的清廉义务。

本书认为，本罪的客体是职务行为的不可收买性与廉洁性。不可收买性，一是职务行为不可收买性本身；二是国民对职务行为不可收买性的信赖。具体来说，就是职务行为与财物的不可交换性。职务行为与财物的对价关系的存在不取决于双方是否事先约定，也不取决于索取或者收受财物的时间。

释义 4.

职务行为既包括正在实施或者已经实施的职务行为，也包括将要实施的职务行为与所许诺的职务行为；既包括完全属于职务范围的合法行为，也包括与职务有关的超越或者滥用职务的行为，即只要与职务行为有关即可。与职务行为有关主要包括两种情况：一是与国家工作人员一般的、抽象的职务权限有关的行为，不要求与国家工作人员的具体职务有关；二是与职务密切关联的行为。

本罪的行为对象即贿赂内容是财物。此处财物做扩大解释，即指具有价值的可以管理的有体物、无体物以及财产性利益。本罪中的财物是一切能够折算成人民币的物、利益或服务。根据《最高人民法院、最高人民检察院关于办理贪污贿赂刑事案件适用法律若干问题的解释》（法释〔2016〕9 号，简称《贪污贿赂案件解释》）第 12 条规定：贿赂犯罪中的"财物"，包括货币、物品和财产性利益。财产性利益包括可以折算为货币的物质利益如房屋装修、债务免除等，以及需要支付货币的其他利益，如会员服务、旅游等。后者的犯罪数额，以实际支付或者应当支付的数额计算。

本罪的客观方面是受贿行为。受贿行为一般包括索贿、被动收受、单纯受贿、事后受贿、斡旋受贿几种形式样态。

（1）索贿（主动要）。索贿行为是利用职务便利，以明示或暗示方式主动向他人索要财物。索贿包括要求、索要与勒索贿赂。索贿只需要利用职务上的便利就成立受贿罪，不要求为他人谋取利益。

（2）收受贿赂（被动收受）。收受贿赂，是指在行为人主动提供贿赂时，国家工作人员将该贿赂作为自己的所有物的意思而接收、取得。事实上，还存在一种约定的方式，即行贿人与受贿人就贿赂一事相互沟通、达成协议。收受贿赂只有为他人谋取利益才成立受贿罪。索贿或者收受贿赂，并不限于行为人将贿赂直接据为己有，而是包括使请托人向第三者提供贿赂的情形。在索贿时，财物与职务行为之间的对价关系非常清楚，但在他人主动向国家工作人员交付财物时，该财物是否与国家工作人员的职务行为之间具有对价关系，便不明了。

（3）单纯受贿。《刑法》第385条第二款规定，国家工作人员在经济往来中，违反国家规定，收受各种名义的回扣、手续费，归个人所有的，以受贿论处（限于经济往来中，无须为人谋利）。

（4）事后受贿。事后受贿是指国家工作人员事先实施某种职务行为，为他人谋取利益时，没有受贿的故意，事后明知他人交付的财物是对自己职务行为的不正当报酬而予以收受的行为。事后受贿成立受贿罪，从行为性质而言，收受财物是"事前"还是"事后"，并不影响行为的性质。事前有约定的事后受贿与事前没有约定的事后受贿只是形式不同，没有实质区别。从财物性质上看，二者都是国家工作人员职务行为的不正当报酬，财物与职务形成了对价关系。从主观故意而言，只要行为人认识到他人的财物是对自己职务行为的不正当报酬，就完全可能成立受贿罪。

（5）斡旋受贿。根据《刑法》第388条的规定，国家工作人员利用本人职权或者地位形成的便利条件，通过其他国家工作人员职务上的行为，为请托人谋取不正当利益，索取请托人财物或者收受请托人财物的，以受贿论处。这在刑法理论上称为斡旋受贿。"利用职务之便"即利用本人职务上的职权，包括利用职务上有隶属、制约关系的其他国家工作人员的职权（利用自己的职务和下级的职权收受财物）。"利用职权或者地位所形成的便利条件"，即利用本人职权或者地位产生的影响和一定的工作联系。斡旋受贿必须符合两个条件：第一，利用本人职权或者地位形成的便利条件（并不要求行为人积极地利用其职权或地位，只要基于国家工作人员立场实施斡旋行为即可）。如单位内不同部门的国家工作人员之间、上下级单位、没有职务上隶属或制约关系国家工作人员之间。如果利用的是同学、亲友关系则不属于此类。第二，接受他人请托，使其他国家工作人员实施（包括放弃）职务上行为为请托人谋取不正当利益。其必须是谋取不正当利益。第三，向请托人索取或者收受请托人的财物。

关于本罪中"为他人谋取利益"的问题。①传统的观点即旧的客观说认为，为他人谋取利益是受贿罪的客观构成要件要素；国家工作人员收受财物但事实上并没有为他人谋取利益的，不成立受贿罪；但为他人谋取的利益是否已经实现，不影响受贿罪的成立。据此，为他人谋取利益，是指客观上为他人谋取利益的行为，而不要求实际上使他人取得了利益。②主观要素说认为，"为他人谋取利益"不是客观构成要件要素，而是主观要素①。③新客观说认为，"为他人谋取利益"是客观构成要件要素，其内容的最低要求是许诺为他人谋取利益。据此，"为他人谋取利益"包括以下情况：已经为他人谋取了利益；已经为他人谋取了部分利益；已经开始实施为他人谋取利益的行为；许诺（承诺）为他人谋取利益。《贪污贿赂案件解释》第13条规定：具有下列情形之一的，应当认定为"为他人谋取利益"，构成犯罪的，应当依照刑法关于受贿犯罪的规定定罪处罚：其一，实际或者承诺为他人谋取利益的；其二，明知他人有具体请托事项的；其三，履职时未被请托，但事后基于该履职事由收受他人财物的。国家工作人员索取、收受具有上下级关系的下属或者具有行政管理

---

① 陈兴良.口授刑法学[M].北京：中国人民大学出版社，2007：725.

关系的被管理人员的财物价值三万元以上，可能影响职权行使的，视为承诺为他人谋取利益。

"为他人谋取利益"中的利益一般是谋取不正当利益，即实质上获取利益不正当，或者通过违反法律法规谋取不确定利益。不确定利益比如竞争性利益或者违背程序所取得的程序性利益就是不正当利益。

> **释义5.**
>
> "为他人谋取利益"的许诺本身是一种行为，许诺既可以是明示的，也可以是暗示的；"为他人谋取利益"中的"他人"不限于行贿人，完全可能是行贿人所指示或暗示的第三人；也不限于自然人，国家工作人员收受单位财物的，仍然成立受贿罪。"为他人谋取利益"中的利益，既可以是正当利益，也可以是不正当的利益。

本罪中受贿行为必须利用职务上的便利。不管是索贿还是收取贿赂，利用职务上的便利都表现为两个密切联系的内容：一是他人有求于国家工作人员的职务行为，或者国家工作人员正在或已经通过职务行为为他人谋取利益；二是索取或者收受的财物是国家工作人员职务行为的不正当报酬。

本罪的责任形式是故意。首先，行为人主观上具有索取或者接受贿赂的意思，即具有将对方提供的财物作为自己的所有物的意思。其次，行为人认识到自己索取、收受的是职务行为的不正当报酬，认识到自己的行为会侵害职务行为的不可收买性。最后，行为人对上述结果持希望或者放任发生的态度。

本罪为身份犯，行为主体是国家工作人员，其范围根据《刑法》第93条的规定确定。村民委员会等基层组织人员协助人民政府从事行政管理工作，利用职务上便利实施本罪行为的，以受贿罪论处。一般公民与国家工作人员相互勾结，伙同受贿的，以受贿罪的共犯论处。医疗机构中的国家工作人员，在药品、医疗器械、医用卫生材料等医药产品采购活动中，利用职务上的便利，索取销售方财物，或者非法收受销售方财物，为销售方谋取利益，构成犯罪的，以受贿罪定罪处罚。学校及其他教育机构中的国家工作人员，在教材、教具、校服或者其他物品的采购等活动中，利用职务上的便利，索取销售方财物，或者非法收受销售方财物，为销售方谋取利益，构成犯罪的，以受贿罪定罪处罚。依法组建的评标委员会、竞争性谈判采购中谈判小组、询价采购中询价小组的组成人员中的国家机关或者其他国有单位的代表，在招标、政府采购等事项的评标或者采购活动中，索取他人财物或者非法收受他人财物，为他人谋取利益，数额较大的，以受贿罪定罪处罚。

> **释义6.**
>
> 受贿罪与挪用公款罪的主体是完全重合的；与贪污罪的主体不完全重合，即受委托管理、经营国有财产的人员，不能构成受贿罪的，可以构成非国家工作人员受贿罪。

(三)司法认定

1.关于本罪的既遂标准问题

我国传统观点认为,受贿罪以取得财物为既遂。控制财物不要求在法律上为其所有,比如给领导一房子,只要把钥匙给他,他能够自住就行,不需要办理过户手续。在收受贿赂的情况下,以接受贿赂为既遂具有合理性。在索贿的情况下,应该以实施了索要行为作为受贿罪既遂标准。因为本罪的法益是国家工作人员职务行为的不可收买性,在索贿情况下,即使行为人没有现实取得贿赂,其索要行为已经侵害了职务行为的不可收买性。

2.关于几种特殊的受贿形式

(1)以交易形式收受贿赂问题。《最高人民法院、最高人民检察院关于办理受贿刑事案件适用法律若干问题的意见》(简称《受贿案件意见》)第1条规定,国家工作人员利用职务上的便利为请托人谋取利益,以下列交易形式收受请托人财物的,以受贿罪论处:其一,以明显低于市场的价格向请托人购买房屋、汽车等物品的;其二,以明显高于市场的价格向请托人出售房屋、汽车等物品的;其三,以其他交易形式非法收受请托人财物的。受贿数额按照交易时当地市场价格与实际支付价格的差额计算。市场价格包括商品经营者事先设定的不针对特定人的最低优惠价格。

(2)关于收受干股问题。干股是指未出资而获得的股份。国家工作人员利用职务上的便利为请托人谋取利益,收受请托人提供的干股的,以受贿论处。进行了股权转让登记,或者相关证据证明股份发生了实际转让的,受贿数额按转让行为时股份价值计算,所分红利按受贿孳息处理。股份未实际转让,以股份分红名义获取利益的,实际获利数额应当认定为受贿数额。

(3)关于以开办公司等合作投资名义收受贿赂问题。国家工作人员利用职务上的便利为请托人谋取利益,由请托人出资,"合作"开办公司或者进行其他"合作"投资的,以受贿罪论处。受贿数额为请托人给国家工作人员的出资额。国家工作人员利用职务上的便利为请托人谋取利益,以合作开办公司或者其他合作投资的名义获取"利润",没有实际出资和参与管理、经营的,以受贿论处。

(4)关于以委托请托人投资证券、期货或者其他委托理财的名义收受贿赂问题。国家工作人员利用职务上的便利为请托人谋取利益,以委托请托人投资证券、期货或者其他委托理财的名义,未实际出资而获取"收益",或者虽然实际出资,但获取"收益"明显高于出资应得收益的,以受贿论处。受贿数额,前一情形,以"收益"额计算;后一情形,以"收益"额与出资应得收益额的差额计算。

(5)关于以赌博形式收受贿赂的认定问题。根据《最高人民法院、最高人民检察院关于办理赌博刑事案件具体应用法律若干问题的解释》第7条规定,国家工作人员利用职务上的便利为请托人谋取利益,通过赌博方式收受请托人财物的,构成受贿。实践中应注意区分贿赂与赌博活动、娱乐活动的界限。

(6)关于特定关系人"挂名"领取薪酬问题。国家工作人员利用职务上的便利为请托人谋取利益,要求或者接受请托人以给特定关系人安排工作为名,使特定关系人不实际工作却获取所谓薪酬的,以受贿论处。

(7)关于由特定关系人收受贿赂问题。国家工作人员利用职务上的便利为请托人谋取利益,授意请托人以《受贿案件意见》所列形式,将有关财物给予特定关系人的,以受贿论处。特定关系人与国家工作人员通谋,共同实施前款行为的,对特定关系人以受贿罪的共犯论处。特定关系人以外的其他人与国家工作人员通谋,由国家工作人员利用职务上的便利为请托人谋取利益,收受请托人财物后双方共同占有的,以受贿罪的共犯论处。

3. 本罪的罪数问题

因为受贿而构成其他犯罪的,如挪用公款、渎职,数罪并罚,除非法律特别规定。例外是《刑法》第 399 条:司法工作人员收受贿赂,有前三款行为(徇私枉法,民事、行政枉法裁判,执行判决、裁定失职,执行判决、裁定滥用职权)的,同时又构成本法第 385 条规定之罪(受贿罪)的,依照处罚较重的规定定罪处罚。

4. 本罪中的共同犯罪问题

非国家工作人员与国家工作人员勾结,伙同受贿的,应该以受贿罪共犯追究刑事责任。

5. 关于收受财物后退还或者上交问题

国家工作人员收受请托人财物后及时退还或者上交的,不是受贿。国家工作人员受贿后,因自身或者与其受贿有关联的人、事被查处,为掩饰犯罪而退还或者上交的,不影响认定受贿罪。

6. 关于在职时为请托人谋利,离职后收受财物问题

国家工作人员利用职务上的便利为请托人谋取利益之前或者之后,约定在其离职后收受请托人财物,并在离职后收受的,以受贿罪论处。国家工作人员利用职务上的便利为请托人谋取利益,离职前后连续收受请托人财物的,离职前后收受部分均应计入受贿数额。

二、利用影响力受贿罪

(一)法条规范

第 388 条之一① 国家工作人员的近亲属或者其他与该国家工作人员关系密切的人,通过该国家工作人员职务上的行为,或者利用该国家工作人员职权或者地位形成的便利条件,通过其他国家工作人员职务上的行为,为请托人谋取不正当利益,索取请托人财物或者收受请托人财物,数额较大或者有其他较重情节的,处三年以下有期徒刑或者拘役,并处罚金;数额巨大或者有其他严重情节的,处三年以上七年以下有期徒刑,并处罚金;数额特别巨大或者有其他特别严重情节的,处七年以上有期徒刑,并处罚金或者没收财产。

离职的国家工作人员或者其近亲属以及其他与其关系密切的人,利用该离职的国家工作人员原职权或者地位形成的便利条件实施前款行为的,依照前款的规定定罪处罚。

(二)犯罪构成

本罪保护的法益是公众对国家工作人员职务行为不可收买性、公正性的信赖。本罪的客观方面表现为,国家工作人员的近亲属或者其他与该国家工作人员关系密切的人,通过该国家工作人员职务上的行为,或者利用该国家工作人员职权或者地位形成的便利条件,通过其他国家工作人员职务上的行为,离职的国家工作人员或者其近亲属以及其他与其关系密切的人,利用该离职的国家工作人员原职权或者地位形成的便利条件,为请托人谋取不正当利益,索取请托人财物或者收受请托人财物,数额较大或者有其他较重情节的行

---

① 本条为《中华人民共和国刑法修正案(七)》第 13 条所增设。

为。本罪的客观方面有三种类型：（1）国家工作人员的近亲属或者其他与该国家工作人员关系密切的人，通过该国家工作人员职务上的行为，为请托人谋取不正当利益。（2）国家工作人员的近亲属或者其他与该国家工作人员关系密切的人，利用该国家工作人员职权或者地位形成的便利条件，通过其他国家工作人员职务上的行为，为请托人谋取不正当利益，索取请托人财物或者收受请托人财物，数额较大或者有其他较重情节的。（3）离职的国家工作人员或者其近亲属以及其他与其关系密切的人，利用自己（离职的国家工作人员）或者该离职的国家工作人员原职权或者地位形成的便利条件实施前述行为。构成本罪要求行为人为请托人谋取不正当利益。

本罪的主体主要是非国家工作人员（非身份犯），但范围有限制。主要包括：（1）国家工作人员的近亲属；（2）与国家工作人员关系密切的人，如情妇（夫）、同学、老乡、战友等关系者；（3）已离职的国家工作人员及其近亲属、其他与其关系密切的人。

（三）司法认定

1. 利用影响力受贿罪与受贿罪的区别

利用影响力受贿罪与受贿罪在利用国家工作人员职务便利为第三人谋取利益，收受或索取第三人财物方面相似，但两者之间也存在着巨大差别。这里主要探讨利用影响力受贿罪与斡旋受贿形态之间的关系。《刑法》第388条规定了受贿形态，学界有两种不同观点，有人主张定其为独立的斡旋受贿罪，也有人主张定为受贿罪即可，因为法律明文规定以受贿罪论处。从上面关于利用影响力受贿罪的规定可以看出，除了第一款第一种情形外，第二种情形和第二款的规定与《刑法》第388条的规定很相似，都是利用国家工作人员的职权和地位形成的便利条件，通过其他国家工作人员职务上的行为，为请托人谋取不正当利益，并索取或收受请托人的财物，即他们都是在请托人和其他国家工作人员之间起到斡旋作用的。但两者之间也是存在着巨大差别的，主要有以下几点：

（1）主体不同。利用影响力受贿罪的主体是国家工作人员的关系密切人、离职的国家工作人员及其关系密切人，而斡旋受贿形态的主体直接为国家工作人员自己。

（2）客观方面不同。利用影响力受贿罪中行为人先是利用与其关系密切的国家工作人员的职权或地位形成的便利条件，再通过其他国家工作人员职务上的行为去受贿，而斡旋受贿形态是国家工作人员直接利用自己的职权或地位形成的便利条件，再通过其他国家工作人员职务上的行为去受贿。即在这里他们所依靠的职权或地位形成的便利条件的主体不同，前者为与行为人关系密切的国家工作人员，后者直接为该国家工作人员。

2. 利用影响力受贿罪与诈骗罪的区别

现实生活中，有些人打着与某国家工作人员"关系密切"的旗号，收受财物，办理请托事项。如果此人确实与国家工作人员有一定的密切关系，但是请托事项没有办成，且没有退回收受的财物，如何认定行为性质？司法实践中，往往将此类行为当作"诈骗罪"打击。可见，"利用影响力受贿罪"与"诈骗罪"在实践中界限非常模糊。两罪存在以下差异：

（1）客观方面不同。诈骗罪的前提是"虚构事实、隐瞒真相"。除非嫌疑人与国家工作人员确实不存在任何关系，否则，不能以"请托事项未办成"的结果，来推定其属于"虚构事实、隐瞒真相"。只要能证明嫌疑人与国家工作人员之间的"密切关系"，嫌疑人通过这层关系收受请托人财物，要么是作为中间人向国家工作人员行贿，要么是避开国家工作人员，直接利用其影响力办理请托事项。无论请托事项是否办成，其行为构成的是贿赂犯罪而非诈骗罪。

（2）犯罪对象定性不同。如果对此类"诈骗案"准确定性为"利用影响力受贿罪"，请托人不但不是诈骗案的"被害人"，甚至是贿赂犯罪的行贿人，需要承担相应的刑事责任。从这个角度，可以对其形成一定的牵制。被告人到底是"利用影响力受贿"，还是作为行贿犯罪的共犯之一，未能实现行贿目的，需要根据事实和证据再做进一步确认。

三、行贿罪

（一）法条规范

第 389 条　为谋取不正当利益，给予国家工作人员以财物的，是行贿罪。

在经济往来中，违反国家规定，给予国家工作人员以财物，数额较大的，或者违反国家规定，给予国家工作人员以各种名义的回扣、手续费的，以行贿论处。

因被勒索给予国家工作人员以财物，没有获得不正当利益的，不是行贿。

第 390 条[①]　对犯行贿罪的，处五年以下有期徒刑或者拘役，并处罚金；因行贿谋取不正当利益，情节严重的，或者使国家利益遭受重大损失的，处五年以上十年以下有期徒刑，并处罚金；情节特别严重的，或者使国家利益遭受特别重大损失的，处十年以上有期徒刑或者无期徒刑，并处罚金或者没收财产。

行贿人在被追诉前主动交待行贿行为的，可以从轻或者减轻处罚。其中，犯罪较轻的，对侦破重大案件起关键作用的，或者有重大立功表现的，可以减轻或者免除处罚。

（二）犯罪构成

行贿罪是指为谋取不正当利益，给予国家工作人员以财物的行为。其主要有以下几种类型：①为了利用国家工作人员的职务行为（包括利用国家工作人员的斡旋行为），主动给予国家工作人员以财物（包括向斡旋受贿者给予财物）。②在有求于国家工作人员的职务行为时，由于国家工作人员的索取而给予国家工作人员以财物。③与国家工作人员约定，以满足自己的要求为条件给予国家工作人员以财物。④在国家工作人员利用职务上便利为自己谋取利益时或者为自己谋取利益之后，给予国家工作人员以财物，作为职务行为的报酬。

行为人必须是"谋取不正当利益"，才构成本罪。这里的"不正当利益"，是指不法利益或者行为人不应当得到的利益。司法解释对谋取不正当利益范围界定比较小。根据"两高"《最高人民法院、最高人民检察院关于办理行贿刑事案件具体应用法律若干问题的解释》（法释〔2012〕22 号，简称《行贿案件解释》）第 12 条规定：行贿犯罪中的"谋取不正当利益"，是指行贿人谋取的利益违反法律、法规、规章、政策规定，或者要求国家工作人员违反法律、法规、规章、政策、行业规范的规定，为自己提供帮助或者方便条件。违背公平、公正原则，在经济、组织人事管理等活动中，谋取竞争优势的，应当认定为"谋取不正当利益"。

"为谋取不正当利益"并非一个纯主观的想法，还要求行为人所谋取的利益在客观上具有不正当性。虽然"为谋取不正当利益"是一个主观要素，但利益是否正当，则需要进行客观判断。如果客观上属于正当利益，而行为人误认为是不正当利益，不能认定为行贿罪。

---

① 本条为《中华人民共和国刑法修正案（九）》第 45 条所修改。

尽管为了谋取正当利益，而给予国家工作人员以财物的，不是行贿，但国家工作人员接受财物的行为仍构成受贿罪。

在主动行贿的场合(即《刑法》第389条第一款)，谋取不正当利益为主观要件，即只要行为人有此目的而给予财物，就可构成行贿罪，最终是否获得了不正当利益在所不问。即使具有事后索回财物的意思，也不影响行贿罪的成立。在被动行贿的场合(即被索贿的情况)，谋取不正当利益则是客观要件，即只有行贿人给予财物并获得了不正当利益的，才构成行贿罪。若虽然被动给予了财物，但并没有获得不正当利益的，不是行贿。

虽然是以单位的名义、用单位的财物向国家工作人员行贿，但如果因行贿而取得的违法所得(不正当利益)并没有归该单位所有而归个人所有的情形下，根据《刑法》第393条的规定，应以行贿罪论处，而不再定单位行贿罪。因为成立单位犯罪是为本单位谋取非法利益或者以单位名义为本单位全体成员谋取非法利益的犯罪。

> **释义7.**
>
> 中国刑法中有个奇怪罪名——介绍贿赂罪：为受贿人介绍贿赂者。从共犯角度，其要么是受贿罪的共犯，要么是行贿罪的共犯。受贿罪最高刑为死刑，行贿罪最高可判无期徒刑，可偏偏规定介绍贿赂罪，最高只能判3年有期徒刑。刑法中将帮助犯独立规定为犯罪，都是为了严惩犯罪的帮助行为，使其不能适用从犯的"应当从轻、减轻处罚或者免除处罚"的量刑规定。但是，此处规定却明显是介绍贿赂罪的刑事责任要轻于受贿罪或者行贿罪的帮助犯。

(三)司法认定

1. 正确处理行贿罪与受贿罪的关系

行贿罪与受贿罪属于对向犯，在通常情况下，行贿方与受贿方的行为均成立犯罪，但是也并不意味着一方行为成立犯罪时另一方行为也必然成立犯罪。

2. 正确处理行贿罪的既遂与未遂

为谋取不正当利益而给予国家工作人员以财物，国家工作人员客观上接收(占有)了财物时，财物已经转移至国家工作人员或者其近亲属控制之下，行贿罪便既遂。即便国家工作人员事后退回财物或者及时上交，也不影响行贿罪的既遂。同时，即使国家工作人员不成立受贿罪或者受贿未遂，也不影响行贿罪既遂的认定。

四、其他罪名

第387条　**【单位受贿罪】**国家机关、国有公司、企业、事业单位、人民团体，索取、非法收受他人财物，为他人谋取利益，情节严重的，对单位判处罚金，并对其直接负责的主管人员和其他直接责任人员，处五年以下有期徒刑或者拘役。

前款所列单位，在经济往来中，在帐外暗中收受各种名义的回扣、手续费的，以受贿论，依照前款的规定处罚。

第390条之一① 【对有影响力的人行贿罪】为谋取不正当利益,向国家工作人员的近亲属或者其他与该国家工作人员关系密切的人,或者向离职的国家工作人员或者其近亲属以及其他与其关系密切的人行贿的,处三年以下有期徒刑或者拘役,并处罚金;情节严重的,或者使国家利益遭受重大损失的,处三年以上七年以下有期徒刑,并处罚金;情节特别严重的,或者使国家利益遭受特别重大损失的,处七年以上十年以下有期徒刑,并处罚金。

单位犯前款罪的,对单位判处罚金,并对其直接负责的主管人员和其他直接责任人员,处三年以下有期徒刑或者拘役,并处罚金。

第391条② 【对单位行贿罪】为谋取不正当利益,给予国家机关、国有公司、企业、事业单位、人民团体以财物的,或者在经济往来中,违反国家规定,给予各种名义的回扣、手续费的,处三年以下有期徒刑或者拘役,并处罚金。

单位犯前款罪的,对单位判处罚金,并对其直接负责的主管人员和其他直接责任人员,依照前款的规定处罚。

第392条③ 【介绍贿赂罪】向国家工作人员介绍贿赂,情节严重的,处三年以下有期徒刑或者拘役,并处罚金。

介绍贿赂人在被追诉前主动交待介绍贿赂行为的,可以减轻处罚或者免除处罚。

第393条④ 【单位行贿罪】单位为谋取不正当利益而行贿,或者违反国家规定,给予国家工作人员以回扣、手续费,情节严重的,对单位判处罚金,并对其直接负责的主管人员和其他直接责任人员,处五年以下有期徒刑或者拘役,并处罚金。因行贿取得的违法所得归个人所有的,依照本法第389条、第390条的规定定罪处罚。

司法机关、行政执法机关违反国家规定,将应当上缴国家的罚没财物,以单位名义集体私分给个人的,依照前款的规定处罚。

能力应用

1. (单选题)乙的孙子丙因涉嫌抢劫被刑拘。乙托甲设法使丙脱罪,并承诺事成后付其10万元。甲与公安局副局长丁早年认识,但多年未见面。甲托丁对丙作无罪处理,丁不同意,甲便以揭发隐私要挟,丁被迫按甲的要求处理案件。后甲收到乙10万元现金。关于本案,下列哪一选项是错误的? (   )

A. "关系密切"应根据利用影响力受贿罪实质解释,不能仅从形式上限定为亲朋好友

B. 根据A选项观点,"关系密切"包括具有制约关系情形,甲构成利用影响力受贿罪

C. 丁构成徇私枉法罪,甲构成徇私枉法罪的教唆犯

D. 甲的行为同时触犯利用影响力受贿罪与徇私枉法罪,应从一重罪论处

2. (多选题)关于受贿相关犯罪的认定,下列哪些选项是正确的? (   )

---

① 本条为《中华人民共和国刑法修正案(九)》第46条所增设。
② 本条为《中华人民共和国刑法修正案(九)》第47条所修改。
③ 本条为《中华人民共和国刑法修正案(九)》第48条所修改。
④ 本条为《中华人民共和国刑法修正案(九)》第49条所修改。

A. 甲知道城建局长张某吸毒，以提供海洛因为条件请其关照工程招标，张某同意。甲中标后，送给张某 50 克海洛因。张某构成受贿罪

B. 乙系人社局副局长，乙父让乙将不符合社保条件的几名亲戚纳入社保范围后，收受亲戚送来的 3 万元。乙父构成利用影响力受贿罪

C. 国企退休厂长王某（正处级）利用其影响，让现任厂长帮忙，在本厂推销保险产品后，王某收受保险公司 3 万元。王某不构成受贿罪

D. 法院院长告知某企业经理赵某"如给法院捐赠 500 万元办公经费，你们那个案件可以胜诉"。该企业胜诉后，给法院单位账户打入 500 万元。应认定法院构成单位受贿罪

【参考答案】

1. D

2. ABCD

第九章　渎职罪

(**知识结构**)

$$
\text{渎职罪} \begin{cases}
\text{犯罪客体：国家机关活动的正常性} \\
\text{客观方面：渎职行为，对国家机关公务的合法、公正、有效执行以及国民对此的信赖造成侵} \\
\qquad\qquad\text{害的行为} \\
\text{犯罪主体：国家机关工作人员} \\
\text{主观方面：多数为故意，少数为过失}
\end{cases}
$$

第一节　滥用职权犯罪

(**典型案例**)

【基本案情】

马某、丁某滥用职权案①

马某是某市副市长，分管矿产工作；丁某是该市矿产局局长。2016 年 9 月，私营矿主赵某找到丁某，要求将不符合矿山法定安全生产条件的事项予以批准。后丁某请求马某对请托事项予以批准，马某遂在文件上签字同意。2017 年 3 月 29 日矿山发生事故，造成死亡 2 人，重伤 3 人。

【法律问题】马某、丁某构成何罪？

【案例解析】马某、丁某的行为构成滥用职权罪。具体见该罪名的规范释义。

---

① 韩玉胜.刑法各论案例分析[M].北京：中国人民大学出版社，2014：458.

规范释义

一、滥用职权罪

(一)法条规范

第397条 国家机关工作人员滥用职权或者玩忽职守,致使公共财产、国家和人民利益遭受重大损失的,处三年以下有期徒刑或者拘役;情节特别严重的,处三年以上七年以下有期徒刑。本法另有规定的,依照规定。

国家机关工作人员徇私舞弊,犯前款罪的,处五年以下有期徒刑或者拘役;情节特别严重的,处五年以上十年以下有期徒刑。本法另有规定的,依照规定。

(二)犯罪构成

本罪侵犯的法益具有双重性:一方面是国家法益,即职务行为的正当性和社会对国家行政、司法权力行使公正性的信赖感;另一方面是个人法益,即公民个人的人身或财产权利。本罪的客观方面表现为要求有滥用职权的行为。职权,是指行为人享有的一般职务权限。只是从外观上看有一定的权力,但是实质上没有一般的职务权限的,不是这里的职权。职权必须被滥用,才可能成立滥用职权罪。滥用职权表现为四种情形:①超越职权,擅自决定或处理无权决定、处理的事项。②玩弄职权,违反程序规定,随心所欲地对事项做出决定或处理。③以权谋私、假公济私,不正确地履行职责。④放弃职责,故意不履行职务。本罪的主观方面是故意,包括直接故意和间接故意,即行为人明知自己滥用职权的行为会侵害国家机关公务的合法、公正以及公民对此的信赖的结果,并且希望或放任这种结果发生。本罪的行为主体要求是国家机关工作人员,即在国家各级立法机关、各级行政机关、各级司法机关、各级军事机关、党的机关和政协机关中从事公务的人员。

(三)司法认定

(1)国家机关内部领导集体讨论决定后决定实施滥用职权的行为,在表决中持赞成意见者均属于滥用职权罪的共犯,但是持明确反对意见者不成立犯罪。

(2)本罪存在法条竞合的情况。滥用职权罪是普通法条,刑法还规定了一些特殊的滥用职权的犯罪,属于特别法条,行为人的行为既触犯普通法条,又触犯特别法条时,应按特别法条优先于普通法条的规定,认定为特别法条的规定。比如,林业主管部门人员违法发放林木采伐许可证,造成严重后果的,应认定为违法发放林木采伐许可证罪。

二、其他罪名

第398条 【故意泄露国家秘密罪】国家机关工作人员违反保守国家秘密法的规定,故意或者过失泄露国家秘密,情节严重的,处三年以下有期徒刑或者拘役;情节特别严重的,处三年以上七年以下有期徒刑。

非国家机关工作人员犯前款罪的,依照前款的规定酌情处罚。

第399第三款 【执行判决、裁定失职罪】在执行判决、裁定活动中,严重不负责任或者滥用职权，不依法采取诉讼保全措施、不履行法定执行职责，或者违法采取诉讼保全措施、强制执行措施，致使当事人或者其他人的利益遭受重大损失的，处五年以下有期徒刑或者拘役；致使当事人或者其他人的利益遭受特别重大损失的，处五年以上十年以下有期徒刑。

第四款司法工作人员收受贿赂，有前三款行为的，同时又构成本法第 385 条规定之罪的，依照处罚较重的规定定罪处罚。

第 400 条第一款　【私放在押人员罪】司法工作人员私放在押的犯罪嫌疑人、被告人或者罪犯的，处五年以下有期徒刑或者拘役；情节严重的，处五年以上十年以下有期徒刑；情节特别严重的，处十年以上有期徒刑。

第 403 条　【滥用管理公司、证券职权罪】国家有关主管部门的国家机关工作人员，徇私舞弊，滥用职权，对不符合法律规定条件的公司设立、登记申请或者股票、债券发行、上市申请，予以批准或者登记，致使公共财产、国家和人民利益遭受重大损失的，处五年以下有期徒刑或者拘役。

上级部门强令登记机关及其工作人员实施前款行为的，对其直接负责的主管人员，依照前款的规定处罚。

第 407 条　【违法发放林木采伐许可证罪】林业主管部门的工作人员违反森林法的规定，超过批准的年采伐限额发放林木采伐许可证或者违反规定滥发林木采伐许可证，情节严重，致使森林遭受严重破坏的，处三年以下有期徒刑或者拘役。

第 415 条　【办理偷越国（边）境人员出入境证件罪；放行偷越国（边）境人员罪】负责办理护照、签证以及其他出入境证件的国家机关工作人员，对明知是企图偷越国（边）境的人员，予以办理出入境证件的，或者边防、海关等国家机关工作人员，对明知是偷越国（边）境的人员，予以放行的，处三年以下有期徒刑或者拘役；情节严重的，处三年以上七年以下有期徒刑。

第 416 条　【不解救被拐卖、绑架妇女、儿童罪】对被拐卖、绑架的妇女、儿童负有解救职责的国家机关工作人员，接到被拐卖、绑架的妇女、儿童及其家属的解救要求或者接到其他人的举报，而对被拐卖、绑架的妇女、儿童不进行解救，造成严重后果的，处五年以下有期徒刑或者拘役。

【阻碍解救被拐卖、绑架妇女儿童罪】负有解救职责的国家机关工作人员利用职务阻碍解救的，处二年以上七年以下有期徒刑；情节较轻的，处二年以下有期徒刑或者拘役。

第 417 条　【帮助犯罪分子逃避处罚罪】有查禁犯罪活动职责的国家机关工作人员，向犯罪分子通风报信、提供便利，帮助犯罪分子逃避处罚的，处三年以下有期徒刑或者拘役；情节严重的，处三年以上十年以下有期徒刑。

第二节　玩忽职守犯罪

典型案例

【基本案情】

范某玩忽职守案①

范某在担任公证处主任期间，于 2018 年 3 月 23 日，在办理该县某信用社与黄某、周某申请的抵押贷款合同公证时，自认为懂得矿，并且以前也办理过类似公证，对黄某、周某提供的以铅锭冒充锡锭的抵押物未进行鉴定，仅凭其提供的 1 张某冶炼厂《锡产品分析报告单》即对该项抵押货款合同进行了公证，致使黄某、周某在某信用社骗取货款 100 万，无法追回。

【法律问题】范某的行为是否构成玩忽职守罪？

【案例解析】范某的行为构成玩忽职守罪。玩忽职守罪是指国家机关工作人员不尽职责，放弃履行或不正确履行其职责，致使公共财产、国家和人民利益遭受重大损失的犯罪。范某的行为符合玩忽职守罪的全部构成要件。①《中华人民共和国公证法》第 4 条规定：公证协会是社会团体法人。范某身为公证处主任，属国家机关工作人员，符合玩忽职守罪的主体资格。②范某未严格依职责进行公证，违反操作规程，并且轻信这种违规操作不会发生严重后果，因而轻易出具了公证书，存在过于自信的过失。③本案中，黄某、周某提供的锡锭是否属实，属于专门性的问题，且抵押贷款数额巨大，事关 100 万元贷款资金的担保问题，公证员范某仅凭借款人单方提交的一纸虚假化验单，就断定抵押物为锡锭，显然违反了有关公证程序规则，属于严重不负责和不认真履行职责的行为。④范某的行为与危害结果之间有因果关系。范某不正确履行其公证员职责，虽不能直接导致某信用社 100 万元的贷款损失，但这种不正确履行职责的玩忽职守行为与造成贷款损失的危害结果之间有一种间接的、偶然的联系，属于刑法上的间接因果关系。

规范释义

一、玩忽职守罪

（一）法条规范

第 397 条　国家机关工作人员滥用职权或者玩忽职守，致使公共财产、国家和人民利益遭受重大损失的，处三年以下有期徒刑或者拘役；情节特别严重的，处三年以上七年以

---

① 韩玉胜.刑法各论案例分析[M].北京：中国人民大学出版社，2014：458.

下有期徒刑。本法另有规定的，依照规定。

国家机关工作人员徇私舞弊，犯前款罪的，处五年以下有期徒刑或者拘役；情节特别严重的，处五年以上十年以下有期徒刑。本法另有规定的，依照规定。

（二）犯罪构成

本罪的客观方面表现为玩忽职守，致使公共财产、国家和人民利益遭受重大损失。玩忽职守即严重不负责任，不履行职责或不正确履行职责。本罪的主观方面是过失，即应当预见自己对工作严重不负责任，不履行或者不正确履行职责的行为有可能使公共财产、国家或人民利益遭受重大损失，因为疏忽大意没有预见，或者已经预见但轻信能够避免，以致发生危害结果。

（三）司法认定

（1）玩忽职守罪与滥用职权罪的界限。

两罪主体要件、结果要件都相同，又规定在同一条文之中，容易混淆。区别的关键是行为方式和罪过形式不同。关于二者的关系，理论上存在不同点，有必要分析。①有人认为，滥用职权罪与玩忽职守罪的责任形式都包括故意与过失，二者的唯一区别在于滥用职权罪是作为形式，玩忽职守罪是不作为形式。但是，其一，认为玩忽职守既可以是故意也可以是过失的观点，存在明显缺陷；其二，以作为与不作为区分滥用职权罪与玩忽职守罪，不符合客观事实与刑法规定。因为作为与不作为只是形式不同，对法益的侵害性不存在差异。换言之，滥用职权罪完全可能表现为不作为，玩忽职守罪也完全可能表现为作为。例如，在某国家机关负有履行某种积极义务的场合，该国家机关的负责人指示相关工作人员不履行积极义务，并且对不履行积极义务的结果持故意态度的，当然应当认定为滥用职权罪，但这种指示相关工作人员不履行积极义务的行为依然属于不作为。②有人认为，滥用职权罪是故意犯罪，玩忽职守罪既可以是故意犯罪，也可以是过失犯罪。可是，这种观点不可能区分故意的滥用职权与所谓故意的玩忽职守。③有人认为，滥用职权罪与玩忽职守罪均可以由故意与过失构成，区别在于客观表现形式是滥用职权还是玩忽职守。如滥用职权罪是不认真运用权力或者过度地动用权力，而玩忽职守是不履行或者不正确履行职务。④有人认为，对于滥用职权罪与玩忽职守罪，应当从行为表现形式、主观责任内容等多方面考虑。但是，这种观点同样没有提出明确的界限。本书认为，故意实施的违背职责的行为，是滥用职权罪；过失实施的违背职责的行为，是玩忽职守罪。

（2）正确处理玩忽职守罪与丢失枪支不报罪的关系。

依法配备公务用枪的国家机关工作人员丢失枪支及时报告，但造成严重后果的，认定为玩忽职守罪；依法配备公务用枪的国家机关工作人员丢失枪支，不及时报告，造成严重后果的，是丢失枪支不报与玩忽职守罪的想象竞合，从一重罪处罚；其他依法配备公务用枪的非国家机关工作人员丢失枪支不及时报告，造成严重后果的，认定为丢失枪支不报罪。

（3）如果刑法条文中做了特别规定，应适用特别法条优于普通法条的原则。如司法工作人员失职致使在押人员脱逃的，应认定为失职致使在押人员脱逃罪。

二、其他罪名

第398条 【过失泄露国家秘密罪】国家机关工作人员违反保守国家秘密法的规定，

故意或者过失泄露国家秘密，情节严重的，处三年以下有期徒刑或者拘役；情节特别严重的，处三年以上七年以下有期徒刑。

非国家机关工作人员犯前款罪的，依照前款的规定酌情处罚。

第399条第三款　【执行判决、裁定失职罪】在执行判决、裁定活动中，严重不负责任或者滥用职权，不依法采取诉讼保全措施、不履行法定执行职责，或者违法采取诉讼保全措施、强制执行措施，致使当事人或者其他人的利益遭受重大损失的，处五年以下有期徒刑或者拘役；致使当事人或者其他人的利益遭受特别重大损失的，处五年以上十年以下有期徒刑。

第四款司法工作人员收受贿赂，有前三款行为的，同时又构成本法第385条规定之罪的，依照处罚较重的规定定罪处罚。

第400条第二款　【失职致使在押人员脱逃罪】司法工作人员由于严重不负责任，致使在押的犯罪嫌疑人、被告人或者罪犯脱逃，造成严重后果的，处三年以下有期徒刑或者拘役；造成特别严重后果的，处三年以上十年以下有期徒刑。

第406条　【国家机关工作人员签订、履行合同失职被骗罪】国家机关工作人员在签订、履行合同过程中，因严重不负责任被诈骗，致使国家利益遭受重大损失的，处三年以下有期徒刑或者拘役；致使国家利益遭受特别重大损失的，处三年以上七年以下有期徒刑。

第408条　【环境监管失职罪】负有环境保护监督管理职责的国家机关工作人员严重不负责任，导致发生重大环境污染事故，致使公私财产遭受重大损失或者造成人身伤亡的严重后果的，处三年以下有期徒刑或者拘役。

第408条之一①　【食品监管渎职罪】负有食品安全监督管理职责的国家机关工作人员，滥用职权或者玩忽职守，导致发生重大食品安全事故或者造成其他严重后果的，处五年以下有期徒刑或者拘役；造成特别严重后果的，处五年以上十年以下有期徒刑。

徇私舞弊犯前款罪的，从重处罚。

第409条　【传染病防治失职罪】从事传染病防治的政府卫生行政部门的工作人员严重不负责任，导致传染病传播或者流行，情节严重的，处三年以下有期徒刑或者拘役。

第412条第二款　【商检失职罪】前款所列人员严重不负责任，对应当检验的物品不检验，或者延误检验出证、错误出证，致使国家利益遭受重大损失的，处三年以下有期徒刑或者拘役。

第413条第二款　【动植物检疫失职罪】前款所列人员严重不负责任，对应当检疫的检疫物不检疫，或者延误检疫出证、错误出证，致使国家利益遭受重大损失的，处三年以下有期徒刑或者拘役。

第419条　【失职造成珍贵文物损毁、流失罪】国家机关工作人员严重不负责任，造成珍贵文物损毁或者流失，后果严重的，处三年以下有期徒刑或者拘役。

---

① 本条为《中华人民共和国刑法修正案（八）》第49条所增设。

第三节　徇私舞弊犯罪

典型案例

【基本案情】

丁某徇私枉法案①

丁某是某基层法院院长，梁某是其情妇。2016 年 9 月，梁某的弟弟小梁故意伤害他人身体，手段特别残忍，情节严重，认罪态度不好，并且小梁在民事部分未予赔偿。丁某在审判活动中，力主"判三缓四"，主审法官迫于压力，只好照办。

【法律问题】丁某的行为是否构成犯罪？为什么？

【案例解析】丁某的行为构成徇私枉法罪。丁某作为司法工作人员，徇私枉法、徇情枉法，违反法律，故意使罪重的人受到较轻的追诉，符合 2006 年最高人民检察院《关于渎职侵权犯罪案件立案标准的规定》中关于徇私枉法罪的规定。徇私枉法表现为如下行为：①对明知是没有犯罪事实或者其他依法不应当追究刑事责任的人，采取伪造、隐匿、毁灭证据或者其他隐瞒事实、违反法律的手段，以追究刑事责任为目的立案、侦查、起诉、审判的；②对明知是有犯罪事实需要追究刑事责任的人，采取伪造、隐匿、毁灭证据或者其他隐瞒事实、违反法律的手段，故意包庇，使其不受立案，侦查、起诉、审判的；③采取伪造、隐匿、毁灭证据或者其他隐瞒事实、违反法律的手段，故意使罪重的人受较轻的追诉，或者使罪轻的人受较重的追诉的；④在立案后，采取伪造、隐匿、毁灭证据或者其他隐瞒事实、违反法律的手段，应当采取强制措施而不采取强制措施，或者虽采取强制措施，但中断侦查或若超过法定期限不采取任何措施，实际放任不管，以及违法撤销、变更强制措施，致使犯罪嫌疑人、被告人实际脱离司法机关侦控的；⑤在刑事审判活动中故意违背事实和法律，做出枉法判决、裁定，即有罪判无罪、无罪判有罪，或者重罪轻判、轻罪重判的；⑥其他徇私枉法，应予追究刑事责任的情形。

一、徇私枉法罪

（一）法条规范

第 399 条第一款②　司法工作人员徇私枉法、徇情枉法，对明知是无罪的人而使他受追诉、对明知是有罪的人而故意包庇不使他受追诉，或者在刑事审判活动中故意违背事实和法律作枉法裁判的，处五年以下有期徒刑或者拘役；情节严重的，处五年以上十年以下有期徒刑；情节特别严重的，处十年以上有期徒刑。

---

① 韩玉胜.刑法各论案例分析[M].北京：中国人民大学出版社，2014：461.

② 本条为《中华人民共和国刑法修正案（四）》第 8 条所修改。

第四款 司法工作人员收受贿赂，有前三款行为的，同时又构成本法第三百八十五条规定之罪的，依照处罚较重的规定定罪处罚。

（二）犯罪构成

徇私枉法罪，是指司法工作人员徇私枉法、徇情枉法，对明知是无罪的人而使他受追诉，对明知是有罪的人而故意包庇不使他受追诉，或者在刑事审判活动中故意违背事实和法律作枉法裁判的行为。

本罪的保护法益为刑事追诉活动的正当性以及公民的自由与权利。本罪的构成要件内容可归纳为一种主体、三种行为。①

（1）一种主体：司法工作人员。根据《刑法》第 94 条的规定，司法工作人员，是指有侦查检察、审判、监管职责的工作人员。根据立案标准，司法机关专业技术人员，也可以成为本罪行为主体。但是，只有负有刑事追诉职责的司法工作人员，即具体承办案件和指示、指挥承办案件的司法工作人员，才能成为本罪的正犯。司法机关为了谋取某种利益集体研究共同犯本罪的，应当对组织、策划、实施本罪行为的人以徇私枉法罪论处。

（2）三种行为：一是对明知是无罪的人而使他受追诉。"追诉"，是指以追究刑事责任为目的进行的立案、侦查、起诉、审判活动。"追诉"，不要求法律形式上属于追诉，只要实质上属于追诉即可；不要求程序上合法，只要事实上追诉即可；不限于追诉的全部过程，只要进入追诉阶段即可，即对无罪的人实行立案、侦查、起诉、审判之一，即为追诉；不要求采取法定的强制措施，只要属于通常的追诉行为即可。对于明知是无罪的人，采取不立案不报捕，但予以关押的手段，待被害人"交待"后再立案、采取强制措施的，应当认定为本罪（如果不符合本罪的构成要件，则应认定为非法拘禁罪）。行为人明知他人无罪，而将其作为"逃犯"在网上通缉的，成立本罪。概言之，"对明知是无罪的人而使他受追诉"，主要表现为：对明知是没有犯罪事实或者其他依法不应当追诉的人，采取伪造、隐匿、毁灭证据或者其他隐瞒事实、违反法律的手段，进行立案、侦查、起诉或者审判。

二是对明知是有罪的人而故意包庇不使他受追诉。这里的"追诉"包括法定的全部追诉过程与追诉结果。换言之，对有罪的人或者不立案，或者不查，或者不起诉，或者不审判，或者判决裁定无罪的，都属于"不使他受追诉"。不使有罪的人受追诉，是指对明知是有犯罪事实需要进行追诉的人，采取伪造、隐匿、毁灭证据或者其他隐瞒事实、违反法律的手段，故意包庇使其不受立案、侦查、起诉、审判，或者在立案后，采取伪造、隐匿、毁灭证据或者其他隐瞒事实、违反法律的手段，应当采取强制措施而不采取强制措施，或者虽然采取强制措施，但中断侦查或者超过法定期限不采取任何措施，实际放任不管，以及违法撤销、变更强制措施，致使犯罪嫌疑人、被告人实际脱离司法机关侦控。对于明知是有罪的人，而故意不收集有罪证据，导致有罪证据消失，因"证据不足"不能认定有罪的，也应当认定为本罪。本罪中"有罪的人"，显然不是指经过人民法院判决有罪的人，而是指有证据证明实施了犯罪行为的人。至于有罪的人是否实际归案，不影响"有罪的人"的认定。

三是在刑事审判活动中故意违背事实和法律，做出枉法判决、裁定。刑法理论与司法

---

① 参见张明楷.《刑法学》[M].北京：法律出版社，2016：1255 – 1256.

实践一般认为，其中的枉法判决、裁定内容，包括无罪判有罪、有罪判无罪，以及重罪轻判、轻罪重判。其实，将无罪判有罪、将有罪判无罪的，应分别归入前两种情形。

本罪的责任形式为故意，包括直接故意与间接故意，并出于徇私、徇情动机，刑法条文两处规定了"明知"、两处规定了"故意"，旨在明确将过失排除在外。因此，过失导致追诉无罪的人、包庇有罪的人或者错误判决、裁定的，不成立本罪。"明知是无罪的人"，是指明知是没有实施犯罪行为或者行为依法不成立犯罪的人。"明知是有罪的人"，是指明知是有证据证明有犯罪嫌疑应予刑事追诉的人。只要行为人明知是有罪的人而不追诉，就符合了"故意包庇"的要件，不另要求具备其他责任要素。

（三）司法认定

（1）徇私枉法罪只能由故意构成，过失导致无罪的人受追诉，或者有罪的人未被追诉的，不成立本罪。但其有可能成立玩忽职守罪，这是因为既然刑法规定了执行判决、裁定失职罪，那么，根据当然解释的原理，对于失职导致无罪的人受追诉或者有罪的人未被追诉的，也应以玩忽职守罪论处。但需要注意以下几点：第一，对于因法律适用能力低下导致无罪的人受追诉或者有罪的人未被追诉的，不应认定为玩忽职守罪；第二，对于过失造成的重罪轻判或轻罪重判，一般也不应当以玩忽职守罪论处；第三，只有当"无罪的人受追诉，或者有罪的人未被追诉"这一结果本身符合玩忽职守的结果要件时，才能认定为玩忽职守罪。

（2）侦查、起诉人员采取伪造、隐匿、毁灭证据或者其他隐瞒事实、违反法律的手段，故意使罪重的人受较轻的追诉，或者使罪轻的人受较重的追诉，导致无过错的法官将重罪定为轻罪或者将轻罪定为重罪的，应当如何处理？可以肯定的是，这种行为构成徇私枉法罪，只是该行为属于上述三种行为的哪一种的问题。一种观点认为可以将"明知有罪的人而故意包庇不使他受追诉"解释为"明知是有罪的人而故意包庇不使他受应有的追诉"，故侦查人员、起诉人员弄虚作假使法官将重罪定为轻罪的情形，属于这一类。但是，对于使法官将轻罪定为重罪的行为难以解释为"明知是无罪的人而使他受追诉"。本书认为，对于侦查人员、起诉人员的上述行为，均应认定为利用缺乏故意的行为（法官无犯罪故意的审判行为）的间接正犯，即上述第三种行为的间接正犯。

> **释义**
>
> 受贿后渎职如何处理？行为人实施渎职罪过程中，可能同时具有索取或者收受他人财物的行为，对此行为如何处理，在刑法理论上存在争议。主要有三种不同意见：第一种观点认为如果收受贿赂并达到法律规定受贿罪的数额标准，应当以渎职罪和受贿罪实行数罪并罚；第二种观点认为因为收受贿赂而渎职的，属于牵连犯，应择一重罪处罚；第三种观点认为是想象竞合犯，属于实质一罪，应择一重罪处罚。目前学界比较一致的观点是数罪并罚处理。《刑法》第399条第四款规定属于特别规定，不能将其内容普遍适用其他犯罪。

二、其他罪名

第 399 条第二款① 【民事、行政枉法裁判罪】在民事、行政审判活动中故意违背事实和法律作枉法裁判，情节严重的，处五年以下有期徒刑或者拘役；情节特别严重的，处五年以上十年以下有期徒刑。

第 399 条之一② 【枉法仲裁罪】依法承担仲裁职责的人员，在仲裁活动中故意违背事实和法律作枉法裁决，情节严重的，处三年以下有期徒刑或者拘役；情节特别严重的，处三年以上七年以下有期徒刑。

第 401 条 【徇私舞弊减刑、假释、暂予监外执行罪】司法工作人员徇私舞弊，对不符合减刑、假释、暂予监外执行条件的罪犯，予以减刑、假释或者暂予监外执行的，处三年以下有期徒刑或者拘役；情节严重的，处三年以上七年以下有期徒刑。

第 402 条 【徇私舞弊不移交刑事案件罪】行政执法人员徇私舞弊，对依法应当移交司法机关追究刑事责任的不移交，情节严重的，处三年以下有期徒刑或者拘役；造成严重后果的，处三年以上七年以下有期徒刑。

第 404 条 【徇私舞弊不征、少征税款罪】税务机关的工作人员徇私舞弊，不征或者少征应征税款，致使国家税收遭受重大损失的，处五年以下有期徒刑或者拘役；造成特别重大损失的，处五年以上有期徒刑。

第 405 条 【徇私舞弊发售发票、抵扣税款、出口退税罪；违法提供出口退税证罪】税务机关的工作人员违反法律、行政法规的规定，在办理发售发票、抵扣税款、出口退税工作中，徇私舞弊，致使国家利益遭受重大损失的，处五年以下有期徒刑或者拘役；致使国家利益遭受特别重大损失的，处五年以上有期徒刑。

其他国家机关工作人员违反国家规定，在提供出口货物报关单、出口收汇核销单等出口退税凭证的工作中，徇私舞弊，致使国家利益遭受重大损失的，依照前款的规定处罚。

第 410 条 【非法批准征收、征用、占用土地罪；非法低价出让国有土地使用权罪】国家机关工作人员徇私舞弊，违反土地管理法规，滥用职权，非法批准征收、征用、占用土地，或者非法低价出让国有土地使用权，情节严重的，处三年以下有期徒刑或者拘役；致使国家或者集体利益遭受特别重大损失的，处三年以上七年以下有期徒刑。

第 411 条 【放纵走私罪】海关工作人员徇私舞弊，放纵走私，情节严重的，处五年以下有期徒刑或者拘役；情节特别严重的，处五年以上有期徒刑。

第 412 条 【商检徇私舞弊罪】国家商检部门、商检机构的工作人员徇私舞弊，伪造检验结果的，处五年以下有期徒刑或者拘役；造成严重后果的，处五年以上十年以下有期徒刑。

第 413 条 【动植物检疫徇私舞弊罪】动植物检疫机关的检疫人员徇私舞弊，伪造检疫结果的，处五年以下有期徒刑或者拘役；造成严重后果的，处五年以上十年以下有期徒刑。

第 414 条 【放纵制售伪劣商品犯罪行为罪】对生产、销售伪劣商品犯罪行为负有追

---

① 本条为《中华人民共和国刑法修正案（四）》第 8 条所增设。
② 本条为《中华人民共和国刑法修正案（六）》第 20 条所增设。

究责任的国家机关工作人员，徇私舞弊，不履行法律规定的追究职责，情节严重的，处五年以下有期徒刑或者拘役。

第418条 【招收公务员、学生徇私舞弊罪】国家机关工作人员在招收公务员、学生工作中徇私舞弊，情节严重的，处三年以下有期徒刑或者拘役。

能力应用

（单选题）在某地林场，李某无端用刀子将高某扎伤，驻林场派出所民警王某接警后，把李某带至派出所，在取证中不认真履行职责，没有认真寻找被害人，事后也不及时对该案调查取证，致使李某未能得到及时处理，至今在逃，在社会造成恶劣影响。王某的行为构成什么罪？（　　　）

A.徇私枉法罪　　　B.玩忽职守罪　　　C.不构成犯罪　　　D.私放在押人员罪

【参考答案】

B

第十章　危害国防利益犯罪与军人违反职责犯罪

知识结构

危害国防利益罪 {
　犯罪客体：国防利益
　犯罪客观方面：危害国防利益的行为与结果，包括作为与不作为
　犯罪的主体：自然人、单位
　犯罪的主观方面：故意与过失
}

军人违反职责罪 {
　犯罪客体：国家的军事利益
　犯罪客观方面：军人违反职责，危害国家军事利益的行为
　犯罪的主体：军人（现役军官、文职干部、士兵、预备役人员）
　犯罪的主观方面：故意与过失
}

第一节　危害国防利益罪

典型案例

【基本案情】

连某某冒充军人招摇撞骗案①

2009 年 12 月，连某某以中国人民解放军某部队现役正营级军官身份与李某某交往，并用从网上购买的假军装、假军官证骗取李某某信任以后，多次与其发生性关系，并骗取其民生银行信用卡一张，透支人民币 83051 元。2010 年 3 月，连某某以中国人民解放军总参某部参谋张峰的身份与常某某交往，之后用从网上购买的名为钱美华的军官证、假军装等物品骗得常某某信任后，与常某某发生性关系，并以出差缺钱等理由骗取常某某人民币 5000 余元。2010 年 6 月，连某某以中国人民解放军某某部队的正营级军官张峰的身份与

---

① 韩玉胜.刑法各论案例分析[M].北京：中国人民大学出版社，2014：427.

田某某交往，用从网上购买的名为张峰的假军官证、假军装、假车牌、假行车执照、假枪等物品，骗取田某某信任后与田某某发生性关系，并以帮助田某某的妹妹田某培办理就读军校为名，骗取2人共计人民币99569.5元。2010年7月，连某某以中国人民解放军总参某部参谋张峰的身份与张某某交往，在用假军装、假军牌等物品骗取张某某信任后，与其发生了性关系，并以办事缺钱等理由骗取其人民币6500元。

【法律问题】连某某冒充军人身份获得他人信任，玩弄女性、骗取钱财的行为应当如何定罪处罚？

【案例解析】连某某冒充军人身份，骗财色，其行为严重损害了军人的形象和声誉，给部队的形象造成极其恶劣的影响，触犯了刑律，构成冒充军人招摇撞骗罪。冒充军人招摇撞骗罪，是指冒充军人进行招摇撞骗活动的行为。军人这一特殊群体的良好声谱、良好形象、军民之间的深厚感情和良好关系关系到国防利益，冒充军人进行招摇撞骗，势必会破坏军人和军队的信誉和形象，伤害群众感情，危害国防利益，应当依法予以打击。

规范释义

一、冒充军人招摇撞骗罪

（一）法条规范

第372条　冒充军人招摇撞骗的，处三年以下有期徒刑、拘役、管制或者剥夺政治权利；情节严重的，处三年以上十年以下有期徒刑。

（二）犯罪构成

本罪是指冒充军人身份进行招摇撞骗的行为。假冒军人身份主要包括四种情况：一是非军人冒充军人；二是级别较低的军人冒充级别较高的军人（不排除相反情形）；三是一般部门的军人冒充要害部门的军人（也不排除相反情形）；四是此类军人冒充彼类军人（如陆军人员冒充空军人员）。招摇撞骗，是指假借军人身份进行炫耀、蒙骗，不以骗取财物为要件；冒充军人骗取数额较大以上财物的，属于本罪与诈骗罪的想象竞合，从一重罪处罚。

（三）司法认定

在刑法中，规定本罪的法条与规定招摇撞骗罪的第279条是法条竞合的特别关系。冒充军人招摇撞骗的，不适用第279条。行为人在连续性的招摇撞骗过程中，有时冒充军人，有时冒充其他国家机关工作人员的，宜根据行为人主要冒充的对象确定犯罪性质。如果主要冒充军人、偶尔冒充其他国家机关工作人员招摇撞骗的，宜认定为冒充军人招摇撞骗罪，反之亦然。但是，行为人在一段时间内冒充军人招摇撞骗，在另一段时间又冒充其他国家机关工作人员招摇撞骗，分别构成犯罪的，应实行数罪并罚。

二、其他罪名

第368条　【阻碍军人执行职务罪】以暴力、威胁方法阻碍军人依法执行职务的，处三年以下有期徒刑、拘役、管制或者罚金。

【阻碍军事行动罪】故意阻碍武装部队军事行动，造成严重后果的，处五年以下有期徒刑或者拘役。

第 369 条　【破坏武器装备、军事设施、军事通信罪】破坏武器装备、军事设施、军事通信的，处三年以下有期徒刑、拘役或者管制；破坏重要武器装备、军事设施、军事通信的，处三年以上十年以下有期徒刑；情节特别严重的，处十年以上有期徒刑、无期徒刑或者死刑。

【过失损坏武器装备、军事设施、军事通信罪】过失犯前款罪，造成严重后果的，处三年以下有期徒刑或者拘役；造成特别严重后果的，处三年以上七年以下有期徒刑。

战时犯前两款罪的，从重处罚。

第 370 条　【故意提供不合格武器装备、军事设施罪】明知是不合格的武器装备、军事设施而提供给武装部队的，处五年以下有期徒刑或者拘役；情节严重的，处五年以上十年以下有期徒刑；情节特别严重的，处十年以上有期徒刑、无期徒刑或者死刑。

【过失提供不合格武器装备、军事设施罪】过失犯前款罪，造成严重后果的，处三年以下有期徒刑或者拘役；造成特别严重后果的，处三年以上七年以下有期徒刑。

单位犯第一款罪的，对单位判处罚金，并对其直接负责的主管人员和其他直接责任人员，依照第一款的规定处罚。

第 371 条　【聚众冲击军事禁区罪】聚众冲击军事禁区，严重扰乱军事禁区秩序的，对首要分子，处五年以上十年以下有期徒刑；对其他积极参加的，处五年以下有期徒刑、拘役、管制或者剥夺政治权利。

【聚众扰乱军事管理区秩序罪】聚众扰乱军事管理区秩序，情节严重，致使军事管理区工作无法进行，造成严重损失的，对首要分子，处三年以上七年以下有期徒刑；对其他积极参加的，处三年以下有期徒刑、拘役、管制或者剥夺政治权利。

第 373 条　【煽动军人逃离部队罪；雇用逃离部队军人罪】煽动军人逃离部队或者明知是逃离部队的军人而雇用，情节严重的，处三年以下有期徒刑、拘役或者管制。

第 374 条　【接送不合格兵员罪】在征兵工作中徇私舞弊，接送不合格兵员，情节严重的，处三年以下有期徒刑或者拘役；造成特别严重后果的，处三年以上七年以下有期徒刑。

第 375 条　【伪造、变造、买卖武装部队公文、证件、印章罪】伪造、变造、买卖或者盗窃、抢夺武装部队公文、证件、印章的，处三年以下有期徒刑、拘役、管制或者剥夺政治权利；情节严重的，处三年以上十年以下有期徒刑。

【非法生产、买卖武装部队制式服装罪】非法生产、买卖武装部队制式服装，情节严重的，处三年以下有期徒刑、拘役或者管制，并处或者单处罚金。

【伪造、盗窃、买卖、非法提供、非法使用武装部队专用标志罪】伪造、盗窃、买卖或者非法提供、使用武装部队车辆号牌等专用标志，情节严重的，处三年以下有期徒刑、拘役或者管制，并处或者单处罚金；情节特别严重的，处三年以上七年以下有期徒刑，并处罚金。

单位犯第二款、第三款罪的，对单位判处罚金，并对其直接负责的主管人员和其他直接责任人员，依照各该款的规定处罚。

第 376 条　【战时拒绝、逃避征召、军事训练罪】预备役人员战时拒绝、逃避征召或者军事训练，情节严重的，处三年以下有期徒刑或者拘役。

【战时拒绝、逃避服役罪】公民战时拒绝、逃避服役，情节严重的，处二年以下有期徒刑或者拘役。

第 377 条　【战时故意提供虚假敌情罪】战时故意向武装部队提供虚假敌情，造成严重后果的，处三年以上十年以下有期徒刑；造成特别严重后果的，处十年以上有期徒刑或者无期徒刑。

第378条 【战时造谣扰乱军心罪】战时造谣惑众，扰乱军心的，处三年以下有期徒刑、拘役或者管制；情节严重的，处三年以上十年以下有期徒刑。

第379条 【战时窝藏逃离部队军人罪】战时明知是逃离部队的军人而为其提供隐蔽处所、财物，情节严重的，处三年以下有期徒刑或者拘役。

第380条 【战时拒绝、故意延误军事订货罪】战时拒绝或者故意延误军事订货，情节严重的，对单位判处罚金，并对其直接负责的主管人员和其他直接责任人员，处五年以下有期徒刑或者拘役；造成严重后果的，处五年以上有期徒刑。

第381条 【战时拒绝军事征收、征用罪】战时拒绝军事征收、征用，情节严重的，处三年以下有期徒刑或者拘役。

第二节 军人违反职责罪

〔典型案例〕

【基本案情】

黄某故意泄露军事秘密案①

某部作战处参谋黄某在我军某次军事演习过程中担任副总指挥，负责演习的部署、策划。某个周末黄某在办公室加班，上网浏览网页过程中发现某军事论坛中有网友对我军该次演习的装备和作战能力深表怀疑，嘲讽我军的实力。黄某看过评论非常生气，于是将我空军最新的武器装备及其技术参数（属于军事机密）和一些照片通过在论坛上发帖公开，造成我军一些武器装备情况被外军获取。

【法律问题】本案该如何定性？

【案例解析】黄某的行为构成故意泄露军事秘密罪。故意泄露军事秘密罪，是指违反保守国家秘密法规，故意泄露军事秘密，情节严重的行为。

〔规范释义〕

一、故意泄露军事秘密罪

（一）法条规范

第432条 违反保守国家秘密法规，故意或者过失泄露军事秘密，情节严重的，处五年以下有期徒刑或者拘役；情节特别严重的，处五年以上十年以下有期徒刑。

战时犯前款罪的，处五年以上十年以下有期徒刑；情节特别严重的，处十年以上有期

---

① 韩玉胜.刑法各论案例分析[M].北京：中国人民大学出版社，2014：427.

徒刑或者无期徒刑。

（二）犯罪构成

本罪侵犯的客体是军事秘密的安全。《中国人民解放军内务条令》和《中国人民解放军保密条例》都规定了军人必须遵守的保密守则，如"不该说的秘密不说""不该带的秘密不带""不在私人书信中涉及秘密""不用普遍邮电传递秘密"和"不在非保密场所阅办、谈论秘密"等。故意泄露军事秘密的行为，严重违反了保密规定，使军事秘密被无关人员知悉，危及军事秘密的安全，对国防和军队安全与利益将造成严重危害。《刑法》第398条虽然已规定了故意泄露国家秘密罪，但鉴于故意泄露军事秘密罪侵害的客体是军事秘密的安全，犯罪主体又是军人，为了加强对军事秘密的特别保护，所以又专门规定了故意泄露军事秘密罪。

本罪在客观方面表现为违反保守国家秘密法规，故意泄露军事秘密的行为。违反保守国家秘密法规，是指违反国家颁布的《中华人民共和国保守国家秘密法》及其施行办法，中央军委制定颁发的《中国人民解放军保密条例》，解放军各总部和各军、兵种制定的保密规章等。根据这些保密法规，我军建立了一套完整的保密制度。严格遵守保密规章制度，就可以杜绝泄露事件的发生，保障军事秘密的安全；相反，违反了保密法规，就可能造成军事秘密被泄露的严重后果。因此，故意泄露军事秘密的行为都是和违反保密法规联系在一起的，只有违反了保密法规，才可能出现故意泄露军事秘密的结果。

故意泄露军事秘密的行为表现方式是多种多样的，从最简单的口头陈述泄密，到高技术条件下的计算机网络泄密，不论哪种形式，只要故意使军事秘密被不应知悉者知悉的，或者使军事秘密超出了限定的接触范围而不能证明未被不应知悉者知悉，均属故意泄露军事秘密的行为。在故意泄露军事秘密时，泄密行为往往是由行为人直接实施的，如将军事秘密的内容亲口告诉他人，将涉及军事秘密的文件交给他人阅看等，这些泄露军事秘密的行为有的是将军事秘密的内容告知他人，有的则是将军事秘密的载体，如文件、照片、图纸、磁带、磁盘等实物交付给他人。

按照《刑法》432条规定，故意泄露军事秘密的行为，除需具备以上构成要件外，还必须达到情节严重的程度才构成犯罪。所谓情节严重，一般包括：机要、保密人员或者其他负有特殊保密义务的人员泄密的；出于恶劣的个人动机或者为达到非法目的泄密的；出卖军事秘密的；战时泄密的；执行特殊任务时泄密的；泄露重要或者大量军事秘密的；利用职权强迫他人违反保密规定造成泄密的；因泄露军事秘密造成严重后果的，泄密后隐情不报或者未及时采取补救措施的等。

本罪的犯罪主体是所有军人，即《刑法》第450条所规定的人员。它既包括对军事秘密负有特殊保密义务的军人，如机要、通信、保密人员等，也包括所有了解军事秘密的普通军人，而且不论他们是通过职务活动了解的军事秘密，还是通过其他渠道了解的军事秘密。

本罪在主观方面是故意的，即行为人明知自己的行为违反保密法规，会造成泄露军事秘密的危害结果，却希望或者放任这种危害结果的发生。故意泄露军事秘密的动机多种多样，有的是为了炫耀自己，也有的是为了谋取非法利益，还有的是为了讨好他人，不论犯罪动机如何，都不影响构成泄露军事秘密的主观故意。

（三）司法认定

1. 区分故意或者过失泄露军事秘密的界限

本法虽然将故意泄露军事秘密罪和过失泄露军事秘密罪规定在同一条文中，而且规定了相同的法定刑，但在具体适用时应注意加以区别。因为行为人在实施犯罪行为时，其主观方面是故意还是过失，对其应负的刑事责任有重大影响。对于泄露军事秘密的行为，在认定情节是否严重时，故意泄露军事秘密的应从严，过失泄露军事秘密的应从宽；在决定刑罚时，故意泄露军事秘密的应从重，过失泄露军事秘密的应从轻。

2. 本罪与故意泄露国家秘密罪的法规竞合

在刑法中，对故意泄露军事秘密罪和故意泄露国家秘密罪的规定存在完全的法规竞合关系，即《刑法》第398条对故意泄露国家秘密罪的规定可以完全包括对故意泄露军事秘密罪的规定。对这种情况，当军人故意泄露军事秘密时，应优先适用《刑法》第432条的规定，以故意泄露军事秘密罪论处。

二、其他罪名

第420条 【军人违反职责罪的概念】军人违反职责，危害国家军事利益，依照法律应当受刑罚处罚的行为，是军人违反职责罪。

第421条 【战时违抗命令罪】战时违抗命令，对作战造成危害的，处三年以上十年以下有期徒刑；致使战斗、战役遭受重大损失的，处十年以上有期徒刑、无期徒刑或者死刑。

第422条 【隐瞒、谎报军情罪；拒传、假传军令罪】故意隐瞒、谎报军情或者拒传、假传军令，对作战造成危害的，处三年以上十年以下有期徒刑；致使战斗、战役遭受重大损失的，处十年以上有期徒刑、无期徒刑或者死刑。

第423条 【投降罪】在战场上贪生怕死，自动放下武器投降敌人的，处三年以上十年以下有期徒刑；情节严重的，处十年以上有期徒刑或者无期徒刑。

投降后为敌人效劳的，处十年以上有期徒刑、无期徒刑或者死刑。

第424条 【战时临阵脱逃罪】战时临阵脱逃的，处三年以下有期徒刑；情节严重的，处三年以上十年以下有期徒刑；致使战斗、战役遭受重大损失的，处十年以上有期徒刑、无期徒刑或者死刑。

第425条 【擅离、玩忽军事职守罪】指挥人员和值班、值勤人员擅离职守或者玩忽职守，造成严重后果的，处三年以下有期徒刑或者拘役；造成特别严重后果的，处三年以上七年以下有期徒刑。

战时犯前款罪的，处五年以上有期徒刑。

第426条 【阻碍执行军事职务罪】以暴力、威胁方法，阻碍指挥人员或者值班、值勤人员执行职务的，处五年以下有期徒刑或者拘役；情节严重的，处五年以上十年以下有期徒刑；情节特别严重的，处十年以上有期徒刑或者无期徒刑。战时从重处罚。

第427条 【指使部属违反职责罪】滥用职权，指使部属进行违反职责的活动，造成严重后果的，处五年以下有期徒刑或者拘役；情节特别严重的，处五年以上十年以下有期徒刑。

第428条 【违令作战消极罪】指挥人员违抗命令，临阵畏缩，作战消极，造成严重后果的，处五年以下有期徒刑；致使战斗、战役遭受重大损失或者有其他特别严重情节的，处五年以上有期徒刑。

第429条 【拒不救援友邻部队罪】在战场上明知友邻部队处境危急请求救援，能救援而不救援，致使友邻部队遭受重大损失的，对指挥人员，处五年以下有期徒刑。

第430条 【军人叛逃罪】在履行公务期间，擅离岗位，叛逃境外或者在境外叛逃，危害国家军事利益的，处五年以下有期徒刑或者拘役；情节严重的，处五年以上有期徒刑。

驾驶航空器、舰船叛逃的，或者有其他特别严重情节的，处十年以上有期徒刑、无期徒刑或者死刑。

第 431 条　【非法获取军事秘密罪；为境外窃取、刺探、收买、非法提供军事秘密罪】以窃取、刺探、收买方法，非法获取军事秘密的，处五年以下有期徒刑；情节严重的，处五年以上十年以下有期徒刑；情节特别严重的，处十年以上有期徒刑。

为境外的机构、组织、人员窃取、刺探、收买、非法提供军事秘密的，处十年以上有期徒刑、无期徒刑或者死刑。

第 433 条　【战时造谣惑众罪】战时造谣惑众，动摇军心的，处三年以下有期徒刑；情节严重的，处三年以上十年以下有期徒刑；情节特别严重的，处十年以上有期徒刑或者无期徒刑。

第 434 条　【战时自伤罪】战时自伤身体，逃避军事义务的，处三年以下有期徒刑；情节严重的，处三年以上七年以下有期徒刑。

第 435 条　【逃离部队罪】违反兵役法规，逃离部队，情节严重的，处三年以下有期徒刑或者拘役。

战时犯前款罪的，处三年以上七年以下有期徒刑。

第 436 条　【武器装备肇事罪】违反武器装备使用规定，情节严重，因而发生责任事故，致人重伤、死亡或者造成其他严重后果的，处三年以下有期徒刑或者拘役；后果特别严重的，处三年以上七年以下有期徒刑。

第 437 条　【擅自改变武器装备编配用途罪】违反武器装备管理规定，擅自改变武器装备的编配用途，造成严重后果的，处三年以下有期徒刑或者拘役；造成特别严重后果的，处三年以上七年以下有期徒刑。

第 438 条　【盗窃、抢夺武器装备、军用物资罪；盗窃、抢夺枪支、弹药、爆炸物罪】盗窃、抢夺武器装备或者军用物资的，处五年以下有期徒刑或者拘役；情节严重的，处五年以上十年以下有期徒刑；情节特别严重的，处十年以上有期徒刑、无期徒刑或者死刑。

盗窃、抢夺枪支、弹药、爆炸物的，依照本法第 127 条的规定处罚。

第 439 条　【非法出卖、转让武器装备罪】非法出卖、转让军队武器装备的，处三年以上十年以下有期徒刑；出卖、转让大量武器装备或者有其他特别严重情节的，处十年以上有期徒刑、无期徒刑或者死刑。

第 440 条　【遗弃武器装备罪】违抗命令，遗弃武器装备的，处五年以下有期徒刑或者拘役；遗弃重要或者大量武器装备的，或者有其他严重情节的，处五年以上有期徒刑。

第 441 条　【遗失武器装备罪】遗失武器装备，不及时报告或者有其他严重情节的，处三年以下有期徒刑或者拘役。

第 442 条　【擅自出卖、转让军队房地产罪】违反规定，擅自出卖、转让军队房地产，情节严重的，对直接责任人员，处三年以下有期徒刑或者拘役；情节特别严重的，处三年以上十年以下有期徒刑。

第 443 条　【虐待部属罪】滥用职权，虐待部属，情节恶劣，致人重伤或者造成其他严重后果的，处五年以下有期徒刑或者拘役；致人死亡的，处五年以上有期徒刑。

第 444 条　【遗弃伤病军人罪】在战场上故意遗弃伤病军人，情节恶劣的，对直接责任人员，处五年以下有期徒刑。

第445条 【战时拒不救治伤病军人罪】战时在救护治疗职位上，有条件救治而拒不救治危重伤病军人的，处五年以下有期徒刑或者拘役；造成伤病军人重残、死亡或者有其他严重情节的，处五年以上十年以下有期徒刑。

第446条 【战时残害居民、掠夺居民财物罪】战时在军事行动地区，残害无辜居民或者掠夺无辜居民财物的，处五年以下有期徒刑；情节严重的，处五年以上十年以下有期徒刑；情节特别严重的，处十年以上有期徒刑、无期徒刑或者死刑。

第447条 【私放俘虏罪】私放俘虏的，处五年以下有期徒刑；私放重要俘虏、私放俘虏多人或者有其他严重情节的，处五年以上有期徒刑。

第448条 【虐待俘虏罪】虐待俘虏，情节恶劣的，处三年以下有期徒刑。

第449条 【战时缓刑】在战时，对被判处三年以下有期徒刑没有现实危险宣告缓刑的犯罪军人，允许其戴罪立功，确有立功表现时，可以撤销原判刑罚，不以犯罪论处。

第450条 【本章适用的主体范围】本章适用于中国人民解放军的现役军官、文职干部、士兵及具有军籍的学员和中国人民武装警察部队的现役警官、文职干部、士兵及具有军籍的学员以及执行军事任务的预备役人员和其他人员。

第451条 【战时的概念】本章所称战时，是指国家宣布进入战争状态、部队受领作战任务或者遭敌突然袭击时。

部队执行戒严任务或者处置突发性暴力事件时，以战时论。

能力应用

1.（单选题）甲是入伍多年的老兵，与乙是老朋友，乙的儿子丙很爱玩枪，于是甲趁自己休假之日私自带枪外出去乙家。甲与丙开玩笑，将枪口对准丙吓唬他，并趁丙不注意时取下实弹夹，本以为不会出现危险了，就扳动了扳机。可是因为枪膛里还留下一发子弹，导致丙当场受枪击死亡。对甲的行为如何认定？（　　　）

A. 武器装备肇事罪　　　　　B. 故意杀人罪

C. 过失致人死亡罪　　　　　D. 擅自改变武器装备编配用途罪

2.（多选题）下列关于故意泄露军事秘密罪与间谍罪之间的关系，说法正确的是（　　　）

A. 前者侵犯的犯罪客体是国家保守军事秘密的管理制度，后者侵犯的犯罪客体是我国的国家安全

B. 前者表现为违反国家规定，泄露军事秘密，后者表现为参加间谍组织，接受间谍组织任务和为敌人指示轰击目标

C. 前者只能由军人实施，后者除军人外还可以由非军人实施

D. 前者没有危害国家安全的目的，后者有危害国家安全的目的

【参考答案】

1. A

2. ABCD

图书在版编目（CIP）数据

刑法各罪规范论：法条、案例与原理／佘国满，
李茂久编著. —长沙：中南大学出版社，2019.10
  ISBN 978 - 7 - 5487 - 3769 - 8

  Ⅰ.①刑⋯ Ⅱ.①佘⋯ ②李⋯ Ⅲ.①刑罚—研究—
中国 Ⅳ.①D924.124

  中国版本图书馆 CIP 数据核字（2019）第 219423 号

刑法各罪规范论——法条、案例与原理

佘国满　李茂久　编著

□责任编辑	谢金伶	
□责任印制	易红卫	
□出版发行	中南大学出版社	
	社址：长沙市麓山南路	邮编：410083
	发行科电话：0731 - 88876770	传真：0731 - 88710482
□印　　装	长沙雅鑫印务有限公司	

□开　　本	787 mm×1092 mm 1/16　□印张 15.25　□字数 379 千字	
□版　　次	2019 年 10 月第 1 版　□2019 年 10 月第 1 次印刷	
□书　　号	ISBN 978 - 7 - 5487 - 3769 - 8	
□定　　价	39.80 元	